危险犯的研究

KIKENHAN NO KENKYU

著作权合同登记号：图字 01-2023-4837 号

危险犯的研究

〔日〕山口厚 著

黄小飞 译

中国政法大学出版社

2023·北京

图书在版编目（ＣＩＰ）数据

危险犯的研究/(日)山口厚著；黄小飞译. —北京：中国政法大学出版社，2023.10
ISBN 978-7-5764-1221-5

Ⅰ.①危… Ⅱ.①山… ②黄… Ⅲ.①刑法—研究—日本 Ⅳ.①D931.34

中国国家版本馆 CIP 数据核字(2023)第 237579 号

出　版　者	中国政法大学出版社
地　　　址	北京市海淀区西土城路 25 号
邮寄地址	北京 100088 信箱 8034 分箱　邮编 100088
网　　　址	http://www.cuplpress.com (网络实名：中国政法大学出版社)
电　　　话	010-58908586(编辑部) 58908334(邮购部)
编辑邮箱	zhengfadch@126.com
承　　　印	固安华明印业有限公司
开　　　本	720mm×960mm　1/16
印　　　张	12.25
字　　　数	220 千字
版　　　次	2023 年 10 月第 1 版
印　　　次	2023 年 10 月第 1 次印刷
定　　　价	59.00 元

总序一[*]

经西北政法大学贾宇校长的提议与努力,《当代日本刑事法译丛》开始得以出版发行。值此之际,承蒙贾宇校长力邀,我亦有幸得享主编之誉,想必这是对我近25年来为中日刑事法学术交流所作微薄贡献的肯定。

早在1988年,由我提议发起召开了首届"中日刑事法学术研讨会",此后隔年一次定期举行,迄今已历经27载,共计召开了14届。并且,第15届与第16届研讨会的会议日程与承办学校也已经确定。在此期间,尽管中日之间的关系令人遗憾地出现了一些负面情况,迄今仍尚未得到完全修复,但是这丝毫未影响到两国之间的刑事法学术交流。这足以说明,至少在刑事法学术交流的领域,中日关系已经坚如磐石;刑事法学界的两国同仁也不止于单纯的学术交流,而是已经超越国界,达至心心相连的境界。于我而言,没有比这更值得欣慰的事情了。

在这里,我又情不自禁地想起了马克昌先生。虽然马先生已于2011年仙逝,但我们两人之间的深厚友情,正象征着承担中日两国刑事法学术交流的同仁之间的牢固纽带。1998年,正在东京创价大学访问的先生第一次拜访了我。自此之后,我就与先生成为肝胆相照的学术知己!2002年,在武汉大学召开的第7届"中日刑事法学术研讨会"

＊ 本序文由付玉明移译校对。

上，日方与会者均惊叹于"马家军"的威势，此后，中国刑法学界的"马家军"作为一种传说流传至今。包括那次会议在内，我曾十数次访问武汉，对先生的敬仰之情弥深。在先生患病住院期间，曾两度去医院探望的外国人，想必除我之外别无他人。可以说，我与先生之间惺惺相惜已然不分国界。

先生早年曾在河南省周口市就学，亦曾深受日本军国主义之毒害，但作为一名刑法学者，却仍能对日本刑法学中的可取之处毫不犹豫地给予积极评价，一想到这一点，我便不由得在与先生交往之初即向其由衷地表达敬意。这样说来，从先生的角度来看，想必早已完完全全看透了我内心对那些不堪回首之往事的强烈纠结，并理解了我此后的所言所行。我想，我与先生之间的友情正是因为相互跨越了过去，才能得以超越国界。

在贾宇校长邀请我一同担当主编之际，我之所以能欣然接受未曾有丝毫犹豫，其理由正是在于，这次的《当代日本刑事法译丛》有"纪念马克昌先生"之意，而且，从该丛书的中方编委名单中，也能看到"马家军"的成长壮大。这次的出版计划赋予了中日刑事法学术交流新的形式，在这一点上，我以为意义重大。以贾宇校长为首的相关人员为实现本出版计划付出了相当努力，在此，谨表达我衷心的敬意与谢意，同时，也深切祝愿本丛书进展顺利。

是为序。

早稻田大学名誉教授、原校长
中日刑事法研究会名誉会长
西原春夫
2015 年 2 月 8 日于日本东京

总序二

　　法律是人类的微缩历史。法律既是人类文明的成果积淀，也是多元文化的综合汇聚；不同的国家虽然可能采用不同类型的法律制度，但是都大致共享着同样的法治伦理。因此，不同国家的法律思想和法律制度需要并且可以相互进行交流与借鉴，甚或移植。

　　众所周知，中华法系起于先秦，盛于唐宋，解于清末，曾经一度是世界领先的法制文明，覆盖了泛东亚儒家文化圈。日本在公元 8 世纪初开始学习和接受唐朝的律令，成为律令制国家，之后直至明清时期，日本的律令制度一直深受中华法系的影响。但是明治以后，日本开始维新政治，转向西学，取法欧陆，励行法治，成为亚洲最早转型成功的近代国家。清末时期，修律大臣沈家本邀请日本东京帝国大学的冈田朝太郎博士担任顾问，日本法学的思想理念开始回馈襄助中华。自此之后，中日两国的法律交流，出现了"师襄彼此，各有优长"的局面。

　　在当代，中日两国刑事法的交流与合作，主要是由日本早稻田大学前任校长西原春夫先生与中方的马克昌先生、高铭暄先生联合确立推动的。西原先生是日本杰出的刑法学家、教育家以及社会活动家，曾经入选福田政府的顾问团，是立场鲜明的"和平主义者"，也是我们眼中的"知华派"。马克昌先生是新中国第一代刑法学家，是武汉大学刑法学的领军人物，与高铭暄先生并称中国刑法学界的"南马北高"，马先生能够广纳天下英才而育之，门下弟子众多，被学人戏称为刑法学界的"马家军"。马先生虽未出国留学，但是精通日语，能够通畅交流。因此于 1998 年与西原先生在东京相逢之后，两人一见如故，彼此引为知己。两位先生志趣相合，心意相连，高山流水遇知音，肝胆相照两学人。因为马先生的关系，西原先生曾经十余次访问武汉，并亲自出席马先生八十华诞学术研讨会，尤其是在马先生生病住院期间，西原先生更是曾经两度越洋探访，这在两国学界都十分鲜见。两位先生的学术友情，实不让于管鲍之交、钟伯之谊，业已成为中日学术史上的传奇美谈。

马克昌先生是我的授业恩师，不仅引领我踏入法学研究的学术殿堂，而且对我更有人生际遇上的知遇之恩。先生高风雅量，宽厚待人，爱才惜才，醉心学术，在古稀之年，仍然用手工书写的方式完成了 80 余万字的鸿篇巨制——《比较刑法原理：外国刑法学总论》一书，震动学界。先生看重学问，常怀克己之心、追贤之念，秉学人高格、务法律之实，对我等弟子亦各有期许。

2011 年 6 月 22 日，先生因病不治，驾鹤仙游。学门弟子，悲痛心情，无以言表。我曾以诗纪念先生："先生累矣，溘然长眠；学门兴盛，师心所牵。吾侪弟子，克勤克勉；事业有继，慰师安然。师恩难忘，一世情缘；恩师音容，永驻心间。"为了告慰先师，身为弟子，理应承继先生志业，竭尽绵力于一二。

中日刑事法的交流圈子，是先生亲自将我领入的。早在 2002 年的中日刑事法学术研讨会上，马先生就将我郑重介绍给西原先生，并嘱我日后要多多参与、支持中日刑事法的学术交流活动。因此，2007 年，我专门邀请西原先生赴西安讲学，并为西原先生举办了八十华诞学术研讨会。此后，常常在各种不同的学术会议场合与西原先生遇见，相知益深，被先生引为忘年之交，不胜荣幸。

2011 年 10 月 1 日至 5 日，我受日本中央大学的邀请访学东京，期间专门择时拜访了西原先生，先生在东京日比谷公园著名的松本楼接待了我。松本楼是中国民主革命先行者孙中山先生的挚友梅屋庄吉的故居，是孙中山先生与宋庆龄女士的结发场所和旅居之地；在当代，则一向是日方对华友好人士接待中国来宾的重要场所，具有很强的文化意象。其时，恰遇中日关系出现了些许波折，又逢我的恩师马克昌先生新近离世，西原先生设宴松本楼，深具厚意与情怀。席间念及马先生，西原先生不禁肃穆满怀，把酒遥祭，深情追忆了与马先生相识相交的详细过程，言之谆谆，意之切切，令我深为感动。因此，我当场向西原先生提出合作主持出版一套《当代日本刑事法译丛》的意向，一来以此纪念马克昌先生，二来为中日刑事法学的继续深入交流做些实事。西原先生毫不犹豫，欣然应允，答应联署译丛主编并愿意承担一些组织工作。

本套译丛的编委会委员，邀请了部分日方著名的刑法学家，特别是译著的作者；中方编委会成员主要是马克昌先生的部分学生，也邀请了中国刑法学界热心此项工作的部分专家学者。副主编则由黎宏教授与本乡三好先生担任：黎宏教授是马先生的高徒，早年留学日本，如今已成长为中国刑法学界的青年领军人物；本乡三好先生长期担任久负盛名的成文堂出版社的编辑部长，协助西原先生为中日刑事法学的交流发展做出过大量工作，对中国学界有巨大贡献。我的学生付玉明担任本套译丛的执行主编。玉明聪明好学，治学刻苦，曾受马克昌先生与西原先生的惠助，留学日本。他为这套丛书的联络、组织、翻译、出版付出了巨大努力。译丛编辑部主要由留日归来的青年刑法学者组成，他们精研刑法，兼通日文，是中国刑法学界的后起之秀，其中大多也是本套译丛的译者。

北京京都律师事务所的田文昌先生、北京德恒律师事务所的李贵方先生、西北政法大学校友汪功新先生，以及西北政法大学刑事辩护高级研究院，为本译丛慷慨解囊提供出版经费，在此致谢！感谢他们心系学界，关爱学问。

中国政法大学出版社的前社长李传敢先生及现任社长尹树东先生为本译丛提供出版支持，编辑部主任刘海光先生、丁春晖先生具体负责方案落实，辛苦备至，他们勤勉认真的工作态度令我们敬佩有加！

法律的故事就是人类的故事，法治的历史实际上就是法律人奋斗的历史。坚硬的法律背后，更多的是温情的人间故事。让我们记住这段当下史，记住这些名字。

是为序。

西北政法大学教授、校长

中国刑法学研究会副会长

贾宇

2015 年 2 月 8 日于古城长安

中译本序

黄小飞博士在毕业前就翻译日文学术著作一事向我征求意见时，我便当即推荐了山口厚教授的《危险犯的研究》。

山口厚教授的鼎鼎大名与赫赫伟绩，我国刑法学界尽人皆知、无人不晓，在此做任何介绍可能都纯属多余。山口厚教授的《刑法总论》《刑法各论》《从判例看刑法》以及不少学术论文已被付立庆等学者翻译成中文，我国刑法学界对山口厚教授的基本立场与具体观点大多了若指掌、如数家珍。

现代社会是一个危险的社会，各国刑法对危险犯的处罚范围处于扩张趋势，我国刑法学界对危险犯的基本认识存在明显分歧。虽然这本《危险犯的研究》早在1982年便问世，已经出版了40年，但至今在日本仍然被频繁引用，本书的基本观点对我国刑法理论与司法实践同样具有重要借鉴意义，这正是我建议译者翻译本书的基本理由。下面对《危险犯的研究》的基本内容作一个并不准确、也不全面的归纳。

第一章通过列举经典判例与对立学说，阐述了具体危险和抽象危险的问题状况。就具体危险而言，虽然日本判例具有客观判断危险的旨趣，但又与具体危险说的立场相当接近，难以明确判例是采取了客观危险说还是具体危险说。在学说上，当时占通说地位的具体危险说和十分有力的客观危险说，在具体危险的判断基准等方面存在尖锐对立，但两种学说都存在各自的疑问。就抽象危险而言，判例通常是根据行为是否属于构成要件文义上的行为而进行非常抽象的（但不完全是形式的）判断，也有个别判例进行了实质的判断。在学说上，历来存在着形式说与实质说的对立。因此，围绕危险犯的讨论，需要进一步深入。

第二章明确指出，危险概念虽然具有多义性，但应将危险理解为一种结果；法益侵害危险的判断，就是结果发生可能性的判断。从逻辑上来说，危险的判断应该与法益侵害的判断相并列，二者都是区别于行为判断的结果判断。而且，即便行为人已经实施了行为甚至行为已经终了，但如果没有发生危险这一结果，就不可能成立危险犯；即便在行为时与危险发生时事实上相一致的场合，也不是因为行为人实施了行为就成立犯罪，而是在发生了作为处罚对象的危险的时候，才能够肯定可罚性。所以，作为结果的危险不同于实行行为的危险性质。危险判断主要是两个方面的内容：一是将什么范围的事实作为基础来判断危险（判断基础）；二是根据什么样的法则性知识来判断危险（判断基准）。危险的判断基础，通常仅限于客观事实，但在未遂犯的场合也可能考虑主观意思。关于危险的判断基准，既不能采取一般人的判断，也难以采取科学的判断，而应采取中间的"第三立场"（修正的科学判断立场）。亦即，虽然把科学的法则性作为最终的依据，但同时要把根据科学的因果法则而言所发生法益侵害的可能性都作为危险内容；这里的"可能性"是事实的存在可能性，故不得不加入"一般人的判断"。

第三章讨论的是具体危险犯的处罚根据。首先，一般的危险说过度地承认"抽象化"，这在德国遭受了批判，现在已没有人采用。具体的危险说采取事前判断的立场，同样导致具体危险的判断过于抽象，处罚范围过宽。只有从事后的立场来判断具体危险，才能使处罚范围合理化。客观的危险说也存在判断基准不明确的疑问。判例采取的"抽象化"方法是，将现实存在的事实置换为假定的事实来判断危险，考虑的不是行为对这个具体客体的危险，而是对"一般预想的其他客体的危险"，所以说采取了客观危险说，同时也运用了具体危险说。本章随后提出了"修正的客观危险说"：（1）坚持事后判断的立场；（2）肯定抽象化（替换掉现实存在的事实，根据科学的法则如若存在什么样的事实就发生法益侵害，然后判断这种假定事实的存在可能性）；（3）假定事实的存在可能性，要根据科学一般人的立场判断。概言之，具体危险的内容应限定为现实存在的客体遭受侵害的危险。

第四章讨论是的抽象危险犯的处罚根据。即使宾丁将抽象危险犯称为纯粹的不服从犯，这类犯罪的处罚根据也在于行为造成了危险；认为抽象危险是拟制的危险，或者只要实施构成要件行为就构成抽象危险犯的观点，均难言妥当。具体危险和抽象危险的差异在于"抽象化"的程度差异。亦即，抽象危险的判断，可以在更广范围内考虑假定事实，并且对假定事实的存在可能性的要求更低。不过，在称为抽象危险犯的犯罪中，有一些犯罪的抽象危险应当更为实质一点，只有实施了构成要件行为，并且具有一定的实质危险，才能成立该罪。此即准抽象危险犯，遗弃罪、妨害执行公务罪就是适例。

终章将危险犯划分为四种类型：广义的具体危险犯包括狭义的具体危险犯与准具体危险犯；广义的抽象危险犯包括准抽象危险犯与狭义的抽象危险犯。刑法为了保护法益，在发生法益侵害之前的阶段就会对危险犯进行干预。危险犯的处罚根据就是法益侵害的危险，危险概念便是一个程度概念，可以连续地考虑从侵害发生可能性较高的具体危险到相对较低的抽象危险。这种危险内容本身的不确定性是难以消除的，可能性程度较低的危险就更成为问题。因此，在这样的场合，应当认为法条所规定的作为禁止、处罚对象的行为，是一般看来具有充分危险性的类型行为。与之相对，如果法条将可能性程度较高的危险作为处罚对象，由于在很多场合难以认为只要实施了行为就有这样的危险，故需要对危险进行具体的判断。此外，如果法条规定的行为本身并不一定有充分的一般的危险性，那么，为了认可其处罚价值，就必须要求这种行为有一定程度的危险。因此，危险犯规定的内容，取决于所要防止的危险程度和法条规定的行为性质（行为本身的危险程度）。所以，如若探讨危险犯处罚根据之危险，将危险仅分为具体危险和抽象危险就比较勉强，上述四分法才是合适的。

山口厚教授的论证非常严谨，但表述却特别简洁。为了便于读者理解，黄小飞博士在翻译过程中殚精竭思、尽心竭力。书稿译出后，清华大学法学院在读的几位刑法专业硕士研究生和我分别认真通读了全部译文，几位研究生将译文中难以理解之处反馈给译者，我也对译文提出了一些修改意见，随后，黄小飞博士对照原文又进行了逐一修改与校对。相信呈献在读者面前的是一部深刻却易懂的译著，我也郑重向读者推荐这本译著。

1995 年 10 月，我以访问学者身份前往东京大学法学部，山口厚教授作为接收导师，给予我热心指导与热情帮助。山口厚教授在东京大学与早稻田大学任教期间，就积极推动和促进中日刑法学的交流，2017 年担任日本最高裁判所法官后也仍然如此；2019 年 9 月还在百忙之中莅临于京都大学法学部召开的中日刑事法学术研讨会，让与会学者非常感动。我十分敬佩山口厚教授对中日学术交流的热心推动！特别感谢山口厚教授对本书中文翻译的慷慨支持！

张明楷

2022 年 8 月 26 日于清华园

中文版序言

　　此次，我最初的研究成果《危险犯的研究》一书迎来了中文版的出版，作为原作者感到喜不自胜。因为这意味着我最初苦心钻研的学术成果也能直接面向中国的读者，所以我实感喜悦。衷心感谢黄小飞先生的优秀翻译工作。

　　当时的学说相互对立，成封锁之势，《危险犯的研究》正是在这样的背景之中取得突破，开辟新途的。尽管自那之后，学说观点在不断发展，不过我的见解在今天仍能保有一席之地。如果本书的观点能得到中国读者批判性的探讨，我将不胜欢喜。

山口厚

2022 年 10 月记于深秋中的东京

前　言

危险犯的处罚根据是法益侵害的危险，本书试图通过探讨这个危险概念，使危险犯的处罚范围得以明确化、合理化。具体目的在于，探讨危险犯领域的理论问题，提出解释的指南。

本书的基础是作者发表在《法学协会杂志》（97卷10号、12号，98卷2号、3号、5号），题为《危险犯的考察》的助手论文。而且，本书是以旧稿完稿后得到的论文为中心，经过若干修改、补正整理而成的。

应该如何理解作为危险犯处罚根据的危险概念，是一个既古老又崭新的问题。可以说，这个问题在日本很少被正面讨论。但是，最近人们认识到了这个问题的重要性，以及重新探讨以往通说的必要性。这一方面缘于违法论领域的讨论深化，另一方面因为人们对现实法律适用场景中的一些问题有了认识。作者关注的是，在这种情况下如何找到妥当解决危险犯理论问题的头绪。然而，就像过去的学说付出了努力也未能充分阐明一个问题一样，这个问题也仿佛没有正确出口的迷宫。本书尽管不能说是完全之作，但它是作者为了解决这个问题而进行考察的总结成果。

危险犯这个主题乍一看很特殊。不过，其中包含了很多犯罪论的基本问题。正因为问题是"特殊"的，对那些犯罪论问题的理解，就要从危险犯的视角来进行再次探讨。在本书当中，对这些方面的考察，当然不能说是充分的。今后还会做进一步研究。

虽然还不成熟，但借本书整理出版的机会，我还是要向平野龙一老师献上由衷的感谢之词。自学部学生时代在演习课上承蒙指导以来，直到今天，日日惠赐于老师有形无形的温暖指导。为报答老师的恩情，今后我还要加深钻研。

另外，从学生、助手时代直到今天赐予指导的各位老师，作者要借此机会对他们谨致真诚感谢。当然，对于在各种各样的机会里给予指教的许多前辈、同辈，我也要表达谢意。

最后，本书出版之际，得到了东京大学出版社编辑部羽乌和芳先生的多方关照。对此深表感谢。

山口厚

昭和 57 年（1982 年）7 月

目　录

第一章　问题的所在和本书的目的

第一节　历来的判例·学说

第一款　序

依处罚根据内容的不同，犯罪可以分为侵害犯与危险犯。以法益侵害为处罚根据的是侵害犯，不以发生现实的法益侵害，而以发生法益侵害的危险为处罚根据的就是危险犯。而且，一般认为危险犯还可以区分为具体的危险犯和抽象的危险犯[1]。

具体的危险犯，一般是指，例如《日本刑法》第 125 条（交通危险罪），处罚"损坏铁道或者其标志，或者以其他方法使火车或者电车的交通发生危险的"的行为，或者如《日本刑法》第 109 条第 2 项、第 110 条（放火罪），在理论上被解释为"发生危险是构成要件要素的场合"[2]，而所谓的抽象危险犯，则是指例如《日本刑法》第 108 条、第 109 条第 1 项（放火罪）那样，被认为"发生危险不是构成要件要素的场合"[3]。[4]

---

[1]　还有一种被承认的分类是，"以保护法益的侵害或危险作为构成要件内容"的"实质犯"，与其相对的是，"构成要件中连侵害保护法益的抽象危险都不必要"的"形式犯"——例如，团藤重光·刑法綱要総論·改訂版（昭和 54 年）116—117 頁——但是，即便是在这种分类中，对形式犯其实也承认了需要有"极其轻度的间接的危险"。平野龍一·刑法総論Ⅰ（昭和 47年）118 頁参照。

[2]　内田文昭·刑法Ⅰ（総論）（昭和 52 年）97—98 頁参照。

[3]　同上注。

[4]　与之相对，也有被主张的见解，在实质意义上，具体危险犯是"以发生法益侵害的具体危险为成立要件的犯罪"，抽象危险犯是"单纯发生抽象危险就足够成立的犯罪"——例如，团藤·前出注〔1〕116 頁——但是，区别这两者的解释基准未必明确。例如，团藤博士把条文里没有记载"危险"的遗弃罪（《日本刑法》第 217 条）解释为具体的危险犯。团藤重光·刑法綱要各論（増補）（昭和 47 年）361 頁参照。

日本刑法典［明治40年（1907年）法律45号］中有很多犯罪属于这样的危险犯，而且在相对较近的刑事特别法的立法中，有几个构成要件也采用了危险犯的形式。属于这种例子的可以举出，例如，以"〔对〕公众的生命或者身体的危险"为要件，处罚危害人身健康行为的公害犯罪法［昭和45年（1970年）法律142号］的第2条、第3条，以"航空的危险"为要件，处罚引起航空危险行为等的法律［昭和49年（1974年）法律87号］的第1条，等等。而且，被认为是（抽象）危险犯的行政取缔罚则也攀升到了庞大的数量。可以说，危险犯所占的比重越来越大，危险犯发挥的刑事政策作用在现代社会是非常重要的。

在这里，需要注意这个作为危险犯处罚根据的法益侵害的危险概念。根据内容的不同，危险历来被区别为具体危险犯处罚根据的具体危险和抽象危险犯处罚根据的抽象危险。危险通常被界定为"法益侵害的可能性或盖然性"，但不得不说，仅仅是这样的表述，还是什么都没有弄清楚。危险概念可以包括各种内容，是一个难言明确的概念。对此，木村博士正确地指出，"可以说危险这个概念是个危险的概念。因为它非常多义"[5]。因此，危险本身是一个带有问题性的概念，以危险作为处罚根据的危险犯的处罚范围、可罚性的界限，就显得暧昧不明了。那么，探讨法益侵害的危险这个概念，分析危险概念的内容，明确危险的判断方法·基准，就是有必要的。

划定危险概念的内容，以往的判例·学说是以怎样的形式，进行到了何种程度呢？可以说那些解释是妥当的吗？为了明确这一点，首先要探讨历来的判例·学说状况，同时也有必要明确日本的问题状况。由此，找到合理的讨论方向。

还有，在这里必须先交代一句话。那就是，本书要探讨的具体危险包含了作为未遂犯处罚根据的危险，也就是结果（既遂）发生的（具体）危险，特别是那些侵害个别法益犯罪的未遂犯——例如，杀人未遂罪。因为，

-3-

-4-

---

〔5〕 木村亀二·新刑法読本·全訂新版（昭和34年）263頁。

在日本，尽管可能有一定的异议〔6〕，但是将未遂犯的处罚根据解释为结果发生的具体危险，属于一般化的立场，而且本书也支持这一立场。另外，学说中围绕具体危险展开的讨论，主要是关联于未遂犯——特别是"不能犯"问题——而展开的。并且，从提供了特有的、极为困难的问题这一点来看，也的确很有必要探讨未遂犯的具体危险。

-5-

第二款　围绕具体危险的问题状况

第一项　判例的状况

一　本项要概述的，是判例如何判断具体的危险。除了未遂犯的判例之外，笔者还参照了交通危险罪（《日本刑法》第 125 条）、放火罪（《日本刑法》第 110 条第 1 项）的判例。旨在从这些判例中挑选出主要部分，尝试描绘出判例立场的轮廓。

二　首先，探讨一下关于未遂犯（不能犯）的判例〔7〕。对于构成未遂犯处罚根据的具体危险的意义，判例究竟是怎样解释的，是根据什么基准判断的，从而在不可罚的不能犯和可罚的未遂犯之间划下界限的呢？

一般认为，对于不能犯的问题，判例的立场体现在最高裁判所（第一小法庭）昭和 25 年（1950 年）8 月 31 日的判决〔8〕中。被害人事先知道被告人要实施（杀人）犯罪行为，但"被害人充分确信这个杀人行为绝对不会发生"，所以一开始有人主张是不能犯，但最高裁判所判决构成杀人罪的未遂犯。

-6-

〔6〕 例如，小野博士认为"未遂犯是对本来的侵害犯这一犯罪形式加以修正而形成的一种（抽象的）危殆犯"。小野清一郎・新訂刑法講義総論（昭和 30 年）183—184 頁参照。另外，请参照香川達夫「刑法における危険概念」Law School No. 39（昭和 56 年）4 頁以下，岡本勝「危険犯をめぐる諸問題」Law School No. 39（昭和 56 年）36 頁以下。本书立足的前提，是现在为日本一般性承认的这种立场：应该将未遂犯的外罚根据解释为发生既遂事态的具体危险。这个具体危险，包括具体危险犯处罚根据的具体危险，以及在"结果"的内容上与这个具体危险有差异，但是在其他方面与具体危险的内容基本相同的危险。为防止发生具体危险，立法技术上可能采取具体危险犯的规定方式，或者采取侵害犯的未遂犯的规定方式，所以——除去故意等的不同——不应认为既遂犯（的具体危险犯）与（侵害犯的）未遂犯在犯罪性格上存在质的不同。

〔7〕 有关未遂犯（不能犯）的判例，参见植松正・不能犯（総合判例研究叢書）（昭和 31 年），西原春夫ほか編・判例刑法研究 4 未遂・共犯・罪数（昭和 56 年）73 頁以下，等等。

〔8〕 刑集 4 巻 9 号 1593 頁。

"所谓不能犯，是指犯罪行为性质上的结果发生危险是绝对不可能的情形，但是，既然本案行为的性质有发生杀人结果的危险，即便被害人事先知道被告人要实施犯罪行为，也不能说是不能犯。"

上述判例的立场，一直以来被认为接近于这样的一种想法：以绝对不能还是相对不能为基准，判断结果（既遂）发生的客观可能性——在学理上，这被称作旧客观说或者客观的危险说[9]。不过，这样的立场未必被贯彻到底，甚至有人指出："判例表面上采取只有绝对的不能才是不能犯的立场，但实际上又以危险说特别是具体的危险说的感觉来处理"[10]。从学者的这一评论也可以发现，判例的立场是比较暧昧的。不过，正如这里提到了"犯罪行为性质上的结果发生危险"（作者加着重号），能够说这是将重心放在行为而进行的危险判断吗？另外，虽然还存在一定疑问，但正如以往学界给出的一般评价，基本可以肯定，无论怎样理解判旨中"犯罪行为性质上的结果发生危险是绝对不可能"这一表达，判例都显示了要"客观地"判断危险的旨趣。

以更明确的形式显示这种客观旨趣的，是一起著名的不能犯案件，即大审院（第二刑事部）大正6年（1917年）9月10日的判决[11]。案件事实是，行为人以杀人为目的，将硫磺粉末混入饮食物和药水然后交给被害人，大审院对该案件作出了如下判示。

"使用第一方法（混入硫磺粉末——作者注）的行为绝对不可能引起杀害的结果，顶多只是对他人的伤害……使用了第一方法的行为属于纯粹的杀人罪不能犯。"

这里是以硫磺粉末的物理性质为基准，客观地判断结果（人的死亡＝人的生命法益侵害）发生的可能性，以"绝对不可能引起杀害的结果"为理由，否定发生了成立未遂犯所必要的具体的危险。可以认为，这个案件中的

-7-

---

〔9〕 植松・前出注〔7〕122 頁参照。

〔10〕 植松・前出注〔7〕132 頁。此外，平野龍一・刑法概説（昭和52年）113 頁，大塚仁「死体に対する殺人行為と不能犯」同・刑法論集（1）（昭和51年）101 頁参照。

〔11〕 刑録23 辑999 頁。大审院的主要争议问题是罪数，即是否构成杀人既遂罪和连续犯之杀人未遂罪。

危险判断——尽管内容还不太明确——也是根据客观的危险说，即区别绝对不能与相对不能这一框架进行的。尽管本案有一定特殊性——不是杀人未遂而是肯定成立伤害罪，按并合罪处理反而使得罪责变重——但是客观的立场在该案中得到如实体现。因为，这里对有无具体危险的判断，不是将问题设定为"一般人对于让他人摄入硫磺的这种行为是否感到有危险"来进行的。——反之，如果是根据这个想法想必就能够肯定该案有具体危险。

同样从客观的立场进行判断，否定成立未遂犯的还有，行为人使用久埋地下丧失爆炸力的手榴弹案件，否定成立杀人未遂罪的东京高等裁判所昭和 29 年（1954 年）6 月 16 日判决[12]，行为人制造兴奋剂但使用的主要原料是假货的案件，否定成立兴奋剂制造未遂罪（《日本兴奋剂取缔法》第 41 条第 3 项）的东京高等裁判所昭和 37 年（1962 年）4 月 24 日判决[13]，等等。

而在肯定成立未遂犯的判例中，首先举一个方法不能类型的案件，即大审院（第一刑事部）大正 8 年（1919 年）10 月 28 日的判决[14]。在这个案件中，行为人以使用含有毒药黄磷的杀鼠剂（アンチムーズ）作为杀人手段，但杀鼠剂没有达到致死量——原审否定成立未遂犯，而大审院作了如下判断：

"原判示认定杀鼠剂是一种毒药，使用杀鼠剂能够作为杀人手段并且具有达成目的可能性，这一点成立的话，尽管偶尔错误使用毒药分量没有达到致死量，因此没有实现杀人目的，这相当于犯罪工具的使用手法拙劣导致……即，不可不谓已着手犯罪实行又未能完成犯罪……不论其使用毒药分量是否能达到致死量，论以杀人未遂都可谓相当。"

在该案中，尽管行为人实际使用的"毒药"量没达到致死量，但还是肯定发生了成立未遂犯所必要的具体危险。该判决首先确定，行为人使用的药物，是一种"杀人手段并且具有达成目的的可能性"，然后以此为前提，肯定"使用"这种"毒药"的行为引起了具体的危险。在这个意义

-8-

---

[12]　東高判決時報 5 卷 6 号 236 頁。

[13]　高等裁判所刑集 15 卷 4 号 210 頁。

[14]　新聞 1641 号 21 頁。

上，可以说该判决也显示了"客观的旨趣"。但是，这个判决体现出的判断方法，是抽象地解释"毒药"，然后"不论其使用毒药分量是否能达到致死量"都肯定发生了危险，是将危险判断的重心置于行为本身的一种判断，所以，这与学理上所谓具体的危险说的实质基准已经相当接近了。然而，由于又不是将问题设定为，让他人摄取毒物的行为，一般人是否对此感到了危险，在这个意义上，客观判断的旨趣还是得到了维持。

然后，在肯定成立未遂犯的判例中，属于客体不能类型的，大审院（第三刑事部）大正 3 年（1914 年）7 月 24 日的判决 [15] 颇具代表性。这是一个抢劫未遂的案件，一开始有人主张该案中没有证据显示行为当时被害人持有财物，但大审院最终作了如下判断：

"来往路人身上带有财物是一般能够预料的事，行为人的夺取行为具有结果发生的可能性，即实害发生的危险，即便行为时因为偶然原因被害人身上不带有财物"，也成立未遂犯。

该案采取的立场是，即便不存在现实的行为客体，也能够肯定发生了成立未遂犯所必要的具体危险。也就是说，该案肯定发生的具体危险，是行为针对"一般能够预料的"客体而引起的危险，所以，可以认为该案采取了与具体的危险说基准相类似的一种见解：站在事前的视角判断——从一般人立场来看——行为是否可能侵害被假定的客体。不难看出，该案对具体危险的判断，是将重点放在行为自身而进行的一般性的判断*。

如上所述，虽然可以看出判例有客观判断危险的旨趣，但由于是将重点放在行为上进行一般性的判断而得出了有具体危险的结论，所以这与具体的危险说的立场相当接近了，因为具体的危险说认为的具体危险，就是根据一般人的立场可以肯定的，在行为时行为导致结果发生的可能性。在下级审的判例中，有一些就是根据具体的危险说来判断未遂犯的具体危

─9─

------

〔15〕 刑録 20 辑 1546 頁。

* 全书很多地方出现了"一般性的（地）判断"的表述。这是指危险判断过程不太看重案件事实的个别性，不纠结具体的细节，更看重案件事实的类型性，据这种类型性来考虑有没有危险。直白地说，如果太纠结个案的事实细节，那几乎没有什么场合能够肯定有危险，甚至危险概念都没有用武之地了。——译者注

险。例如，在方法不能类型的案件中使用了这种见解的，有福冈高等裁判所昭和28年（1953年）11月10日的判决。[16]行为人夺取巡警没有装填子弹的手枪，然后对准该巡警扣下扳机，行为人被判决构成杀人未遂罪。

"为一般社会观念所承认的是，身着制服的警察在执勤中，别在右腰上的手枪通常是装填了子弹的……（本案中的——作者注）行为有杀害结果的发生可能性，所以存在有产生实害的危险。"

该案体现出的方法是，以"一般社会观念"为基准进行判断，然后肯定发生了具体的危险。而对于客体不能的类型，根据具体的危险说肯定发生了危险的判例，可以举出广岛高等裁判所昭和36年（1961年）7月10日的判决[17]。案件事实是，行为人T已经用手枪击倒了被害人S，为使之断气，又拿起日本刀刺杀被害人。行为时被害人的生死状况如何，鉴定人的见解存在分歧，但立足于纯医学意义上被害人已经死亡的立场，广岛高等裁判所作出了成立未遂犯的判断。

-10-

"在这种S的生死界限不仅专家们产生了分歧而且在医学上也不清楚的案件中，不仅可以肯定被告人T在加害时相信被害人还活着，而且一般人也会认为当时的被害人还没有死，并且感觉到被告人T的前述加害行为有导致S死亡的危险，这一点无论如何都是理所当然的"，所以，以未遂犯论处是合适的。

这里更为明显，是以一般人是否"感觉到被告人T的前述加害行为有导致S死亡的危险"为基准，判断是否发生了具体的危险，并得出了肯定结论。像本案这种典型的客体不能，如果是根据古典的客观的危险说的见解来看，想必就不可能肯定发生了具体危险。

三　其次，探讨一下交通危险罪（《日本刑法》第125条）的判例。判例是怎么判断"交通危险"的呢？

判例中可以说是具体危险判断之典型的，可以举出大审院（第二刑事部）大正9年（1920年）2月2日的判决[18]。行为人在铁路轨道上放置一

---

[16]　高等裁判所判决特报26号58页。
[17]　高等裁判所刑集14卷5号310页。
[18]　刑録26辑17頁。

块"长约 4 寸 5 分宽约 3 寸厚约 1 寸 5 分的石头",电车压碎了石头后照样前进,对于该案件,虽然一开始有人主张"应该具体地判断危险的程度模样"(若具体判断则未必能肯定有具体危险——译者注),但这种意见遭到驳回。

"原判示认定了表明该案存在危险及危险程度和情况的具体事实,造就这些事实的行为就应当构成前述法条之罪。"

在该案中,"在轨道上放置长约 4 寸 5 分宽约 3 寸厚约 1 寸 5 分的石头"的行为引起了"交通危险",是通过对行为本身进行非常一般性的判断得出的,而不是讨论那些细节性问题得出的,如着眼于本案具体的、个别的客体而言本案行为引起法益侵害的可能性有多大这种问题。确实,因为只是根据构成障碍物的石头的大小来判断得出有具体的危险,所以该案采取的立场是接近于这样的想法,"因为在道路上放置石头的行为,一般是危险的,所以要处罚"[19]。

现在,判例认为即使"电车因为障碍物还没有……达到马上要冲撞的状态的也"要肯定发生了具体的危险[20],而且,只要实施了"在一般观念中属于有可能妨害火车或电车交通安全的行为"就足够,所以"不要求行为能够必然或盖然地引起实害"[21]。

在所谓人民电车事件中,也可以看出最高裁判所(第三小法庭)昭和 36 年(1961 年)12 月 1 日的判决[22]有同样的倾向。在罢工活动中,行为人没有接到业务命令就运行了电车,对该案件,原审认为,因为"交通危险"是指"电车交通安全可能遭到妨害的状态,也就是有可能发生颠覆、冲撞等事故的状态",所以,即使该电车运行的京滨线路上没有其他电车,仅仅给该线路并行的山手线路的运行造成了一些影响,也要肯定发生了具体的危险。最高裁判所对原审的事实认定和法律判断都表示认可。可以说,这就是把重点放在行为上进行非常一般性的判断,然后肯定发生了具体的危险。

---

〔19〕 平野·前出注〔1〕121 頁。
〔20〕 大審院(第三刑事部)判决大正 11 年 6 月 14 日刑集 1 卷 341 頁。
〔21〕 大審院(第一刑事部)判决大正 11 年 12 月 1 日刑集 1 卷 721 頁。
〔22〕 刑集 15 卷 11 号 1807 頁。

　　四　最后，举一些放火罪的判例。这里需要考虑的问题是，"公共的危险"是怎样判断的。

　　对于《日本刑法》第 110 条第 1 项放火罪中"公共危险"的意义，代表判例立场的，可以举出大审院（第二刑事部）明治 44 年（1911 年）4 月 24 日的判决[23]。

　　"这里所说的公共危险是指……通过放火行为，一般不特定的多数人会担心前述第 108 条及第 109 条的物件处于要发生火势蔓延结果的状态，倘若依据理性的判断，这种担心是存在的，即使当时没有物理上的理由担心火势蔓延，也不容对此判断提出质疑。"

-12-

　　这里显示的想法是，以"理性的判断"为基准，为肯定发生了"公共的危险"，而"不论物理上是否有结果发生的危险"[24]。这可以认为是与未遂犯中具体的危险说的见解相类似的一种立场。但要注意，该判决得出以上判断的一个理由在于，"物理现象始终是瞬息万变的，一时的现象不堪为绝对的真理"，而且对于本案而言，因为"也不能快速断定出在物理上就绝对不会有火势蔓延到人家之虞"，所以也不纯粹是根据一般人的危险感觉进行处理的。在这个意义上可以认为，该判决也没有完全依据未遂犯论中的具体的危险说处理本案。

　　否定发生了"公共危险"的判例，可以举出静冈地方裁判所昭和 34 年（1959 年）12 月 24 日的判决[25]，名古屋地方裁判所昭和 35 年（1960 年）7 月 19 日的判决[26]，以及福冈地方裁判所昭和 41 年（1966 年）12 月 26 日的判决[27]，等等。[28]在这些判例中，尽管也谈到了他人有没有"不安""危惧的感觉"这些问题，但根本还是在判断有没有"火势蔓延

---

　　[23]　刑録 17 辑 655 頁。

　　[24]　仙台高等裁判所秋田支部判决昭和 32 年 12 月 10 日高等裁判所裁判特报 4 卷 24 号 654 頁。

　　[25]　下級刑集 1 卷 12 号 2682 頁。

　　[26]　下級刑集 2 卷 7・8 合併号 1072 頁。

　　[27]　下級刑集 8 卷 12 号 1621 頁。

　　[28]　此外，还有大審院（第二刑事部）判决大正 5 年 9 月 18 日刑録 22 辑 1359 頁，広島高等裁判所冈山支部判决昭和 30 年 11 月 15 日高等裁判所裁判特报 2 卷 22 号 1173 頁，松江地方裁判所判决昭和 48 年 3 月 27 日刑裁月报 5 卷 3 号 341 頁，等等。

的物理可能性"，并在得出不存在这种可能性的场合否定发生了"公共危险"。这些判例对于研究而言具有极为重要的意义。

五　对判例如何判断具体危险做如上概观的话——虽然难以做一般化的归纳——有些情况就变得比较清楚了。首先，应该说，对于具体危险的判断，判例呈现出了一种客观的旨趣[29]。[30]也就是说，在具体危险的判断中，被称之为"一般人的危险感觉"的这种见解虽然具有重要意义——特别是在放火罪"公共危险"的判断中更加明显——但是，"物理的可能性"并非被完全放弃考虑。不过，也难以忽视，在未遂犯的下级审判例中，有一些偏离了这种客观立场，而是直接以"事前的一般人的危险感"为基准判断有没有具体的危险。

其次，可以说，在未遂犯特别是交通危险罪等的案件中，具体危险的判断重点放在行为本身，而不是现实的具体存在的个别客体。这使得判例的立场特别是未遂犯的判例接近于具体的危险说的事前判断立场，而且，在交通危险罪的案件中，判例明显是非常一般性地判断行为本身有没有具体的危险。

即便可以这样去解读判例的立场，也很难说判例使用的危险概念的内容是明确的，也就不得不说，想要从判例中直接提取一个明确的危险概念是很困难的。

第二项　学说的状况

一　如在前项看到的那样，判例虽然非常一般性地判断具体危险，但显示的却是一种客观判断的旨趣，与此相对，学者又主张了哪些想法呢？这可以探讨一下那些关于成立未遂犯所必要的具体危险的讨论。因为，有关具体危险的讨论，基本上是专门围绕未遂犯的具体危险——其与不能犯

〔29〕　另外，关于爆炸物取缔罚则第 1 条「使用」的意义，可参照最高裁判所（第三小法廷）判决昭和 51 年 3 月 16 日刑集 30 卷 2 号 146 頁。而关于该判例的研究，可参见奥村正雄「不能犯論の予備的考察」同志社法学 32 卷 5 号（昭和 56 年）135 頁。

〔30〕　另外，中野次雄「爆発物取締罰則一条にいう爆発物の「使用」の意義」判例評論 213 号（昭和 51 年）162 頁指出："我感觉，日本刑事裁判实务家，……，有一种重视纯粹客观危险性的强烈情绪"，"这与实务中的判断一开始就是对纯客观事物的判断这一点可能有关系，所以我作为实务群体的一员，也非常能够理解那种情绪。"

问题的关系的意义上——而进行的[31]。

在日本占据通说地位的，是解决未遂犯处罚根据、处罚范围的被称作具体的危险说的这种立场。可以把该说理解成这样的一种想法，以事前一般人能够认识到的事实为基础，从一般人的看法来判断有没有具体危险。但是，从这个立场出发进行的危险判断，其中判断基准的细节，在论者间是不一致的。不过大体可以认为，福田教授的以下见解较为典型。

"在行为当时，以行为人特别认识到的情况以及一般人能够认识到的情况为基础，在一般人的判断中，在有结果发生可能性的场合就有具体危险，就作为未遂犯处理，不是这种场合的，就属于不能犯。"[32]

除此之外，采取这种具体危险说的还有佐伯博士[33]、植松博士[34]、青柳博士[35]、平野博士[36]、中教授[37]、大塚教授[38]、香川教授[39]、吉川教授[40]、西原教授[41]等，具体危险说成为一种极为有力的立场。[42]

---

[31] 对于学说现状的把握，除了本书列举的以外，还有这些文献可以参照，木村龟二・「不能犯及事実の欠缺」刑事法講座第 2 巻（昭和 27 年）421 頁以下，竹田直平「不能犯」刑法講座 4（昭和 38 年）36 頁以下，西村克彦「不能犯」学説展望（ジュリスト300 号）（昭和 39 年）298—299 頁，団藤重光編・注釈刑法（2）のⅡ（昭和 44 年）493 頁以下，斎藤誠二「不能犯」刑法の判例・第 2 版（昭和 48 年）94 頁以下，夏目文雄「不能犯とは何か」法学教室（第 2 期）8（昭和 50 年）130—131 頁，斎藤信治「不能犯とその基準」「迷信犯」刑法の争点（昭和 52 年）102 頁以下，高窪貞人「不能犯の現代的問題」中山研一＝西原春夫＝藤木英雄＝宮沢浩一編・現代刑法講座第 3 巻（昭和 54 年）129 頁以下，等等。

[32] 福田平・新版刑法総論（昭和 52 年）180 頁。

[33] 佐伯千仞・三訂刑法講義（総論）（昭和 52 年）319 頁。

[34] 植松正・再訂刑法講義Ⅰ総論（昭和 49 年）345 頁。

[35] 青柳文雄・刑法通論Ⅰ総論（昭和 40 年）145 頁。

[36] 平野龍一・刑法総論Ⅰ（昭和 50 年）325—326 頁。

[37] 中義勝・講述犯罪総論（昭和 55 年）195 頁以下，同「不能犯」同編・論争刑法（昭和 51 年）114 頁以下。

[38] 大塚仁・刑法概説（総論）（増補）（昭和 50 年）178 頁以下。

[39] 香川達大・刑法講義（総論）（昭和 55 年）290 頁以下。

[40] 吉川経夫・改訂刑法総論（昭和 47 年）234 頁，同「不能犯と事実の欠缺」法学ゼミナー 91 号（昭和 38 年）69 頁。

[41] 西原春夫・刑法総論（昭和 52 年）295 頁以下。

[42] 此外，还可参照，福田平ほか編・刑法（2）（昭和 52 年）36 頁，藤木英雄＝板倉宏・刑法案内（昭和 55 年）262 頁，大沼邦弘「未遂犯の実質処罰根拠」上智法学論集 18 巻 1 号（昭和 49 年）111 頁以下，野村稔「不能犯における危険」Law School No. 39（昭和 56 年）25 頁以下，同「未遂犯における違法性」刑法雑誌 24 巻 3・4 号（昭和 57 年）468 頁，等等。

在有关未遂犯的下级审判例之中，有一些就是采取了具体的危险说的见解，或许从这一点可以看出这种学说的影响力。

二　在这种学说状况下，质疑具体的危险说，拥护以前被有力主张[43][44]的客观的危险说[45]，是最近出现的不可忽视的动向。[46]这引出的问题是，具体危险判断基准的意义·妥当性何在[47]。

-16-　　中山教授一直对客观的危险说抱有友好态度。中山教授指出，具体的危险说因为"考虑主观的情况和主张事前的危险判断"，所以"能够与行为无价值论相结合"[48]，但是从结果无价值论的立场[49]来看，这个基准的妥当性是有疑问的。而且，中山教授还指出，危险判断中不应该考虑主观情况的这种观点是正确的，客观的危险说的立场恰好亲和这种观点[50]，

---

〔43〕　井上正一·訂正日本刑法講義（明治 26 年）128—129 頁，富井政章·刑法論綱訂正（明治 26 年）105—110 頁，宫城浩藏·刑法正義上卷（明治 27 年）820 頁以下，松原一雄·新刑法論（明治 37 年）141—143 頁，勝本勘三郎·刑法要論総則（大正 2 年）177 頁，岡田庄作·刑法要論全（大正 10 年）98 頁，山岡萬之助·刑法原理（昭和 2 年）216 頁、220 頁，佐瀬昌三·刑法大意（第一分冊）（昭和 12 年）223 頁，等等。

〔44〕　波索纳德（Boissonade）起草的《日本刑法草案》第 128 条规定，"若依事件之性质或所用之手段，不能肯定害果发生可能之际，无论本犯意图如何，亦得免刑〔以下略〕"（波索纳德起草，磯部四郎·日本刑法草案直訳）。但这样规定的理由是，"行为人害意既然不能实现，于社会就无危险，然而，要区别害恶未得发生的原因是偶然性的，还是因为外人（共犯、团伙以外的人——译者注）的意思导致的。"（司法省·ボウソナード氏刑法草案注釈上卷·542 頁。）

〔45〕　另外，《日本改正刑法草案》第 25 条虽然规定，"一个行为，就其性质而言，若是一般不可能导致结果发生，则按未遂犯处理，不予处罚"〔法制審議会·改正刑法草案の解説（昭和 50 年）69—70 頁参照〕，但这也可以解释为是对客观旨趣的显示。

〔46〕　对这种动向的现状分析，可参见奥村·前出注〔29〕，而且奥村也支持事后的判断方向。

〔47〕　中野次雄教授对具体的危险说批判是：危险性"本来就应当是客观的东西，既然行为是同一的，无论行为人是谁，行为人认识到了什么，行为的危险性就应当没有变化"。但是中野教授又认为，危险性不是指"上帝视角的危险性（纯客观的危险性）"，而是"行为原理中的危险性"，从这一视角出发，中野教授赞成"以行为时行为人能够认识到的事实为基础的判断立场（事前的 ex ante 判断）"。在这样的判断中，判断的基础是"将行为人置于深思熟虑的人类立场，考虑其能够认识到的事实"，并且还包含"深思熟虑的人类的科学知识"。中野次雄·刑法総論概要（昭和 54 年）78 頁以下参照。

〔48〕　中山研一·口述刑法総論（昭和 53 年）386—387 頁。

〔49〕　中山研一·刑法総論の基本問題（昭和 49 年）67—68 頁，同前出注〔48〕110 頁。

〔50〕　中山·前出注〔49〕231 頁，同前出注〔48〕387 頁。

并且客观的危险说的基础是"事后判断"的立场[51]。所以，客观的危险说是适合结果无价值论的一种见解[52]。

对于客观的危险说的内容·基准，虽然学界批判其不具有明确性，但中山教授指出"这些批判未必有说服力"[53]，并且还做了一些具体的分析[54]，但是，中山教授的见解未必明了，还有进一步探讨的必要。

然后，大谷教授也在处理不能犯问题的论文中，从"结果违法（结果无价值论）"[55]的观点批判了具体的危险说，主张了客观的危险说。"（具体的危险说——作者注）根本的判断基准在于，根据常识或社会心理来看，是否产生了威胁感或者不安感……，所以不难想象，具体的危险说要处罚的并非那些真正有害的事态，即法益侵害或危险的事态，而是行为反常性、反伦理性的那些事态"[56]。该批判的旨趣在于，揭示具体的危险说的处罚根据"在根本上是行为无价值或者社会的危险感"[57]。但是，这与中山教授认为重点在于主观要素的问题的旨趣是不一样的。因为，虽然大谷教授主张"行为具有的结果发生危险性"要被"纯粹客观地"加以判断，即判断过程"要以科学法则上的可能性为前提，考虑行为后的所有情况"，但是他又认为"即便是客观的判断，判断对象的内容中也可能包含主观意思或者行为人的计划"[58]。

对于客观的危险说的内容，大谷教授又有什么看法呢？大谷教授首先　–17–
指出，"可罚未遂的界限判定，应当根据因果法则、经验法则来判断外观

---

[51]　中山·前出注〔48〕387 頁。此外，这里说的"事后的判断"是指"在考虑事后情况的基础上对行为时的危险程度的判断"。

[52]　另外，中山研一「不能犯の学説」Law School No. 26（昭和 55 年）89 頁以下参照。井上祐司「不能犯」法学ゼミナー 259 号（昭和 51 年）105 頁。

[53]　中山·前出注〔49〕231 頁。

[54]　中山·前出注〔48〕389—390 頁，对构成要件欠缺的理论做了说明。另外，同「不能犯における危険」Law School No. 39（昭和 56 年）14 頁以下，虽然做了更为详细的探讨，但其所谓危险判断的构造·根据未明了。

[55]　大谷実「不能犯」中義勝編·論争刑法（昭和 51 年）132 頁。

[56]　大谷·前出注〔55〕141 頁。

[57]　大谷実「不能犯（再論）」同志社法学 30 巻 2·3 号（昭和 53 年）38 頁。另外，大谷教授还指出，具体的危险说将"危险感自身作为保护法益"（同 37 頁）。

[58]　大谷·前出注〔55〕134 頁、138 頁、145 頁参照。

上相当于实行行为的行为，是否属于能够引起法益侵害的行为"[59]，然后，对这一立场的具体适用，大谷教授又根据客体不能、方法不能、主体欠缺的类型划分予以分别叙述。具体来说，对于客体不能，在全然不存在保护法益或客体的场合作为不能犯处理，而在方法不能的场合，只有所使用的行为方法对达成行为目的必须是有效的才能作为未遂犯，等等。此外，所谓主体欠缺的场合，是指身份要素奠定了特定的法益侵害，没有这种身份的就没有特定的法益侵害的可能性，而应该被认为是不能犯的场合[60]。这种分析饶有趣味，但大谷教授的基本立场与主张结论之间存在什么关系，可能还需要进一步探讨。

还有，内田教授虽然认为要"在必要最小限度的意义上根据'新客观说'予以修正"，但采用的还是"基本上属于'旧客观说'"的立场[61]。对于具体的危险说，内田教授批判其判断基准之"一般人的'危险感'是暧昧不明确的"[62]，而且还给出了以下见解："虽然'旧客观说'提出的基准受到了不明确的批判，但是，它所追求的其实是更清楚的基准。……首先，无论是关于手段不能的场合，还是关于客体不能的场合，在自然科学·因果关系的意义上，如果不能肯定'大概的'法益侵害可能性，就作为不能犯处理，倘若不过是'偶尔地'没有发生法益侵害，则应该解释为未遂犯。"[63]但是，"除此之外，如果是按不能犯处理而遭到法感情彻底的拒绝，就应当根据行为时一般人的危险感加以判断（例如，在相信被害人还活着又拿刀刺杀的场合，或许就可以这样考虑）。然而，即便是这样的场合，比起按杀人未遂处理，按毁坏尸体处理是不是更合适呢？可能还是存在这样的疑问"[64]。正是在这个意义上，内田教授主张对旧客观说予以"修正"。

---

〔59〕 大谷·前出注〔57〕40页。

〔60〕 大谷·前出注〔57〕41页以下。另外，同前出注〔55〕140页以下参照。

〔61〕 内田·前出注〔2〕253页。但是，予以一定修正的根据是什么呢，这个没有得到明确。

〔62〕 同上注。

〔63〕 同上注。

〔64〕 同上注。

虽然内田教授的判断基准的内容更加充实[65]，但"大概的"和"偶尔地"是怎么区别的，而且能够区别开来吗，这也是未得明确的。

三　占通说地位的具体的危险说的论者们，对最近主张的这个客观的危险说，又认为存在哪些问题点，并展开自说的呢?

对这一点，主张典型的具体的危险说的福田教授，对客观的危险说作了如下批判：客观的危险说"首先存在的缺陷在于，绝对不能与相对不能的区别标准不明确，然后存在的问题在于，舍弃掉具体的情况，进行一般的抽象的危险判断，这是不正当的"[66]。

这里指出了两点问题。第一点问题在于，绝对的不能·相对的不能这一区别基准，也就是判断有没有发生具体危险的基准，是不明确的[67]。已如胜本勘三郎博士的评论：客观的危险说"于实际的运用中，尚不得知是否以极为稳健的形式实现了所谓的中和性，但是该理论漠如云烟，不易掌握……斯如所说，就作为一个理论而言，尚无法得到采用或待有识之士济以阐释始有可能"[68]。另外，平野博士指出："区分绝对不能·相对不能，多多少少必须将事态予以一定的抽象化、类型化。……但是这样的话，类型化的程度不同，结论也会表现出很大差异。"[69]这可以理解为从侧面指出了同样的问题。

与之相对，小野博士这样评价："虽然学者批评绝对不能·相对不能的概念要么漠然要么暧昧，但是作为一个实际的法律概念，不得不承认其具有相当的价值。"[70]除此之外，已如前述，中山教授、内田教授认为这样的批判是不妥当的。然而，两位教授的见解本身就显示出，客观的危险说的内容自身未必是明确的，所以，大谷教授才说，要尽可能将客观的危

---

[65]　内田·前出注〔2〕255 頁注 11，256 頁注 12 参照。

[66]　福田·前出注〔32〕180 頁。

[67]　木村亀二·刑法総論（昭和 34 年）352 頁，団藤·前出注〔1〕150 頁，大塚·前出注〔38〕182 頁，大沼邦弘「不能犯（2）」刑法判例百選 I 総論（昭和 53 年）164 頁，等等。

[68]　勝本勘三郎·「不能犯ニ就テ」同·刑法の理論及び政策（大正 14 年）173—174 頁。

[69]　平野·前出注〔36〕325 頁。

[70]　小野清一郎「青酸加里による殺人の未遂（ちなみに不能犯論を反省する）」刑事判例評釈集 11 巻（昭和 29 年）24—25 頁。

险说的内容予以明确化，"有必要确立一个尽可能明确的基准"[71]。

  客观的危险说遭受的第二个批判点在于，客观的危险说要判断的危险，是从事后判断的见解来看的被抽象的类型化的危险。例如，泷川幸辰博士给出的批判："为了确定有没有这个（客观的危险性——作者注），旧客观说把危险区别为具体的危险和抽象的危险，通过抽象的概念解决不能未遂的问题。……但是这里存在方法论的谬误。刑法上要考虑的问题，是'那个具体的行为'有没有危险。也就是指，作为问题的只能是行为时的'那个行为'。没有理由把这个予以抽象化（一般化）。"[72]另外，西山富夫教授也这样讲道：在以前，"旧客观说是以手段·客体的概念性质为基准判断有无危险，这个方法不是判断那个具体的实行行为，而是判断与之类似的其他行为，然后又把结论强加到那个具体的行为上"[73]。

  进一步来说，这一点关系到客观的危险说中"具体的"危险的意义，以及所谓"客观的"判断的可能性。换言之，要考虑的问题在于，客观的危险说中"类型的判断"在什么意义上是可能的，是否能够被正当化。平野博士之所以支持具体的危险说，是因为"危险性的判断……不是纯粹物理性的判断，而是站在一般人的立场进行的判断"[74]，大谷教授认为这种看法无非是觉得"不可能以物理的可能性确定可罚未遂的界限"[75]。牧野博士也认为"精确而论的话，要客观地区别出绝对不能与相当不能，是不可能的。如果从纯粹客观的立场来看，即便是所谓未遂的场合，也变成行为一开始就不可能完成犯罪事实的情形，那就不得不说未遂也是一种绝对的不能了"[76]，"所谓危险，是一般见解意义上的结果发生可

能性。危险有无的判断，不可能根据鉴定专家的意见，从纯粹客观立场进

---

  〔71〕　大谷·前出注〔57〕38 頁，指出"这是不能犯论的第一要点"。

  〔72〕　滝川幸辰·改訂犯罪論序説（昭和 22 年）193 頁。

  〔73〕　西山富夫「リストと具体的危険」名城法学 18 巻 2 号（昭和 44 年）17 頁。但是，最近他又认为"维持絶対的·相対的不能説是有意义的"。同「不能犯」藤木英雄編·刑法 I（総論）（昭和 52 年）268 頁参照。

  〔74〕　平野·前出注〔36〕326 頁。另外，同·前出注〔1〕119 頁参照。

  〔75〕　大谷·前出注〔57〕36 頁。

  〔76〕　牧野英一「殺人の不能犯と危険説の適用」同·刑法研究·第二（大正 10 年）86 頁。

行"〔77〕。可以说，这就是在追问，客观的危险说在什么意义上才能够得到维持〔78〕。

四 如上所述，当前学说的现状是，占通说地位的具体的危险说和占少数说地位但又十分有力的客观的危险说，在具体危险的意义·判断基准的问题上存在尖锐对立。可以说，这是作为违法论领域中行为无价值论和结果无价值论论战的一环或者说是延长线上的一个问题而被讨论出现的现象。中山教授、大谷教授从结果无价值立场出发，批判具体的危险说的判断基准是行为无价值论，就是一个很好的例证。但是如前面谈到的，同样站在结果无价值立场的佐伯博士〔79〕、平野教授〔80〕却还是支持具体的危险说。这样来看，上述的那些批判究竟在什么意义上是妥当的，就成了问题，而且，通说之具体的危险说判断具体危险的基准是否妥当，也是必须加以探讨的。

尤其考虑到判例对具体危险的判断有一种客观的旨趣，做这种探讨的实际意义就更明显了。

另一方面，对于客观的危险说被指出的那些问题点，它的支持者们给出了有说服力的回答吗，这是有疑问的。对于客观的危险说的内容·判断基准的构造，尽管有中山、大谷、内田教授的论述，但内容也未必十分明确。而且，客观的危险说主张"客观地""类型地"判断具体危险，在什么意义上才是可能的，能够得到正当化吗？这些问题，根本上关系到该学说的存立与否，所以还要进一步探讨。尽管客观的危险说遭到了具体的危险说学者的批判，但是，客观的危险说要想作为一个能够为人们所主张的见解，也应该阐明这些问题。

从这样的概观可以看出，具体危险的意义·判断基准的问题，历来都没有得到充分阐明。虽然判例中具体危险的判断基准也远不明确，但是那些批判性探讨也未必充分。所以，对于具体危险，有必要再做根本性的

-21-

---

〔77〕 同上注，95頁。
〔78〕 另外，中·前出注〔37〕論争刑法117—118頁、120頁参照。
〔79〕 佐伯·前出注〔33〕172—175頁参照。
〔80〕 平野·前出注〔1〕44頁、51頁参照。

-22- 探讨 [81]。

第三款 围绕抽象危险的问题状况

第一项 判例的状况

一 本项要概述的，是判例如何理解作为抽象危险犯处罚根据的抽象危险，以及如何解释·适用抽象危险犯规定。

首先，看一下妨害执行公务罪（《日本刑法》第 95 条第 1 项）的判例。该罪的保护法益是公务适当执行 [82]，侵害这种法益的抽象危险，究竟应该怎么去理解呢？

对此，可以探讨一下具有代表性的最高裁判所（第三小法庭）昭和 33 年（1958 年）9 月 30 日的判决 [83]。本案中，三名被告人分别向不同的警察投掷一块石头，其中两名警察的头盔、臀部被击中。对于该案事实，原判决否定成立妨害执行公务罪而仅认定成立暴行罪，但最高裁判所通过援引其（第二小法庭）昭和 25 年（1950 年）10 月 20 日的判决 [84] 的判旨，即"《日本刑法》第 95 条犯罪的暴行胁迫，不以现实地发生了妨害执行职务的结果为必要，有能够妨害执行职务的性质就足够"，撤销了原审判决。

"本案各被告人的各自投石行为具有能够妨害前述各警察执行职务的性质，因此可以肯定该行为是符合妨害执行公务罪构成要件中的暴行。如果是这样的话，即便各被告人的各自投石行为是一次的、瞬间的，只要是投石行为，就不得不说直接成立妨害执行公务罪。"

-26- 在这里，判例显示的立场是，"符合妨害执行公务罪构成要件中的暴

---

[81] 内藤教授认为，"对于结果无价值论之法益侵害'危险性'的内容，结果无价值论者内部未必有一个统一见解"，故而"结果无价值论还有必要进一步分析探讨法益侵害'危险'的内容和判断基准。"内藤謙「戦後刑法学における行為無価値論と結果無価値論の展開（二）」刑法雑誌 22 巻 1 号（昭和 53 年）100—101 頁参照。

[82] 最高裁判所（第二小法廷）判决昭和 28 年 10 月 2 日刑集 7 巻 10 号 1882 頁指出：《日本刑法》第 95 条的旨趣不是对公务员实施特别保护，而是对公务员执行的公务本身予以保护。"

[83] 刑集 12 巻 13 号 3151 頁。

[84] 刑集 4 巻 10 号 2115 頁。

行"的行为，只要一经实施，就"直接成立妨害执行公务罪"。而且对于这个"暴行"的意义，判例的看法是"有能够妨害职务执行的性质就足够"——"不以现实地发生了职务执行妨害的结果为必要"[85]。也就是说，妨害执行公务罪处罚根据的危险是根据有没有"暴行"来判断的，是通过"有能够妨害执行职务的性质"这样的限定来考虑对保护法益的抽象危险。不过，或许可以认为，这种限定并非真的有什么限定意义。因为，既然认为"在实施了本来符合暴行罪的暴行的时候，……就当然地成立了妨害执行公务罪"，那"这种限定对符合暴行罪的暴行而言就没有什么意义"[86]。[87]

这样理解的话，即便不能说判例是完全形式性地把握妨害执行公务罪处罚根据的抽象危险，也可以评价为，因为判例进行了相当抽象的判断，所以判例体现出的立场接近形式性判断。将妨害执行公务罪中的"暴行"作了非常宽泛解释的东京高等裁判所昭和 35 年（1960 年）4 月 25 日的判决[88]，以及仙台地方裁判所昭和 38 年（1963 年）7 月 13 日的判决[89]等，也是同样的此种倾向。

二　其次，看一下遗弃罪（《日本刑法》第 217 条）的判例。

代表判例立场的，可以举出大审院（第一刑事部）大正 4 年（1915年）5 月 21 日的判决[90]。行为人把陷入贫穷、高龄、营养不良、疾病状态的 80 岁左右老人装上货车，然后遗弃在路旁，对于该案件事实，大审院

---

〔85〕　東京高等裁判所判決昭和 48 年 6 月 15 日刑裁月報 5 巻 6 号 1012 頁，对"胁迫"的意义做了相同旨趣的论述。

〔86〕　田原義衛「刑法第九五条の暴行・脅迫と結果発生の要否、同条の暴行に該当する事例」最高裁判所判例解説刑事篇昭和 33 年度 629 頁参照。该文献于 629—630 頁还指出，"具有能够妨害"这一限定，意味着对"广义的间接暴行"的限定。

〔87〕　同旨，参见藤木英雄「公務執行妨害罪について」ジュリスト 165 号（昭和 33 年）12頁。

〔88〕　判例時報 229 号 40 頁。

〔89〕　下級刑集 5 巻 7・8 合并号 716 頁。行为人抓住铁道人员的左手又马上放开，抓住左脚腕也马上放开，对此，原审认定属于"暴行"，但由于认为是防止事故的正当行为判决无罪。但是控诉审认为，行为人的这种行为本就不是"暴行"（仙台高等裁判所判决昭和 41 年 3 月 17 日下級刑集 8 巻 3 号 377 頁参照）。

〔90〕　刑錄 21 輯 670 頁。

作了如下判断：

"《日本刑法》第 217 条的犯罪是指只要遗弃了需要扶助的老人、幼者、身体障碍者或者患病者，就可以成立，行为实施后的结果是否为对生命身体造成的现实危险，在所不问。"

在该案中，基于"法律设想的是只要实施了遗弃行为就会对需要扶助的人的生命身体产生危险，就可以处罚"这一理由，所以"只要能认定有遗弃事实"就足够。可以说在这里，抽象的危险是根据有没有"遗弃的事实"予以判断的。在这个意义上，判例将作为遗弃罪处罚根据的危险作了抽象的解释。

在伪证罪（《日本刑法》第 169 条）的判例中，也可以认为持同样的立场。例如，大审院（第四刑事部）昭和 5 年（1930 年）10 月 3 日的判决〔91〕作出了如下判断：

"伪证罪乃形式犯，应该合法宣誓证人，只要于裁判所询问之际故意作虚假陈述就直接成立犯罪，至于其陈述是否影响该案件的裁判结果则在所不问。"

这样来看，判例立足的立场是只要作了虚假陈述就构成伪证罪〔92〕，而且判例还说明了为什么要这样去判断这个属于"可能误导正当裁判犯罪"〔93〕的伪证罪。那就是，旧刑法规定构成该罪必须具备"包庇""陷害"的主观目的，但是现行刑法没有作此要求，证人供述是否影响了裁判比较难以判断，要想肯定可罚性，就必须肯定"证人的不实供述能够阻碍一般裁判事务的进行"，并且还要明确，虚假陈述自身就是"对宣誓证人担负义务的违背"〔94〕。

可以说，根据判例的这种立场，是否存在伪证罪处罚根据的抽象危险，是根据有没有"虚假的陈述"进行极为形式的判断的。

---

〔91〕 新聞 3208 号 16 頁。

〔92〕 大審院（第一刑事部）判決明治 43 年 10 月 21 日刑録 16 輯 1714 頁，大審院（第一刑事部）判決大正 15 年 10 月 29 日刑集 5 卷 475 頁等参照。

〔93〕 大審院（第一刑事部）判決大正 2 年 9 月 5 日刑録 19 輯 844 頁。

〔94〕 同上注。

关于放火罪（《日本刑法》第 108 条、第 109 条第 1 项），判例又是什么立场呢？

代表判例见解的，可以举出大审院（第二刑事部）明治 44 年（1911年）4 月 24 日的判决〔95〕。对于《日本刑法》第 110 条放火罪中"公共的危险"的意义，该判决认为"刑法第 108 条以及第 109 条第 1 项中规定的放火罪的行为自身中，就当然地包括了针对公共的危险的观念"，不过，更加明确地显示这种立场的，是作出如下判断的大审院（第三刑事部）昭和 6 年（1931 年）12 月 23 日判决〔96〕。

"《日本刑法》第 108 条规定的放火罪，是指对现在用于人居住或者有人在内的建筑物等实施放火，使其烧毁而成立的犯罪，是否产生公共的危险则在所不问。"

对于放火罪中"燃烧"的意义，可以认为判例采取的立场是所谓的独立燃烧说〔97〕，也就是只要达到了独立燃烧的程度就肯定发生了"对公共静谧的危险"〔98〕，进而成立放火罪。根据这一点，可以认为判例是根据有无"烧毁"而抽象地或者形式地判断有没有放火罪的"抽象危险"。

像以上这种，非常抽象地判断*——说是完全形式地判断可能还有疑问——抽象危险的倾向，也被认为体现在关于公安条例的一些判例中。例如，最高裁判所（第二小法庭）昭和 50 年（1975 年）10 月 24 日的判决〔99〕就显示了这种立场。行为人违反《东京都公安条例》，在没有得到许可的前提下实施集团行动——所谓羽田空港大厅事件——原审以欠缺可罚的违法性为由，否定此行为符合该条例第 5 条的构成要件，但是最高裁判所根据

〔95〕　前出注〔23〕参照。

〔96〕　新聞 3370 号 10 頁。

〔97〕　大審院（第一刑事部）判决明治 43 年 3 月 4 日刑録 16 辑 384 頁，最高裁判所（第三小法廷）判决昭和 23 年 11 月 2 日刑集 2 卷 12 号 1443 頁，等等。

〔98〕　大審院（第一刑事部）判决大正 5 年 9 月 19 日新聞 1176 号 33 頁，等等。

* 全书也有很多地方使用了"抽象的（地）判断"的表述，可以认为这是与"一般的（地）判断"一样，倾向于根据类型化的事实来考虑有没有危险的一种判断方法。——译者注

〔99〕　刑集 29 卷 9 号 777 頁。

-29- 以下理由撤销了原审的无罪判决〔100〕。

"既然认为对集团行动要进行行政许可管制，那么违反行政管制而贸然实施未得许可的集团行动，就不仅仅是因为没有经过许可申请手续而只有形式违法性，鉴于前述集团行动的内在特质〔101〕，出于保护公共利益的必要，地方政府可以采取事前处置措施，而未经许可手续的集团行动就等于剥夺了地方政府采取事前措施的机会，还招来妨害公共安宁、秩序的危险，在这意义上，该行为也有实质的违法性。"

判例历来认为，要加以处罚的集团行动"扰乱了宁静，是一种具有发展暴力的危险性的物理力量"，所以未得许可的集团行动"其自身并非没有危险而欠缺实质违法性的行为"〔102〕。而上述判决还附加了"剥夺了地方政府应当采取事前处置的机会，从而招来妨害公共安宁、秩序的危险"这一理由，并以此奠定对未得许可的集团行动进行处罚的正当化基础。据此而言，作为违反公安条例行为的处罚根据的抽象危险是否存在，未必是被完全形式地判断，但结局一定是被极为抽象地判断〔103〕。〔104〕

---

〔100〕 退回再审的東京高等裁判所以"违法性错误"为理由判决无罪（東京高等裁判所判决昭和 51 年 6 月 1 日高等裁判所刑集 29 卷 2 号 301 頁），但是最高裁判所撤销了该判决（最高裁判所（第一小法廷）判决昭和 53 年 6 月 29 日刑集 32 卷 4 号 967 頁），后作了有罪判决（東京高等裁判所判决昭和 54 年 6 月 14 日高等裁判所刑集 32 卷 2 号 146 頁），并且成为终审判决（最高裁判所（第三小法廷）决定昭和 55 年 7 月 4 日判例时报 977 号 41 頁）。

〔101〕 该判决的看法是，"集团行动是多数人的身体行动，其特征是由潜在物理力支持的多数人集合体的力，表达自由权本来应当是有秩序、平稳地加以行使，但因为是集体行使，所以偶尔会超出这个范围，发展为扰乱地区平稳的暴力，集团行动就具有这种危险"。

〔102〕 最高裁判所（第一小法廷）判决昭和 41 年 3 月 3 日刑集 20 卷 3 号 57 頁。

〔103〕 另外，最高裁判所（第二小法廷）判决昭和 50 年 10 月 24 日刑集 29 卷 9 号 860 頁也指出，"违反许可条件而 Z 字形地游行运动，本身就不欠缺实质的违法性"。

〔104〕 在以前的下级审判决中，违反公安条例行为的处罚根据是具体危险还是抽象危险存在争议。采取具体的危险说的判决有，京都地方裁判所判决昭和 46 年 10 月 7 日判例时报 649 号 99 頁，大阪地方裁判所判决昭和 46 年 10 月 8 日判例タイムズ271 号 301 頁，大阪地方裁判所判决昭和 46 年 11 月 29 日刑裁月报 3 卷 11 号 1545 頁，等等。采取抽象危险说的判决有，广岛高等裁判所判决昭和 48 年 7 月 19 日刑裁月报 5 卷 7 号 1110 頁，東京地方裁判所判决昭和 46 年 10 月 2 日刑裁月报 5 卷 10 号 1391 頁，東京高等裁判所判决昭和 49 年 10 月 17 日高等裁判所刑集 27 卷 283 頁，等等。此外，采取抽象危险说并且适用可罚的违法性理论的判决有，京都地方裁判所判决昭和 48 年 2 月 15 日刑裁月报 5 卷 2 号 136 頁，神户地方裁判所判决昭和 48 年 3 月 30 日刑裁月报 5 卷 3 号 348 頁，等等。

三　综上所述，对于作为抽象危险犯处罚根据的抽象危险，判例根据行为是否符合构成要件的文义而进行了非常抽象的——尽管不是完全形式的——判断。尽管抽象危险是划定抽象危险犯处罚范围的实质判断基准，对解释构成要件要素具有参照作用，但很难说它在判例中发挥了独立的机能，结局就是处罚范围被划定得"相当广泛"。

不过，判例中也并非没有与上述不同的判断[105]，这可以举出最高裁判所（大法庭）昭和35年（1960年）1月27日的判决[106]。被告人以从

---

[105]　此外，《日本刑法》第126条第2项船舰的"破坏"意义也是有争议的，最高裁判所（第一小法廷）决定昭和55年12月9日刑集34卷7号513页认为，"即使船体自身没有受到破损"但也可以肯定'破坏'的存在。而团藤裁判官、谷口裁判官的补足意见是，船舰覆没罪是抽象危险犯，要考虑其实质的危险性。团藤裁判官认为，虽然可以肯定"即使船体自身没有物理的·物质的损伤也可能导致船舰航行能力的丧失，而成立船舰的'破坏'"，但是，"船舰覆没罪是公共危险罪"，"法律之所以将'现有人在内的船舰'为本罪的客体，就意味着该罪的构成要件为覆没·破坏行为引起对船舰内现有人的生命·身体危险。通常形态的覆没·破坏行为当然具有这种危险，但如果船体自身触礁不能自拔而丧失航行能力的，直接解释为'破坏'就未免太过草率。应该说，必须是行为对船舰内现有人的生命·身体造成危险的场合，才能肯定是'破坏'。谷口裁判官认为："因为船舰破坏罪被称为抽象危险犯，所以一般解释为，不需要具体讨论法律规定的船舰覆没或破坏行为是否对多数人的生命·身体造成危险，而应该着眼于行为性质抽象地讨论危险，或者说这种危险本身就是拟制出来的。但是，我认为这样去考虑抽象危险犯是有疑问的。如果形式地理解抽象危险犯，即便是明确不可能发生法益侵害的场合，只要实施了法律规定的行为就肯定抽象危险的存在进而加以处罚的话，在没有法益侵害的场合也承认犯罪之成立，这难免违反犯罪本质而遭到批判。我认为，所谓抽象危险犯和具体危险犯的不同之处在于，后者以现实的危险为处罚根据，前者是限于根据行为时具体事情而能够一般性承认的行为具有法益侵害危险的场合，不去过问危险是否具体化得以具备按犯罪处理的理由。特别是，在对本案中'破坏'用语进行规范的、目的论的理解的场合，由于行为自身没有被统一地限定，有被扩张使用之虞，所以就更加需要根据抽象危险犯的性格来解释一些问题。在本案中，仅仅因为船舰航行能力的部分或者全部丧失就价值性地判断行为属于'破坏'而构成船舰破坏罪，而且只要实施了那样的行为就肯定抽象危险犯之本罪的成立，这样的思考方法难以得到赞同。对我而言，如前所述，只有根据抽象危险犯的实质，考虑本案中行为当时的具体事情，能够一般性承认行为具有对多数人的生命·身体危险才能承认存在导致船舰航行能力之部分或全部的丧失行为，也才能肯定该当了法律规定的破坏行为。根据这样的理解，破坏这一用语的扩张性就得到了抑制。"对于该最高裁判所（第一小法廷）决定，还可参照拙稿·本件评释解释·警察研究53卷7号（昭和57年）66页以下。另外，谷口裁判官在关于《日本国家公务员法》第110条第1项第19号、第102条第1项，人事院规则14—7（公务员政治行为的界限）的最高裁判所判决，即最高裁判所（第一小法廷）判决昭和56年10月22日刑集35卷7号696页表达的反对意见中作了这样的表示："一般来说，要将人的行为按犯罪加以处罚，哪怕是抽象的法益侵害危险也是必须具备的。如果将一般不伴有法益侵害的行为认定违法并加以处罚，违反了刑罚法律的基本原则。这一点即便是在本案中的形式犯也不例外。"

[106]　刑集14卷1号33页。

事 HS 式无热高频疗法为业，根据《日本按摩师、针灸师以及柔道整复师法》第 12 条的禁止规定，被追究构成违法从事医疗类似业务行为的犯罪。原审作了有罪判决，但问题是本案行为"对人体危害过小，也没有在保健卫生上产生坏的影响"，科处刑罚未必妥当，所以，最高裁判所根据下述理由撤销了原审的有罪判决〔107〕（但是有反对意见）。

–30–

"以医疗类似活动为业之所以违反公共利益，是因为一定的业务行为有危害人体健康的危险。为什么前述法律要禁止并处罚以医疗类似活动为业，也必须解释为是为了将处罚范围限定在有危害人体健康危险的业务行为范围内。"

据此而言，"仅仅有被告人以从事 HS 式无热高频疗法为业的事实"，是不能肯定成立犯罪的。也就是说，作为处罚根据的是"危害人体健康的危险"，要实质地判断是否存在这种危险，并在此基础上划定处罚范围。所以，（抽象的）危险在这里就发挥了作为划定处罚范围基准的独立机能〔108〕。而且，因为"法律预设的是，医疗类似行为通常而言对人体健康是有危险的，所以才一律禁止这种行为"，因而，"即便有个别场合把看上去是无害的行为作为了取缔对象，也是从公共利益的要求来看，必须如此为之"，正是基于这种理由，"不必要认定有无危险"的这种见解〔109〕未能得到采纳。〔110〕

除了这个判例，如前所述，其他判例都对抽象危险犯处罚根据的抽象危险进行了抽象的判断。不过，抽象危险的实质是什么呢？是不是只要实

---

〔107〕 接受退回再审的仙台高等裁判所以 HS 式无热高频疗法"对人的健康有危害之虞"为由作了有罪判决。

〔108〕 另外，对于《日本破坏活动防止法》第 38 条第 2 项第 2 号的文书颁行罪，最高裁判所（第一小法廷）决定昭和 42 年 7 月 20 日判例时报 496 号 68 页指出，成立该罪要求"客观存在通过颁行文书而实施内乱罪的可能性或盖然性"。

〔109〕 这种见解就是前出注〔106〕判决中田中耕太郎裁判官、下饭坂润夫裁判官的反对意见。

〔110〕 在医事、药事关系的判例中，有很多涉及抽象危险的有无问题。最高裁判所（大法廷）判决昭和 40 年 7 月 14 日刑集 19 卷 5 号 554 页，最高裁判所（第一小法廷）决定昭和 54 年 3 月 22 日刑集 33 卷 2 号 77 页，等等。对这些判例进行概观分析的，西原春夫ほか编·判例刑法研究 1·刑法の基础·構成要件·刑罚（昭和 55 年）70 页以下参照。尽管危险的内容是一个争议问题，但是判例认为，即便没有危险，但也可以拟制出来进而加以处罚。可以说，这是一种完全形式性的立场了。

施了法律规定的行为就直接肯定成立抽象危险犯呢？上面那个有关医疗类
似行为的判决所进行的某种"限制解释"在其他场合是否也行得通呢？　　–31–

　　第二项　学说的状况

　　一　如在前项看到的那样，有没有作为抽象危险犯处罚根据的抽象危
险，判例是根据有没有符合法律规定的行为进行抽象的判断，对于这一
点，学说中又有哪些看法呢？　　–35–

　　可以认为，学说中对判例的基本立场表示支持的见解——至少是解释
抽象危险犯的一般理论——也处于通说的地位。

　　例如，有学者这样讲道："所谓的抽象危险犯，是指裁判官没有义务
审查有没有发生危险，只要发生了该当法定构成要件的事实，就能够直接
肯定存在法益侵害的危险，不必具体地过问有无危险发生的情形。"[111] 也
就是说，抽象危险犯是"只要实施了属于构成要件内容的行为就可以肯定
存在危险，危险单纯是作为立法理由的一种犯罪"[112]。

　　像这样形式性地解释抽象危险的立场——本书称其为"形式说"——
在很早以前就有人主张了。例如，早在现行刑法实施之前，小畴博士就对
相当于抽象危险犯的"一般危险罪"有如下的解释。

　　"危险于现实中发生与否，裁判官不得审查，设若查明法定行为存在
时，则常以看作危险之存在，且不许对之反证。"[113]

　　如果是根据这种占据通说地位的形式说[114]的想法，似乎判例对抽象
危险犯的解释就不存在什么特别的问题，各个犯罪的处罚范围——作为解
释论而言——也就是妥当的了。因为根据这种立场，抽象危险犯的抽象危
险不过是一种"立法理由"，或者说内容是非常形式的"常以看作危险之
存在"的危险，结果，抽象危险犯的处罚范围就是根据有没有"法定行

---

　　〔111〕　不破武夫＝井上正治・刑法総論（昭和 30 年）78 頁。

　　〔112〕　木村・前出注〔67〕170 頁。

　　〔113〕　小畴傳・日本刑法論総則（明治 39 年）163 頁。

　　〔114〕　岡田・前出注〔43〕68 頁，滝川幸辰・前出注〔72〕43 頁，江家義男・刑法（総論）
（昭和 27 年）119 頁，植松・前出注〔34〕129—130 頁，西原・前出注〔41〕249 頁，藤木英雄・
刑法講義総論（昭和 50 年）88 頁，八木胖「具体的危殆犯と抽象的危殆犯」法律のひろば14 巻
2 号（昭和 36 年）23 頁以下，等等。此外，莊子邦雄・刑法総論（新版）107 頁以下。

为"这一形式基准划定的。即便因为一个具体案件有特殊的地方，使得人们可以很轻易地肯定该案行为不可能也没有引起法益侵害，也要因为"常以看作危险之存在"的理由而能够肯定可罚性，所以，所谓的抽象危险犯就可以解释为是法律"拟制"危险发生的犯罪了。

二　必须注意，以上形式说的观点具体运用到构成要件的解释中，并非不存在问题。即，根据形式说进行解释，最终会出现处罚范围的"宽泛化"。如以下所述，在几个构成要件的解释中，这个问题明显暴露出来了。

存在这个问题的构成要件，首先可以举出妨害执行公务罪（《日本刑法》第 95 条第 1 项）。

例如，批评昭和 33 年（1958 年）的最高裁判所判决[115]的熊仓教授认为，问题的根源在于将妨害执行公务罪解释为抽象危险犯，然后指出，"本罪暴行的程度·强度……必须要根据是否明确地妨害了该公务员适当地执行公务·是否现实地发生现在的危险性，进行具体的判断。在这个意义上，将本罪解释为一种具体危险犯才是妥当且合理的见解"[116]。

这个见解的立论前提在于，意识到将本罪理解为抽象危险犯会使得处罚范围太过广泛，所以要增加"公务的适当执行"遭受具体危险这个要件，才能把处罚范围限定在"妥当的"范围内[117]。这样，妨害执行公务罪就被解释为"一种具体危险犯"，但是支撑这种解释的根据何在呢，未必明了。

另外，内田文昭教授也这样论述到："对执行公务实施的，是没有一定危险的'暴行''胁迫'的话，不能成立该罪（没有未遂处罚规定）。毋宁说，这种程度的行为原本就不属于'暴行''胁迫'，这样理解想必才更妥当。"[118]在这个基础上内田教授主张了一种"限定解释"，也就是有必

-36-

---

[115]　前出注〔83〕参照。

[116]　熊倉武「公務執行妨害罪における暴行の意義」法学志林 56 巻 4 号（昭和 34 年）110頁。

[117]　这些文献表达了同种旨趣，吉川経夫「公務執行妨害罪の問題点」刑法講座 5（昭和39 年）77 頁，中武靖夫「公務執行妨害罪における「暴行」」刑法の判例·第二版（昭和 48年）192 頁，等等。

[118]　内田文昭「デモ規制と公安条例違反罪·公務執行妨害罪」内藤謙·西原春夫編·刑法を学ぶ（昭和 48 年）286 頁。

要限定该罪处罚范围的解释论，这个见解被认为是相当有力的[119]。

　　上述问题也在遗弃罪（《日本刑法》第 217 条）的解释论中被提及。通常"作为讨论对象的设例是，在差不多确定有人会实施救助的场合，如将残障者丢弃在养老院门前，把幼儿放置在警察频繁巡逻的道路上然后离开，或者是遗弃者躲在附近看有没有人去救助被遗弃者，没有的话就打算自己去救助等这些场合，是否成立遗弃罪"[120]。

　　如果将遗弃罪解释为抽象危险犯，即便在上面的场合中不可能发生危险，也不得不肯定可罚性，但这会招致结论不妥当的质疑，所以出现了应当将遗弃罪解释为具体危险犯的见解，这是泷川幸辰博士、[121]团藤博士、[122]樱木教授[123]等主张的有力说。[124]该说主旨在于，虽然遗弃罪的法条表述中没有要求发生"危险"，但还是认为有必要以具体危险作为成立要件以限定处罚范围。不过，支撑这种见解的解释论根据也还不明确。

　　也有见解认为，即便不把遗弃罪理解为具体危险犯，也有必要并且也有可能限定遗弃罪的处罚范围——例如有观点认为，"在完全没有危险的场合，已经连'遗弃'都谈不上"[125]——而且，这种见解属于有力说[126]，这侧面反映，把遗弃罪理解为抽象危险犯这种观点的"问题性"，被广泛地承认了。

-37-

　　[119]　谷口正孝「公務執行妨害罪における「暴行」の範囲」法律時報 31 巻 8 号（昭和 34 年）67 頁，中山研一・口述刑法各論（昭和 50 年）311 頁，等等。

　　[120]　団藤重光編・注釈刑法（5）（昭和 43 年）208—209 頁（大塚仁）。

　　[121]　滝川幸辰・刑法各論（昭和 26 年）59—60 頁。

　　[122]　団藤・前出注〔4〕361 頁。

　　[123]　桜木澄和「遺棄罪の問題点」刑法講座 5 昭和 39 年 258 頁。

　　[124]　熊倉武・日本刑法各論上巻（昭和 35 年）208 頁，宮内裕・新訂刑法各論講義（昭和 37 年）40 頁，井上正治・刑法学（各則）（昭和 38 年）36 頁（但是限于没有保护责任的场合），佐伯千仭・刑法各論（昭和 39 年）113—114 頁，滝川春雄－竹内正・刑法各論講義（昭和 40 年）53 頁，等等。

　　[125]　平野・前出注〔1〕121 頁。

　　[126]　大場茂馬・刑法各論上巻（明治 44 年）171 頁，泉二新熊・日本刑法論下編（大正 10 年）1380 頁，小泉英一・日本刑法各論（昭和 9 年）199 頁，柏木千秋・刑法各論（昭和 40 年）361 頁，福田平・新版刑法各論（昭和 47 年）194—195 頁，植松正・再訂刑法講義Ⅱ各論（昭和 50 年）288—289 頁，大沼邦弘「遺棄罪は具体的危険犯か抽象的危険犯か」刑法の争点（昭和 52 年）194 頁，等等。

不能忽视，在放火罪（《日本刑法》第108条、第109条第1项）或伪证罪（《日本刑法》第169条）中也存在类似的问题，所以也出现了要限定处罚范围的解释论尝试[127]。

此外，众所周知，在所谓公安条例违反罪中，围绕其处罚范围也进行了种种讨论[128]，而且最近佐伯博士在展开抽象危险犯的解释论过程中，也对这个问题进行了详细探讨[129]。其指出，如果将公安条例违反罪解释为抽象危险犯进而肯定宽泛的可罚性，是存在疑问的。也就是说，其实有必要也有可能限定解释公安条例违反罪，即便将公安条例违反罪解释为抽象危险犯，也应该进行"限定解释"，不过，"毋宁说解释为具体危险犯才正确"[130]。

这种"限定解释"的必要性，也得到了其他论者的承认和主张[131]。[132]

三　以上见解是以各种个罪中的具体问题状况为背景，主张有必要限定各个抽象危险犯的处罚范围。与之相对，以这些讨论为背景，特别是到了最近，对于像形式说那样去理解抽象危险犯——及其构成要件解释——的想法本身，提出质疑的声音与日俱增[133]。然后就出现了这样的一种主张，不根据有无"法律规定的行为"形式地判断抽象危险，而应当在考虑

-38-

---

[127]　例如，有关放火罪，参见内田·前出注〔118〕288頁，同·刑法各論下卷（昭和56年）442頁以下，等等。

[128]　例如，庄子教授论述到，"考察一下未经申请示威运动的话，……指导者·煽动者的行为毕竟是合法的，将其作为违法行为而涵摄进构成要件，这不能被允许"。荘子邦雄「無届集団示威運動処罰の違憲性」ジュリスト208号（昭和35年）26—27頁。

[129]　佐伯千仭「公安条例と抽象的危険犯」法律時報49巻（昭和52年）3号87頁以下，5号120頁以下，6号66頁以下，9号37頁以下，10号81頁以下。

[130]　佐伯·前出注〔129〕10号89頁。

[131]　内田·前出注〔118〕279頁以下，曽根威彦「公安条例最高裁判所判決の検討」判例タイムズ330号（昭和51年）2頁，岡本勝「許可条件違反のデモ行進」刑法判例百選Ⅰ総論（昭和53年）60—62頁，等等。

[132]　另外，《日本道路交通法》第118条第1项第2号违反超速规定的罚则也存在这一问题。例如，内田·前出注〔2〕100頁指出，「完全没有危险的时候应该按无罪处理」。有学者虽然将其解释为"抽象危险犯"但要求"有一定程度的危险"才能构成犯罪，荒木伸怡「スピード違反の取締りについての覚え書」警察研究50巻10号（昭和54年）58頁以下参照。

[133]　除了下文举出的文献外，还可参照，福山道義「危険犯とは何か」法学教室（第2期）7（昭和50年）128—129頁，斎藤誠二「放火罪と公共の危険」Law School No. 30（昭和56年）88頁以下，等等。

个别具体情况的基础上进行实质判断，并且，有必要把抽象危险犯中的这种实质（抽象）危险作为处罚根据＝成立要件——本书把这种主张称为"实质说"。

虽然这个实质说的立场在最近才逐渐为人们所主张，但实际上，从很早以前开始，其就已经存在了与形式说不同的理解·解释抽象危险犯的进路。

即便将抽象危险犯理解为"不需要具体地证明危险性，只有行为自身中有一般危险性就成立的犯罪"[134]，也可以认为，这种见解中其实已经有要实质地去理解抽象危险犯处罚根据的意味。而被认为先驱性地提出了实质说见解的，当属小野博士。小野博士虽然这样讲道："根据构成要件上必要的危险是具体危险还是抽象危险，可以把犯罪分为具体危殆犯和抽象危殆犯。"[135]但是，与形式说见解相反，这里所说的"抽象危险"是被理解为与具体危险一样，要实质地·具体地判断的危险。也就是指，即便行为在形式上符合了构成要件的文义，也未必能肯定发生了抽象危险。例如，就伪证罪而言，"在虚假陈述完全没有导致错误判断案件之虞（抽象危险）的场合，可以认为欠缺本条规定行为的定型性，以及构成要件该当性"[136]。这种理解，在后来为团藤博士[137]等人所承继。[138]

-39-

另外，"在完全不能认为有危险的场合"，即便行为符合构成要件的文义，也要否定成立犯罪的这种见解[139]，可以说也属于实质说的立场，不过，最近提出的实质说，究竟站在了什么样的立场来批判形式说，显示了什么样的想法呢？

实质说的有力主张者之一是内田教授。他立足于"犯罪的实质并非单纯违反义务而应该在于法益侵害·危殆的立场"，对"拟制危险意义上的

---

[134]　滝川春雄＝宮内裕＝平場安治·刑法理論学総論（昭和25年）139頁。

[135]　小野·前出注〔6〕94頁。

[136]　小野清一郎·新訂刑法講義各論（昭和31年）41頁。

[137]　前出注〔4〕参照。

[138]　另外，平野·前出注〔1〕120頁参照。

[139]　平場安治＝井上正治＝滝川春雄編·刑法概説1（総論）（昭和42年）52頁。

抽象危险犯的观念"予以了否认[140]。这是为了避免将抽象危险犯的处罚范围扩张至完全没有发生"危险"的场合，进而主张否定拟制危险的一种想法。实质地来看，恐怕这是要求抽象危险犯的成立条件中要包括一定的具体危险[141]。可以认为，这种观点的根据在于，要肯定成立犯罪，必须把犯罪的实质理解为"法益侵害·危殆化"的这种立场。

　　对于以上学说讨论的"'抽象的危殆犯'的问题性"，予以正式探讨的，当属冈本助教授[142]。冈本助教授详细地介绍了抽象危险犯的相关德国学说，然后进行了分析。在此基础上，冈本助教授选择"从法益保护的观点实质地理解犯罪"[143]的立场，对以往抽象危险犯解释论——形式说——采取以拟制危险的观点肯定可罚性的做法予以了否认[144]，最后主张了实质说的立场。也就是说，根据冈本助教授的观点，"充足刑事犯的基本构成要件，以个别场合中存在对保护法益的侵害或者具体的危殆化为必要"，即便是抽象危险犯，因为也具有"危殆犯的本质以及刑事犯的不法本质"，"要想肯定存在违法，一定程度的具体危险（抽象的危险）"就是有必要的，所以"在完全不存在危殆犯成立所必要的具体危险之际，违法性"也就是不存在的[145]。换句话说，冈本助教授以"危殆犯的本质以及刑事犯的不法本质"为根据，"要求行为和法益间必须存在实质的关系"，所以，要肯定成立抽象危险犯，在违法性的阶段，法益侵害发生可能性程度较低的具体危险是有必要的[146]。

　　可以认为，站在实质说阵营，但又提出了与内田说、冈本说不同见解的，是名和助教授。名和助教授认为，如果彻底贯彻"结果无价值论的立场"，很难看出形式犯有什么"理论根据"，于是，根据"拟制的逻辑"把抽象危险犯解释为与形式犯一样的形式说，就存在"本质的疑问"。在

-40-

[140]　内田·前出注〔2〕98頁。

[141]　内田·前出注〔118〕283頁、287頁。

[142]　岡本勝「「抽象的危殆犯」の問題性」法学38巻2号（昭和49年）1頁以下。

[143]　岡本·前出注〔142〕133頁。

[144]　岡本·前出注〔142〕64頁、123頁。

[145]　岡本·前出注〔142〕124頁。

[146]　岡本·前出注〔142〕62—63頁。

此基础上，名和助教授明确地主张实质说的立场[147]。具体而言，根据名和助教授的观点，抽象危险犯是与具体危险犯在"危险性判断形式"上有所不同的犯罪。与具体危险犯不同，在抽象危险犯的场合，"以行为当时的一般诸情况，特别是以行为客体的形态或者自然的·社会的状况为基础判断危险性"，"从行为当时的情况来看"，只要能够一般性地承认发生了危险就存在抽象危险，但是在发生危险的"可能性不能得到承认的场合，即便存在构成要件行为也不能认为有抽象危险"[148]。这里的抽象危险就是不同于具体危险的，要将事态予以抽象化·一般化来判断的危险[149]，而这种危险是成立抽象危险犯的必备要件。

四　如上所述，关于抽象危险犯处罚根据之抽象危险的意义，历来存在形式说与实质说的对立，而在最近的学说状况中，实质说——当然该学说的内容未必同一，比较一下冈本说与名和说就可以明确——被有力地主张。显而易见，根据形式说，即便在明确不可能发生法益侵害的场合，也可能肯定存在抽象危险而加以处罚，但这并不妥当。因为，实质地考虑犯罪的处罚根据——特别是理解为法益侵害·危险——的话，形式说通过"拟制"危险的方式而肯定可罚性的做法，就应当被批判为不妥当。实际地说，如果是如字面意思那样适用形式说，抽象危险犯的处罚范围会变得相当广泛，实质地看在具体场合会招来不妥当的结果——在具体几个判决的检讨中，这一点会更加明白。

-41-

此外，在更加理论性的层面上，形式说还遭受了这样的批判：从犯罪的实质是"法益侵害·危殆化"的立场或者"结果无价值论"立场来看，在没有"危殆化""结果无价值"的场合，也即不应肯定成立犯罪的场合，形式说也要肯定可罚性[150]。

与其相对，批判形式说的实质说立场也并非没有问题。实质说学者所

---

[147]　中山研一＝宫沢浩一＝大谷実編·刑法各論（昭和 52 年）208 頁（名和鉄郎）。

[148]　前出注〔147〕211 頁。

[149]　但并非完全抽象地判断。前出注〔147〕212 頁参照。

[150]　在这一意义上，抽象危险犯的解释论问题是违法论领域行为无价值·结果无价值的对立延长线上的一个论点。但是，即便立于行为无价值论，只要承认结果无价值有划定违法外观的机能，也会产生同样的问题。

说的抽象危险的内容未必清楚，而且像实质说那样解释抽象危险犯，支撑它的解释论根据也未必明确[151]。[152]

这样看来，对于抽象危险犯处罚根据之抽象危险的意义，历来都没得到充分的阐明。那么，对抽象危险犯处罚根据予以再次反省，进行根本探讨，就很有必要。

第二节　本书的目的

根据前节对日本问题的概观可以明白，就现在而言，危险犯处罚根据的危险的概念与其说被解释清楚了，还不如说，由于种种见解的提出，人们对危险概念的理解处于流动——或者说混乱——的状态。另外，一直以具体危险犯（具体的危险）·抽象危险犯（一般的·形式的危险）的分类方法来把握的危险犯概念本身也随之发生了动摇。所以，以往占据通说地位的那些见解出现了问题，围绕危险概念的讨论，远不能说已经结束了，不如说今后还必须不断深化。

一直以来，或许人们都不太重视讨论危险犯处罚根据的危险概念。所以，现在有必要考察这个未得到详尽探讨的危险概念，分析其内容，明确其判断方法·基准。通过这项工作，即便不能完全明确危险犯的处罚范围，也能为合理划定危险犯处罚范围充足一些前提条件。本书目的即在于此。在危险犯发挥重要作用的今日，危险犯的重要性与危险犯基本问题解决的不完全性之间居然存在鸿沟，这是无论如何都要予以消除的。

此外，在因果关系论、过失犯论中也要使用危险概念，这就产生了危险犯处罚根据的危险的内容与它们的异同等这些问题。本书期望通过探讨

---

〔151〕 平野博士的解释论立场是，"抽象危险犯只是一个大体的分类概念，关键的问题需要通过解释法律规定才能决定"，在对抽象危险犯的 "行为内容进行解释之际，要考虑其是否具有导致一般所说的危险发生与否的意义"。平野·前出注〔1〕120 頁，同·前出注〔10〕41 頁参照。

〔152〕 或许也应该参照基于 "实体适正原则"（作为规制刑罚法规内容的原理）这一思考方法而提出的那些主张。对于这一点，请参照平野·前出注〔1〕80—82 頁，芝原邦爾·刑法の社会の機能（昭和 48 年），等等。

危险犯处罚根据的危险概念，对解决这些问题给予间接贡献。

　　第二章以下的探讨，将主要参照（西）德国的讨论予以推进。在（西）德国，很早以来就直接或间接地展开了危险概念的讨论，这些讨论提供了许多有益素材。

-47-

第二章　刑法中的危险概念

——预备性的考察

第一节　法益侵害的危险

第一款　危险判断的构造

一　作为危险犯处罚根据的法益[1]侵害的危险的含义，通常而言，可以理解为"法益侵害的可能性或者盖然性"[2]。但是，有关危险的含义·内容的一些疑问，也正是由此产生的。因为，这种理解太过一般化，由此直接导致的疑问是，这种危险具体来说到底有什么样的内容、被怎么判断的，等等。

---

　　[1]　法益概念最近在德国有争论，但这不是本书要直接探讨的对象。相关议论可参见，Peter Sina, Die Dogmengeschichte des strafrechtlichen Begriffs" Rechtsgut " (1962); Hans—Joachim Rudolphi, Die verschiedenen Aspekte des r (R) echtsgutsbegriffs, Festschrift für Richard M. Honig (1970) S. 151ff.; Harro Otto, Rechtsgutsbegriff und Deliktstatbestand, in: Strafrechtsdogmatik und Kriminalpolitik, hrsg. von Heinz Müller—Dietz (1971) S. 1ff.; Michael Marx, Zur Definition des Begriffs > Rechtsgut< (1972); Knut Amelung, Rechtsgüterschutz und Schutz der Gesellschaft (1972); Winfried Hassemer, Theorie und Soziologie des Verbrechens (1973)〔这本书的介绍论文，山中敬一＝元家範文＝立石雅彦「ヴィンフリート・ハッセマー—「犯罪の理論と社会学」」関西大学法学論集26巻（昭和51年）2号第212頁以下，3号173頁以下，对西德的议论状况进行了介绍〕。日本文献可参照的有，内藤謙「刑法における法益概念の歴史的展開」東京都立大学法学会雑誌6巻2号（昭和41年）47頁以下，7巻2号（昭和42年）129頁以下，小暮得雄「違法論の系譜と法益論」法学協会雑誌80巻5号（昭和39年）597頁以下，伊東研祐「法益概念史の再検討—方法論的・目的論法益概念の登場まで」金沢法学23巻1・2合併号（昭和56年）123頁以下，同「現代法益概念の系譜と刑事不法論の課題」法学協会雑誌98巻（昭和56年）7号936頁以下，8号1005頁以下，9号1165頁以下，99巻（昭和57年）1号1頁以下，3号377頁以下，等等。

　　[2]　Vgl. Hans—Heinrich Jescheck, Lehrbuch des Strafrechts, Allg. Teil, 3. Aufl. (1978) S. 211; Schönke—Schröder—Grammer, Strafgesetzbuch, Kommentar, 20. Aufl. (1980) Vorbem. §§306ff. Rdnr. 5. 另外，还可参照平野龍一・刑法総論Ⅰ（昭和47年）119頁，等等。

　　学说史上，在德国学界，对危险犯〔3〕及其处罚根据的危险概念的讨论，主要由斯鸠别尔（Christoph Carl Stübel）〔4〕等学者展开。而且在那之后，在盛行的因果关系讨论中，危险概念也属于讨论对象，从而使得危险概念的讨论不断深化〔5〕。〔6〕

　　根据这些讨论，法益侵害的危险的判断被理解为"发生某种结果的客观可能性的判断，是在被抽象化·一般化的各条件＝状态下，根据吾人对事物发展的经验知识进行的判断"〔7〕。亦即，危险判断被理解为法益侵害可能性的有无·程度的判断，判断形式表现为：以一定的事实——"被抽象化·一般化的诸条件＝状态"——为资料或基础，依据某种法则性的知识——"吾人对事物发展的经验知识"——进行考察，看有没有发生法益侵害的可能。例如，判断让他人摄入某种药物的行为有没有导致他人死亡的可能性，是把行为人让被害人摄入了 A 药物这一事实作为判断基础或资料，然后适用 A 药物对人体会产生什么作用的法则性知识进行判断的。因

-51-

---

　　〔3〕　立法史上，《普鲁士一般邦法》（1794 年）的规定被认为是危险犯立法的开端。Vgl. Max Schwendimann，Die Gefahr im schweizerischen Strafrecht（1920）S. 1ff；M. Weiss，Die gemeingefährlichen Delikte des Reichsstrafgesetzbuches，Diss. Rostock（1902）S. 8ff.；Kitzinger，Geme-ingefährlichen Ver-brechen und Vergehen，in：Vergleichende Darstellung des deutschen und ausländischen Strafrechts，Bes. Teil，Bd. 9（1906）S. 1ff. 在这部法典中，一系列"伴有公共危险的损坏（Beschädigung mit gemeiner Gefahr）"行为被规定为处罚对象，例如惹起溢水的行为、对人·动物·财产有危险的建造物等损坏行为。Vgl. Hugo Hälschner，Das gemeine deutsche Strafrecht，Bd. ⅠⅠ—2（1887）S. 593ff.；Albert Friedrich Berner，Die Strafgesetzgebung in Deutschland Vom Jahre 1751 bis zur Gegenwart（1867）S. 25ff. 另外，还可参照佐伯千仞「フリードリッヒ大王と刑法（二）」法学論叢 40 卷 5 号（昭和 14 年）773 頁以下，等等。

　　〔4〕　Christoph Carl Stübel，Ueber gefährliche Handlungen als für sich bestehende Verbrechen zur Berichtigung der Lehre von verschuldeten Verbrechen，nebst Vorschlägen zur gesetzlichen Bestimmung über die Bestrafung der ersten，Neues Archiv des Criminalrechts，Bd. 8（1825）S. 236ff. 这篇论文将"自体违法（an sich rechtswidrig）"的行为扩张到了"危险的行为"，将《普鲁士一般邦法》的政策予以了正当化。Vgl. Heinz Mattes，Untersuchungen zur Lehre von den Ordnungswidrigkeiten，1. Halbband（1977）S. 118；Hugo Hälschner，a. a. O.〔Anm. 3〕S. 595.

　　〔5〕　Vgl. Hans Henekel，Der Gefahrbegriff im Strafrecht，Str. Abh. Heft270（1930）S. 1.

　　〔6〕　岡本勝「「抽象的危殆犯」の問題性」法学 38 卷 2 号（昭和 49 年）34 頁以下，振津隆行「刑法における危険概念」刑法雑誌 24 卷 2 号（昭和 56 年）226 頁以下，对在德国展开的危险犯概念的议论进行了介绍和探讨。

　　〔7〕　宮内裕「危険概念について」滝川博士還暦祝賀·現代刑法学の課題·下（昭和 30 年）746 頁。

此，作为危险判断的要件，并且左右着判断结果的是，（1）以什么事实或者基础来判断危险，也就是所谓"判断基础（Basis des Urteils）"的问题；[8]（2）在危险判断中使用什么内容的法则性知识，也就是所谓"判断基准（Urteilsma ßstab）"的问题[9]。

如果要对危险的含义进行考察，就应该主要探讨这两个问题。

二　可以认为，危险判断要以一定时点的"（包含行为的）状况"为判断对象*，不构成这个"状况"的事实，就不在判断基础之内。也就是说，只有在成为危险判断对象的那一时点存在的事实，才构成危险的判断基础[10]。

话虽如此，如果理解为，要把这些事实全部原封不动地作为危险判断的基础，危险判断将难以进行。因为，如拉德布鲁赫（Gustav Radbruch）指出："既然是对可能性进行判断，无论是部分地还是全部地知道事实状态，都要将各个事实予以抽象化，仅仅是部分地把握了条件的时候，才能做出结论。"[11]如果原封不动地考虑所有事实，即使显示出了"必然性"，也会使得"可能性"的判断变得几乎不可能了**。因为，危险概念具有的区别于法益侵害的独立意义没有了。也就是说，原封不动地考虑所有事实，会违反危险犯的立法旨趣，即无待发生法益侵害，在发生危险的阶段就予以刑事介入从而扩大处罚范围——换言之是保护范围——的立法旨趣。

因此，对于现实存在的事实，有些事实要考虑，但有些事实不要原封不动地去考虑，这种"抽象化"的工作，在危险判断中是不可欠缺的。于

---

〔8〕Vgl. Karl Engisch, Die kausalität als Merkmal der strafrechtlichen Tatbestände（1931）S. 42. 另外，冈本·前出注〔6〕61頁是将"判断基础"称为"存在论的基础"。

〔9〕Vgl. Karl Engisch, a. a. O.〔Anm. 8〕S. 43. 另外，冈本·前出注〔6〕61頁是将"判断基准"称为"规范论理的基础"。

* 危险判断对象是一定时点的"（包含行为的）状况"，意味着危险判断对象其实包括了"时点"和"状况"两个方面，进而可以明确，不是"状况"的事实就不是危险判断的基础，而"状况"又必须是存在于一定"时点"的"状况"。——译者注

〔10〕对于仅仅是预见到会存在的事实，不能原封不动地予以考虑，而应考虑该事实的原因。

〔11〕Gustav Radbruch, Die Lehre von der adäquaten Verursachung（1902）S. 11.

** 也就是指，原封不动地考虑所有事实，会得出必然不会发生法益侵害结果的结论，如果是这样，那就意味着行为自始不可能侵害法益，没有法益侵害的危险。——译者注

是，这种"抽象化"是根据什么样的想法、怎么进行的问题，就具有极其重要的意义了。因为，如何划定判断基础的范围，极大地左右着能够承认的危险范围。

而且，对于这种成为判断基础的事实，要适用作为判断基准的与事物关系有关的因果法则（在这种场合，既然是要以危险的统一观念来判断危险，划定"基础"内容的想法和划定"基准"内容的想法，就应该是一致的）。

三　如上所述，危险判断是对判断基础适用判断基准，特别是不掺杂规范评价而进行的可能性判断。在此意义上也可以说，危险判断是不牵涉判断者价值观而推导出结论的可能性"事实判断"[12]。

但是，像这样判断得出的法益侵害可能性，是存在种种程度差异的，于是，要肯定什么程度的可能性，才能够肯定发生了危险犯处罚根据的"危险"，就成了问题。也就是指，被视为危险犯的处罚对象，应该是什么程度的侵害发生可能性[13]。

由于这个问题最终只能被理解为对具体构成要件的内容的解释问题，所以，作为危险犯的一般原理问题加以讨论就并非妥当，而应该对各个构成要件进行个别的探讨、判断。在进行这项工作的过程中，应当被综合性考虑的，是该构成要件的立法旨趣，特别是保护法益的价值、性质，法定刑的轻重，与其他构成要件的关系等[14]。[15]

-53-

---

〔12〕　平野·前出注〔2〕119頁。

〔13〕　Vgl. Hans Henckle, a. a. O.〔Anm. 5〕S. 18—30；Reinhard Frank, Das Strafgesetzbuch für das Deutsche Reich, 18. Aufl.（1931）S. 9；Horst schröder, Die Gefährdungsdelike im Strafrecht, ZStW Bd. 81（1969）S. 8—9；Bernd Schünemann, Moderne Tendenzen in der Dogmatik der Fahrlässigkeits und Gefährdungsdelikte, JA1975 StR S. 212；Schönke—Schröder—Lenckner, a. a. O.〔Anm. 2〕§34 Rdnr. 15. 另外，平野·前出注〔2〕119—120頁，宫内·前出注〔2〕752—760頁参照。

〔14〕　藤木博士的见解是，通过"规范的判断、违法判断"来划定"被作为刑法上禁压对象的"危险。而他这个"规范的判断、违法判断"是考虑了"行为的态样"、行为的价值性·无价值性的。所以，这是行为无价值立场的见解。藤木英雄·刑法における危険の概念（综合判例研究丛书）（昭和38年）718頁、41頁参照。

〔15〕　具体的危险，应该要求是比抽象危险具有更高程度的侵害发生可能性。平野·前出注〔2〕119—120頁参照。这一点详见第四章。

第二款　作为结果的危险

一　如木村博士指出，刑法中的危险概念是非常多义的。[16]因此，先探讨作为危险犯处罚根据的危险的具体内容，再对作为处罚根据的危险的意义予以若干探讨，由此明确讨论的基础或指针，就有必要。

在学说中存在争议的问题，是如何理解法益侵害的危险。即便将其理解为法益侵害的可能性，也需要考虑，这是指因行为使得外界产生的结果即"作为结果的危险"，还是指身体动静之行为本身具有的属性即"行为的危险性"。

对此，学说上有不同见解。例如，威尔哲尔（Hans Welzel）将危险的概念一分为二，即"行为的危险性（die Gefährlichkeit einer Handlung）"和"法益的危险发生（ob ein Rechtsgut in Gefahr geraten ist）"，然后指出，判断行为有没有危险性的时候，要采"行为时（der Augenblick Vornahme der Handlung）"基准，而在判断法益是否陷入危险的时候，则以"法益陷入危险状况之作用领域（das Rechtsgut in den Wirkungskreis des Gefährlichen Situation eingetreten ist）"时为基准，分别地展开判断[17]。

如果不根据主观的或者行为无价值的立场[18]来把握"行为的危险性"的内容，或许可以说，两个危险概念的差异在于：由于危险判断对象的时点存在差异，所以判断基础的范围也是存在不同的——在"行为的危险性"中，判断基础被限定为存在于行为时的事实，而在"作为结果的危险"中，判断基础被确定为存在于危险发生时的那些事实。另外，如果在"行为的危险性"中只有"行为"被包含在判断基础之内的话，那么这种

[16]　木村亀二・新刑法読本・全訂新版（昭和34年）263頁参照。

[17]　Vgl. Hans Welzel, Das Deutsche Strafrecht , 11. Aufl. （1969）S. 47. vgl. auch, Niederschriften über die Sitzungen der Großen Strafrechtskommission, Bd. 8 （1959）S. 429f. 〔Paul Bockelmann〕另外，关于这种"二重的危险概念"，请进一步参照，山中敬一「過失犯における因果経過の予見可能性について（二・完）」関西大学法学論集29巻2号（昭和54年）48頁以下。

[18]　加拉斯（Gallas）将"行为无价值的危险"区别于"结果无价值的危险"，将前者的内容赋予了主观化的意义。Vgl. Wilhelm Gallas, Abstrakte und konkrete Gefährdung, Festschrift für Ernst Heinitz （1972）S. 177—180.（生田勝義・立命館法学1979年5号656頁以下，对该文献的观点进行了介绍。）

危险就要被解释为比"作为结果的危险"在内容上还要抽象的危险。即便不将判断基础的内容限定为只有"行为"，也可以认为，由于"行为的危险性"并不是通常会"实现"为"结果"，所以也能够肯定"行为的危险性"是比"作为结果的危险"在内容上还要抽象的危险。

这里需要考虑，所谓将法益侵害的危险作为危险犯的处罚对象，究竟意味着什么。或许应该这样去想：之所以在法益侵害之外还要将法益侵害的危险作为处罚对象，目的在于，通过这种方式防止发生那种事态（＝危险）。侵害犯的意义在于，将法益侵害作为处罚对象，由此实现防止发生法益侵害的目的，与之相对，危险犯就是将危险作为处罚对象，以达到防止发生危险的目的。据此而言，危险犯将没有达到法益侵害阶段的危险作为处罚对象，危险犯的立法使得刑法在发生侵害以前的阶段就可以介入，意义就在于，对法益提供比侵害犯还要厚重的保护。

在这样的意义上，作为危险犯处罚根据的法益侵害的危险就被解释为，为了实现保护法益的目的，而应该要防止的发生在外界的"结果"[19]。

把危险理解为是一种结果的话，从逻辑上来说，危险的判断就应该与法益侵害判断相并列，都是区别于行为判断的结果判断。而且，即便已经实施了行为——或者说已经终了——但是没有发生危险这一结果的话，该危险犯也就不能成立。即便在行为时与危险发生时事实上是一致的场合——这个时候行为要被包含在判断基础之内——也不是因为行为人实施了行为就必然成立犯罪[20]。只有在发生了作为该构成要件要处罚对象的危险的时候，才能够肯定可罚性。

据此而言，条文上要求发生"危险"的具体危险犯是"结果犯"[21]，其处罚根据之具体危险就要被解释为结果[22]，抽象危险犯的抽象危

---

[19]　另外，平野·前出注〔2〕117—119頁参照。

[20]　Vgl. Eckhard Horn, Konkrete Gefährdungdelikte (1973) S. 14.

[21]　团藤博士理解的"结果犯"是"除了行为还以结果为构成要件要素"的犯罪。团藤重光·刑法綱要総論·改訂版（昭和54年）114頁参照。但是，反过来说"行为犯"就是不以（法益侵害或危险意义的）结果为必要的犯罪，这样考虑有失妥当。

[22]　Vgl. Karl Lackner, Das konkrete Gefährdungsdelikt im Verkehrsstrafrecht (1967) S. 7. 另外，可以参照处罚关系人身健康的《日本公害犯罪法律》第5条（推定危险的因果关系）。

险——即便危险内容是抽象的，但是——同样可以这样理解（实际上，《日本刑法》第 108 条放火罪的抽象危险被认为发生"烧毁"时就存在）。未遂犯也是一样，其自身作为一种犯罪，既然是以既遂发生的（具体）危险为处罚根据，根据上述观点来看，它的危险就应该被理解为结果。

二　如上所述，把危险理解成一种结果，这对于未遂犯处罚根据的危险而言也是妥当的。这具有的实际意义在于，有助于解决应该在什么时点肯定"实行着手"的问题。当然，并不是只要考虑了未遂犯处罚根据的危险的内容就能够完全解决这个问题[23]，但很明显，作为处罚根据的危险的内容，影响着解决问题的方向。

在此成为问题的是，未遂犯的实行着手时期，也就是发生了未遂犯处罚根据的危险的时点，日本的有力主张是要确定为行为时，这个主张妥当吗？从结论而言，将未遂犯处罚根据的危险解释为结果的话，把发生危险的时点（危险判断的时点）——也就是未遂犯的成立时点——限定为行为时的必然性是不存在的，而且，这样限定在有些场合会得出不妥当的结论。

将未遂犯成立时点限定在行为时的这种观点，最能暴露其问题性的，体现在隔离犯·间接正犯的着手时期、原因自由行为中自由行为的着手时期的认定中。这些场合，在（有完全责任能力的）行为人的行为时就认定实行着手的话，会因为认定得过于提前而被质疑不妥当，这历来都是如此[24]。

例如，隔离犯的事例，可举出大审院（第三刑事部）大正 7 年（1918

---

〔23〕　对于"实行的着手"的意义，已经有很多论稿了，但是想要把握判例·学说，首先参照这些，市川秀雄「実行の着手」刑事法講座第 2 卷（昭和 27 年）1 頁以下，斎藤金作「実行の着手」刑法講座 4（昭和 38 年），大塚仁·実行の着手（総合判例研究叢書）（昭和 31 年），平野龍一·刑法総論 II（昭和 50 年）312—320 頁，西原春夫他編·判例刑法研究 4 未遂·共犯·罪数（昭和 56 年）1 頁以下〔大沼邦弘〕，等等。另外，梳理文献的话，参照这个会比较方便，団藤重光編·注釈刑法（2）の II（昭和 44 年）455 頁以下（補巻（1）63 頁，補巻（2）48 頁）〔香川達夫〕。

〔24〕　罗克辛（Roxin）认为，实行未遂是行为时的实行着手，这种观点是有问题的。Vgl. Claus Roxin, Der Anfang des beendeten Versuchs, Festschrift für Reinhart Maurach（1972）S. 213ff. 另外，日本一个裁判例显示的判断是，行为人以杀人的目的将放了毒的袋装果汁分散放置在农民来往的道路上，分散放置的这个行为只是杀人罪的预备，在那些被害人捡起来准备饮用之前的那一刻，才应该被认为是着手。宇都宮地方裁判所判決昭和 40 年 12 月 9 日下級刑集 7 卷 12 号 2189 頁。

年）2 月 16 日的判决〔25〕。行为人为达到毒杀目的，将"混入毒药的砂糖"邮寄给被害人。对该案事实，大审院判决指出，在包裹到达了对方，使得"被害人或其家属处于能够食用状态"的时候才是实行的着手。不过，这种看法妥当与否，本身是有分歧的。例如，团藤博士不认同这个观点，并批判地指出：这个判决是"不妥当的。不得不说，甲发送包裹的时候就已经是着手了，而且，事实上已实行终了。发送行为之后，因为面向结果的因果关系处于进行过程中，即使毒物在邮送途中遗失，也成立杀人未遂罪"〔26〕。可以认为，团藤博士这种见解体现的立场，是未遂犯的意义在于要处罚那些可能达到既遂的行为本身，但是，如果将这种立场一般化〔27〕，运用到间接正犯，得出的结论就是，不是被利用者实施侵害行为时，而是利用者操纵被利用者时，就要被认为是实行着手〔28〕。

－59－

　　但是，实质地来看，这是将非常"远程"的危险也作为处罚对象，刑法介入的时点过分提前了。而且，教唆犯是通过认定被利用者（正犯）行为的实行着手来肯定可罚性——虽然间接正犯的成立范围还有疑问——而非教唆犯的间接正犯反而以利用者行为的实行着手来肯定可罚性，从允许刑法介入时点的视角来实质性考察，必然会产生有欠均衡性的疑问。

　　如果认为未遂犯要处罚的，是由行为表现出的危险意思，或者行为自

---

　　〔25〕　刑録 24 辑 1352 頁。另外，关于恐吓罪，大審院（第二刑事部）判决大正昭和 5 年 8 月 28 日刑録 23 辑 1332 頁指出，"令他人感到畏惧的文书"到达对方之时，才能认为是实行的着手。

　　〔26〕　团藤・前出注〔21〕330 頁注 4。同样反对判例立场的还有，牧野英一・重訂日本刑法上卷総論（昭和 12 年）259 頁，植松正・再訂刑法概論 I 総論（昭和 49 年）319 頁，中義勝・講述犯罪総論（昭和 55 年）194 頁，大塚仁・刑法概説（総論）〔増補〕（昭和 50 年）136 頁，团藤編・前出注〔23〕465 頁〔香川〕，等等。

　　〔27〕　Vgl. Georg Schilling, Der Verbrechensversuch des Mittäters und mittelbaren Täters（1975）.

　　〔28〕　Vgl. Jürgen Baumann, Täterschaft und Teilnahme, JuS 1963, S. 92f.；Rolf Dietrich Herzberg, Der Versuch beim unechten Unterlassungsdelikt, MDR 1973, S. 94f.；Paul Bockelmann, Zur Abgrenzung von Vorbereitung und Versuch , JZ 1954, S. 473；Reinhart Maurach, Deutshces Strafrecht, Allg. Teil, 4. Aufl.（1971）S. 504；RGSt. 53, 11；RGSt. 53, 45. 另外还可参照，牧野・前出注〔26〕258 頁，滝川幸辰・改訂犯罪論序説（昭和 22 年）244 頁，小野清一郎・新訂刑法講義総論（昭和 30 年）106 頁，木村亀二・刑法総論（昭和 34 年）348 頁，植松・前出注〔26〕320 頁，市川・前出注〔23〕398—399 頁，福田平・新訂刑法総論（昭和 51 年）170 頁，大塚・前出注〔26〕135 頁，吉川経夫・改訂刑法総論（昭和 47 年）216 頁，团藤編・前出注〔23〕465 頁〔香川〕，等等。

身的极为抽象的危险（或被拟制出的危险），那的确应该将实行着手的时点限定在行为时。但是，如果认为未遂犯的处罚根据在于（成立既遂的）具体危险，而且刑法规定未遂犯就是为了防止这种危险，将未遂犯成立时点限于行为时的必然性就不存在了。另外，倘若认为，实行着手这一概念本身不过是一个"划定阶段的概念"[29]，也就是划定什么时候才发生一定程度之紧迫危险的阶段的概念，那么对未遂犯而言，这样的理解就是可能的：根据场所的关系等来看[30]，只有在发生了值得处罚的紧迫危险这个结果的时候，才能肯定成立未遂犯[31]。[32]

此外，原因自由行为的着手时期在学说上素有争论[33]，但根据本书

---

〔29〕 平野龍一・「正犯と実行」同・犯罪論の諸問題（上）（昭和56年）130頁。

〔30〕 Vgl. Claus Roxin, a. a. O.〔Anm. 24〕S. 226 Anm. 28.

〔31〕 在存在被利用者的场合，对以被利用者的着手时期确定可罚未遂界限的见解表示质疑的有，Robert v. Hippel, Deutsches Strafrecht, Bd. Ⅱ（1930）S. 475；Eberhard Schmidt, Die mittel-bare Täterschaft , Festgabe für Reinhard Frank, Bd. 2（1930）S. 132；Reinhard Frank, a. a. O.〔Anm. 13〕S. 87；Hans—Heinrich Jescheck, a. a. O.〔Anm. 2〕S. 548. 平野・前出注（23）319頁，中山研一・口述刑法総論（昭和53年）373頁，西田典之・「間接正犯の実行の着手時期」刑法判例百選Ⅰ総論（昭和53年）159頁，等等。

〔32〕 Vgl. auch. Hans—Joachim Rudolphi, Systematischer Kommentar zum Strafgesetzbuch, Bd. 1, Allg. Teil, 2. Aufl.（1977）§ 22 Rdnr, 20；Günter Stratenwerth, Strafrecht, Allg. Teil, Ⅰ, 2. Aufl（1976）Rdnr 840；Eberhard Schmidthäuser, Strafrecht, 2. Aufl.（1975）S. 617；Schönke—Schröder—Eser, a. a. O.〔Anm. 2〕§ 22 Rndr. 54. 斎藤・前出注〔23〕14—15頁，青柳文雄・刑法通論Ⅰ総論（昭和40年）126頁，西原春夫・刑法総論（昭和52年）316—317頁，藤木英雄・刑法講義総論（昭和50年）279頁，内田文昭・刑法Ⅰ（総論）（昭和52年）252頁注4，等等。另外，莊子邦雄・刑法総論〔新版〕（昭和56年）427頁参照。

〔33〕 以"原因行为"时认定实行着手的见解有，Vgl. Reinhard Maurach, Fragen der actio libera in causa, JuS 1961, S. 374, 377；Claus Roxin, a. a. O.〔Anm. 24〕S. 230；Hans—Joachim Ru-dolphi, a. a. O.〔Anm. 32〕§ 22 Rdnr, 21. 牧野・前出注〔26〕177頁，小野清一郎「原因に於て自由な行為」同・法学評論・上（昭和13年）175頁，木村・前出注〔28〕348頁，植松・前出注〔26〕320頁，団藤重光「みずから招いた精神障碍」植松博士還暦祝賀・刑法と科学・法律編（昭和46年）230—231頁，市川・前出注〔23〕398頁，福田・前出注〔28〕171頁，大塚・前出注〔26〕136頁，吉川・前出注〔28〕216頁，団藤編・前出注〔23〕469頁〔香川〕，等等。以"结果行为"（在没有完全责任能力状态下实施的侵害行为）时认定实行着手的见解有，Vgl. Günter Stratenwerth, Strafrecht, a. a. O.〔Anm. 32〕Rdnr. 546；Hans—Heinrich Jescheck, a. a. O.〔Anm. 2〕S. 425；Schönke—Schröder—Eser, a. a. O.〔Anm. 2〕§ 22Rdnr. 55（在不作为场合以原因行为时）Rdnr. 56. 平野・前出注〔23〕302頁、319頁，中・前出注〔26〕171頁（但是，在不作为场合以原因行为时，173頁），川端博「原因において自由な行為」刑法の争点（昭和52年）69頁，等等。另外，佐伯千仭「原因において自由なる行為」刑事法講座第2巻（昭和27年）

的立场，以实施"原因行为"的时点作为实行着手的时点进而肯定成立未遂犯的必然性也是不存在的。相反，应该认为，在发生紧迫的具体危险阶段，才能肯定成立未遂犯。

-60-

　　三　作为危险犯处罚根据的危险，应该与因果关系论中需要注意的"实行行为"的危险性相区别。刑罚法规以发生一定的结果作为犯罪成立要件，但因为这种结果（法益侵害・危险）而处罚行为人还必须具备一个前提，行为人的行为和结果间存在相当因果关系。作为这种"相当性"——恩吉施（Karl Engisch）称为"构成要件结果的相当性[34]（广义的相当性）"[35]——的内容而被要求的行为的危险性，究竟是什么危险，是需要考虑的问题。如果认为作为危险犯处罚根据的危险的内容，是根据"究竟什么事态是应该用刑罚去防止的对象"这种观点来确定的话——这种意义上，危险与法益侵害是平行的——那这种"实行行为的危险性"的危险就是，能够发挥将结果"归属"于行为的机能的概念。在此意义上，两者是根据不同观点来确定的，各自内容也并不相同。以往，这两者没有被有意识地加以区别——或者说两者被认为具有相同的内容——或许这是导致危险犯处罚根据的危险的议论（特别是未遂犯论）较为混乱的原因。在因果

（接上页）308—309 頁，同・三訂刑法講義（総論）（昭和 52 年）235—236 頁参照。采取个别判断的见解的则有，Vgl. Eberhard Schmidthäuser, a. a. O. 〔Anm. 32〕S. 617f. 斎藤・前出注〔23〕19 頁，西原春夫「責任能力の存在時期」佐伯千仭博士還暦祝賀・犯罪と刑罰・上（昭和 43 年）408—409 頁，416—417 頁，内田・前出注〔32〕328 頁，等等。

　　〔34〕　Vgl. Karl Engisch, a. a. O.〔Anm. 8〕S. 61.

　　〔35〕　虽然有观点指出，为了结果归属于行为，从而肯定相当因果关系之存在，除了要肯定"实行行为"的危险性意义上的"广义的相当性"，还必须肯定"狭义的相当性"，即危险是否"实现"为结果的因果经过相当性，但是这一点其实还有待商榷。对于因果关系中的"相当性"问题，特别需要参照这些文献，井上祐司・行為無価値と過失犯論（昭和 48 年）147 頁以下，同・因果関係と刑事過失（昭和 54 年），岡野光雄・刑法における因果関係の理論（昭和 52 年），町野朔「因果関係論」中山研一＝西原春夫＝藤木英雄＝宮沢浩一編・現代刑法講座第 1 巻（昭和 52 年）317 頁以下，植田博「「因果関係論」の再構成」九大法学 37 号（昭和 54 年）71 頁以下。另外，还可以参照，平野龍一「因果関係について」同・犯罪論の諸問題（上）（昭和 56 年）35 頁以下，内藤謙「因果関係」月刊法学教室 17 号（昭和 57 年）37 頁以下，18 号（昭和 57 年）32 頁以下，19 号（昭和 57 年）41 頁以下，等等。此外还可以参照，「特集・因果関係論」Law School No. 29（昭和 56 年）4 頁以下，「特集・刑法解釈の基礎〔因果関係〕」法学ゼミナー 25 巻 12 号（昭和 56 年）2 頁以下。

关系论上采取条件说，在逻辑上不必然会导致危险概念否定论——甚至是危险犯否定论。在这个意义上，两者确实是不同的问题。原本就比较明确，在侵害犯当中，有没有发生结果（法益侵害）的判断，和有没有因果关系的相当性判断，是从不同观点进行的。在探讨危险犯处罚根据的危险之际，有必要再次强调这一点。

第二节　危险判断的方法

第一款　危险判断的基准

如前节所述，在确定法益侵害危险的内容时，成为问题的是危险判断的"基础"和"基准"，本款将"基准"的问题作为探讨对象，从这个角度考察危险概念。一般认为，确定"基准"的视点与确定"基础"的视点应该是相同的，不过"基础"有着其自身的难点，所以，本节先把"基准"作为问题，试着在可能涉及的范围内探讨划定危险概念的基本视角。

从正面来看，有关"基准"的内容，特别成为问题的主要还是发生在具体危险的判断中。虽然在抽象危险的判断中也要考虑这个问题，但相比其他要解决的问题而言，比重略小。

对于具体危险的判断"基准"的内容，可以认为，大体存在两种对立的想法。亦即，"立于一般人立场进行判断的见解"[36]和"物理地判断的见解"[37]。这两种立场是关于未遂犯处罚根据之具体危险的主张，可以分别对应具体的危险说和客观的危险说。本款将考察这两种观点，以下先分析在日本极为有力的从一般人立场进行判断的见解。

第一项　一般人的判断

一　一般人的判断的立场，是指根据一般人的社会观念来判断法益侵害的可能性。该立场可以理解为这样的见解：禁止·处罚引起一般人感觉有危险的事态的行为。例如，行为人使被害人摄入硫磺粉末，判断这种行

---

〔36〕　大沼邦弘「未遂犯の実質処罰根拠」上智法学論集 18 巻 1 号（昭和 49 年）67 頁。

〔37〕　大沼邦弘「未遂犯の実質処罰根拠」上智法学論集 18 巻 1 号（昭和 49 年）67 頁。

为是否引起了对被害人的生命危险，根据的是一般人的社会观念，如果能够得出硫磺对人的生命而言是有害物质的结论，就可以肯定发生了侵害生命的危险。倘若将这种想法贯彻到底，科学的经验法则就没有用武之地，例如，即使科学的认定结论是硫磺并非危及生命的物质，也不能否定发生了危险。

　　一般认为，在德国，这种一般人的判断立场为李斯特（Franz v. Liszt）[38]所主张——在未遂犯问题上采具体的危险说[39]——并且为芬格（August Finger）[40]、多纳（Alexander Graf zu Dohna）[41]等学者所采用。

　　而且，在日本，正如在未遂犯处罚根据问题上具体的危险说非常有力那样，这种一般人的判断立场也成为极为有力的主张，得到了从冈田朝太郎博士[42]、牧野博士[43]、泉二博士[44]，再到后来的小野博士[45]、团

---

　　〔38〕　Vgl. Franz v. Liszt, Lehrbuch des Deutschen Strafrechts, 21—22. Aufl.（1919）S. 200. 需要注意氏著不同版本的表述存在不同。"不偏不倚的判断（nach unbefangenem urteil）"—6. Aufl.（1894）S. 101, 9. Aufl.（1899）S. 117f., 11. Aufl.（1902）S. 103f., 12—13. Aufl.（1903）S. 126。"（暴露于危险中的人）有理由的危惧"—3. Aufl.（1888）S. 110—"有理由的危惧"—6. Aufl.（1894）S. 101, 9. Aufl.（1899）S. 117f., 11. Aufl.（1902）S. 103f., 12—13Aufl.（1903）S. 126—"行为给被威胁的人、其他法共同体成员惹起的心理印象"—6. Aufl.（1894）S. 184, 9.（1899）S. 210.

　　〔39〕　麦兹格对未遂犯主张的印象说，想必也可以归入这一立场。Vgl. Edmund Mezger, Strafrecht, 3. Aufl.（1949）S. 397.

　　〔40〕　August Finger, Der Begriff der Gefahr und seine Anwendung im Strafrecht（1889）S. 53ff. 氏主张应当根据一般的，任何人都有的经验，以及因职务而具有的特别经验加以判断。

　　〔41〕　Alexander Graf zu Dohna, Versuch, in: Reform des Strafrechts, hrsg. von P. F. Aschrott und Ed. Kohlrausch（1926）S. 93ff, insb . S. 96f. 氏主张根据平均能力意义上的文化共同体成员之经验知识进行判断。

　　〔42〕　冈田朝太郎・刑法総論（大正14年）44頁。氏主张依据"常识（主观合理地认定）"予以判断。

　　〔43〕　牧野英一「殺人の不能犯と危険説の適用」同・刑法研究第2（大正10年）95頁。氏认为"所谓危险是指对结果发生可能性之一般性的见解"。滝川幸辰「犯意の実体化」同・刑法の諸問題（昭和26年）146頁，对这种观点表示支持。另外，牧野英一「具体的危険と抽象的危険」同・刑法研究第8（昭和14年）191—197頁，提出了"社会的一般性知识""社会一般性的感想"的说法。

　　〔44〕　泉二新熊・日本刑法論上巻（総論）（昭和2年）542頁。氏主张依据"普通一般的判断"。

　　〔45〕　小野清一郎・新訂刑法講義各論（昭和24年）73頁。氏主张依据"健全的国民理性的判断"。

藤博士[46]、平野博士[47]、福田教授[48]、大塚教授[49]、西原教授[50]等很多学者的支持[51]。

二 然而，以上这个一般人的判断立场，在日本学说中难免遭到批判。例如，对于站在一般人的判断立场去解决未遂犯问题而提出的具体的危险说，胜本勘三郎博士有这样的评价："处罚既遂犯缘于实害发生，处罚未遂犯则不因可能达致实害，而在于能引起人心危惧之状态，如此解释的结局，是呈现出既遂犯与未遂犯属完全异种犯罪之奇观。"[52]也就是说，根据具体的危险说，未遂犯的处罚根据就不在于"可能达致实害"——作为法益侵害可能性的危险——而在于"能引起人心危惧之状态"——一般人的危险感——或者说，保护·侵害的对象不是"法益"，而是与之分离的"不能作为法益而被侵害的市民安心感"[53]。

大谷教授也给予了同样的批判，明确表示根据一般人的判断立场，要处罚的是"行为的反社会性、反伦理性"[54]，处罚根据是"行为无价值或者社会的危险感"[55]。

---

[46] 团藤·前出注〔21〕154頁。关于不能犯的问题，氏主张"即便科学地来看是不能犯，但依据常识来看，能被认为是有结果发生之可能的行为，也不能否定其构成要件符合性"。

[47] 平野·前出注〔2〕119頁。氏认为，法益侵害的危险"不是指纯粹的物理可能性或盖然性本身，而是立于一般人立场判断得出的法益侵害可能性或者盖然性"。

[48] 福田·前出注〔28〕181頁。氏主张"一般人的判断"。

[49] 大塚·前出注〔26〕183頁。氏主张"社会的通常人的判断"。

[50] 西原·前出注〔32〕110頁注2。氏主张"一般人的经验判断"。

[51] 此外还有，不破武夫＝井上正治·刑法総論（昭和30年）78頁，八木胖「具体的危殆犯と抽象的危殆犯」法律のひろば14巻2号（昭和36年）23頁以下，安平政吉·改正刑法総論（昭和31年）197頁，吉田常次郎「判例から見た不能犯」法学新報66巻7号（昭和34年）919頁以下，定塚道雄·刑法総論（昭和49年）196頁以下，金沢文雄「事実の欠缺と不能犯」法学ゼミナー31号（昭和33年）47頁，宮沢浩一＝大谷実編·刑法総論（昭和51年）104頁〔三井誠〕，大沼·前出注〔36〕112—113頁，斎藤信治「迷信犯」刑法の争点（昭和52年）104頁（社会心理的冲击性），高窪貞人「不能犯の現代的問題」中山研一＝西原春夫＝藤木英雄＝宮沢浩一編·現代刑法講座第3巻（昭和54年）138頁以下，等等。

[52] 勝本勘三郎·「不能犯ニ就テ」同·刑法の理論及び政策（大正14年）173頁。

[53] 沼野輝彦「公害犯罪における危険の意義」藤木英雄編·公害犯罪と企業責任（昭和50年）34—35頁。

[54] 大谷実「不能犯」中義勝編·論争刑法（昭和51年）114頁。

[55] 大谷実「不能犯（再論）」同志社法学30巻2·3号（昭和53年）38頁。

　　然而，果真像这些批判论者所说的那样，一般人的判断立场要判断的不是法益侵害可能性之危险，而是"行为无价值"吗？

　　如果一般人的判断立场要保护的本来就不是法益，而是与之分离的一般人的安心感，那么上面的批判就是妥当的。但是，这里成为问题的，说到底还是具体的法益遭受侵害的可能性。在这个意义上，还不能断定一般人的判断立场就是要保护法益以外的东西。

　　不过，的确有这种疑问：即便一般人的判断立场以"结果无价值"为导向，但是也要根据一般人的危险感来判断，那么，作为结果无价值的"危险"的内容，是否实际上也成了以"行为无价值"为内容的东西呢？从结论来说的话，这种疑问是不妥当的，不足以用来批判一般人的判断立场。因为，"从一般人立场来看有法益侵害危险的行为"和"反社会的行为"或者"反伦理的行为"并非一回事。或许可以说"从一般人立场来看有法益侵害危险的行为"是"反社会·反伦理的行为"，但反过来说就未必成立。即使一般人的判断立场以"反社会·反伦理"自身为基准判断"危险"，也难以说"危险"内容被行为无价值化了。

　　三　但是，历来被主张的这个一般人的判断立场，并非一点问题都没有。相反，这个立场是有被质疑余地的。

　　首先，这个立场采用基准的内容可能并非明确[56]。例如，在使人摄入硫磺粉末的场合，硫磺能否引起死亡后果，是根据一般人的观念来判断的，但这个基准真的明确吗？即便这个基准"并非不明确到不能使用的程度"[57]，但这里存在的疑问——尽管就判断危险而言，基准不明确这一点不可能被消除——难以被否认。

　　一般人的判断立场的基准存在的问题在于：这个立场——贯彻到底的话——是将一般人的观念而非发生法益侵害的（科学的）因果性作为危险判断基准，这会超出根据具体情况判断得出的，可能发生法益侵害的范围，甚至明显不可能发生法益侵害的，也会被肯定存在危险。也就是说，

-68-

---

〔56〕　内田·前出注〔32〕253 页，强调了这一点。

〔57〕　平野·前出注〔23〕326 页。

一般人的判断立场考虑的问题，不是什么样的事实经过会发生法益侵害，也不是这种事实是否可能存在，而仅仅是在一般人看来是否有可能发生法益侵害，在这个意义上，一般人的判断立场或许脱离了事实的基础。于是会产生这样的质疑：危险之所以被作为处罚对象，是因为其有达到法益侵害的可能性，那么，"物理地来看，在考虑具体情况后绝对不可能发生实害的场合，即使一般不特定人对该行为抱有一定程度的不安感，刑法也没有必要将之作为禁压的对象"〔58〕。〔59〕

不过，对于这种质疑可以这样反论：一般人的判断立场能够在"确保市民自由和谦抑主义"与"保障市民安全的要求、充分保护法益的要求"之间充当"妥当的调和点"角色，所以该立场能够被正当化〔60〕。但是，法益侵害不是根据一般社会观念发生的，而是根据现实且妥当运行的因果法则而发生的。即使认为一般人感到了侵害的"恐惧"，但一般人的安心感不是直接的保护对象，所以，一开始就不可能开启法益侵害因果链条的行为，即使任由其发展，无论具体情况如何，这种行为也不可能侵害法益的话，那也不可能以行为刑法要实现"充分保护法益的要求"为理由按犯罪处理。因此，这种反论也有被再质疑的余地。

另外，反过来说，虽然科学地来看可以承认存在着某种法益侵害的因果法则，但是这种因果法则还没有进入一般人的社会观念中的话，将一般人的判断立场贯彻到底，结局就是不能肯定发生了危险〔61〕。在这种场合，如果发生了法益侵害——而且行为人也是这样计划的——就不得不肯定成

---

〔58〕 藤木·前出注〔14〕8 頁。藤木博士谈道："危险概念是对物理意义上的结果发生可能性，和行为人行为之际人们对危险的态度进行综合判断的东西，这个综合判断是指，对这个行为，在社会一般人即拥有健全常识的人的理性判断看来，是否对实害发生感到了不安。"而且，在不能犯的问题上，其见解是："即使具备了行为人相信的（危险发生）的条件"，但在科学上不可能发生危险的场合，则要否定"危险"的发生。藤木·前出注〔32〕267 頁参照。

〔59〕 植松博士提出的疑问是，"将科学上不认为是危险的事态感觉为有危险，是所谓无知导致的结果。在法律的世界中，科学必须让位于无知吗"？植松正「殺人目的をもってする空気の注射」警察研究 35 卷 8 号（昭和 39 年）95 頁。但是，考虑到"使用其下可能的方法有实现预期计划的盖然性"，他认为可以成立可罚的未遂犯（同·96 頁）。植松·前出注〔26〕345 頁参照。

〔60〕 大沼·前出注〔36〕112—113 頁参照。

〔61〕 中野次雄·刑法総論概要（昭和 54 年）80 頁参照。

立侵害犯（既遂犯），但是倘若偶然地没有发生法益侵害，就必须否定发生了危险的话，想必是没有道理的，一般人的判断立场也不会承认这一点。当然，这种场合也可能根据行为人认识到的因果法则来判断危险，但是，根据行为人主观上有没有认识去影响作为结果的危险的客观判断，难言合理。

-70-

这样来考虑，就不得不说，历来为人们所主张的一般人的判断立场是有疑问的。特别是在上述的场合，一般人的判断立场或许也不能贯彻到底。那么，科学的判断立场能否给予妥当的解决方案，就是下面要探讨的问题。

-71-

第二项　科学的判断

一　科学的判断的立场，是将问题设定为是否有物理上的可能性达到法益侵害的一种见解，也就是把有科学基础的因果法则、经验法则作为危险判断基准的一种见解。根据这一立场，即使一般人感到了侵害的危险，但是不存在达到侵害的因果法则，在物理上不可能发生侵害的，就要否定发生了危险。

支持这种见解的，除了在未遂犯问题上采取客观的危险说的论者，还有科勒（August Köhler）[62]、麦兹格（Edmund Mezger）[63]、亨克尔（Hans Henckel）[64]、弗兰克（Reinhard Frank）[65]、希佩尔（Robert v. Hippel）[66]、恩吉施[67]，以及施罗德（Horst Schröder）[68]、威尔哲尔[69]、耶赛克

───────────

[62]　August Köhler, Deutsches Strafrecht, Allg. Teil（1917）S. 176f. 根据"评价具体外部事件所必要的专门知识"以及超出前者的行为人的知识。

[63]　Edmund Mezger, Vom Sinn der strafrechtlichen Tatbestände, Sonderabdruck aus der Festschfift für Traeger（1926）S. 36f. 根据裁判时的专门知识。Vgl. auch, ders., Die gemeingefährlichen Handlungen in Strafgesetzentwurf1925, GS Bd. 93（1926）S. 146. 但值得注意的是，麦兹格对未遂犯处罚根据采印象说。Vgl. ders., a. a. O.〔Anm. 39〕S. 397.

[64]　Hans Henckel, a. a. O.〔Anm. 5〕S. 15 30. 根据最高限度之法则知识。

[65]　Reinhard Frank, a. a. O.〔Anm. 13〕S. 9. 根据专门的判断。

[66]　Robert v. Hippel, a. a. O.〔Anm. 31〕S. 427. 根据（专门的）客观的人类的经验知识。

[67]　Karl Engisch, a. a. O.〔Anm. 8〕S. 57f. 根据包含了行为人的特别知识，最高限度之法则知识。

[68]　Horst Schröder, a. a. O.〔Anm. 13〕S. 8—14. 根据有一切重要知识之最善的判断者（裁判时）。

[69]　Hans Welzel, a. a. O.〔Anm. 17〕S. 47. 根据客观的（专门的）判断。

（Hans—Heinrich Jescheck）[70]等众多学者[71]。

在日本，科学的判断立场在最近还是少数说，只有木村博士[72]、中野教授[73]、内田教授[74]、大谷教授[75]、冈本助教授[76]、振津助教授[77]等支持。[78]

二 下面对这个科学的判断立场使用"基准"的内容予以若干探讨。

首先，有必要注意，虽说是科学的法则，但从刑法的观点来看，重要的是从一定原因发生一定结果，这中间的过程本身其实并不重要。也就是说，在刑法上，说明"从一定原因 U 发生一定结果 F"这一点是必要的，而且仅此就足够了。也可以理解为，能够明确一定因果经过的起点和终点就可以了。——话虽如此，如果没有充分阐明中间过程的话，也会影响到"原因 U→结果 F"的证明[79]。

---

〔70〕 Hans—Heinrich Jescheck, a. a. O. 〔Anm. 2〕S. 211. 根据专门的判断。

〔71〕 Vgl. auch, Karl Alfred Hall, Die normativen Tatbestandselemente der Aussetzung. SchwZStr Bd. 46（1931）S. 340f. （公判时的专门知识）Theodor Rittler, Lehrbuch des Österreichischen Strafrechts, Allg. Teil, 2. Aufl. （1954）S. 85（专门的判断）Friedrich Nowakowski, Das österreichische Strafrecht in seiner Grundzügen（1955）S. 45（专门家的判断）Peter Albrecht, Der untaugliche Versuch（1973）S. 96. （但是，没有危险的未遂的可罚性也得到肯定。）

〔72〕 木村亀二・犯罪論の新構造（下）（昭和 43 年）35 頁。从鉴定人制度的旨趣，主张根据"科学的一般人"的判断。但是，同博士却用行为人的危险说解决不能犯的问题。

〔73〕 中野・前出注〔61〕80 頁。根据"包含有（最有）思考的人类的科学的知识的判断"。

〔74〕 内田・前出注〔32〕253 頁。根据自然科学的因果的可能性。

〔75〕 大谷・前出注〔54〕140—148 頁参照。

〔76〕 岡本・前出注〔6〕62 頁。根据"所有专门性知识以及有认识能力之人类"的判断，但是"这些判断至少要具有一般人能够承认的内容"。另外，同「「危険犯」をめぐる諸問題」Law School No. 39（昭和 56 年）37 頁参照。

〔77〕 振津・前出注〔6〕297 頁。根据"判断时的人类的全部经验知识"。

〔78〕 中山教授的见解也被认为站在了同样的立场。中山・前出注〔31〕378 頁参照。另外，同「不能犯における危険」Law School No. 39（昭和 56 年）14 頁以下参照。另外，西山富夫「不能犯」藤木英雄編・刑法 I（総論）（昭和 52 年）268 頁指出，"为了得出可罚性的合理评价结论，不能仅以行为时的一般人的危险感为标准，也要进行事后的科学的鉴定，以其知识水准为基础评价行为手段的适否，才更为合理"。

〔79〕 即便能够考虑疫学的成果，想必也不能变更刑事裁判的原则。对于疫学・医学的因果关系，除了日本弁護士連合会編・刑事裁判と疫学の証明（昭和 56 年）之外，曽田長宗「公害と疫学」戒能通孝編・公害法の研究（昭和 44 年）229 頁以下，重松逸造「疫学とは何か」判例時

"原因 U→结果 F"的法则，就是危险判断的"基准"的内容。

然后要考虑的问题在于，作为"基准"被使用的（科学的）因果法则，要站在哪个时点判断是否存在这个因果法则。并非不可想象，原本在发生危险事态时不能承认的科学法则，在后来因为科学研究的进步又能够得到承认了，或者相反的情形。在这种场合，以不同时点为基准时，会得出不同的结论。

对此问题，恩吉施主张行为时说，因为在他看来被违反的规范的内容有必要确定为行为时，那么构成规范内容的危险的内容也有必要确定为行为时[80]。

与之相对，麦兹格[81]、施罗德[82]等支持裁判时说。

如果彻底贯彻科学的判断立场，想必支持裁判时说才对。因为从科学的判断立场来看，行为时的判断并没有绝对的优越性。稍微考虑一下就知道，支持行为时的理由，或许只能是如恩吉施所说，行为人"违反""规范"的内容必须限定在行为时。这种想法的前提在于违法内容是违反行为规范，这个前提合理与否姑且不论，但据此推导出事前判断的立场，没有逻辑上的必然性。应该被追问的，是事前判断这一想法本身。如本书第三章所述，这种想法有很大的问题[83]。

三　以上这种以（科学的）因果法则作为危险判断的基准，"物理地""客观地"判断法益侵害可能性的科学的判断立场，存在一个根本性的问题。那就是，根据这个立场，只要没有发生侵害，就经常不得不以没有侵

–74–

（接上页）報 635 号（昭和 46 年）10 頁以下，吉田克己「疫学的因果関係論と法的因果関係論」ジュリスト440 号（昭和 44 年）104 頁以下，等等可以参照。

〔80〕　Vgl. Karl Engishc, a. a. O.〔Anm. 8〕S. 57f.

〔81〕　注〔63〕参照。

〔82〕　注〔68〕参照。

〔83〕　麦兹格认为，"〔违法的〕'判断'是事后才能够得出的。事前判断，也就是根据行为时的行为人状态的判断，意味着将违法问题做了不能被允许的主观化处理"，事前判断只能例外地被允许，也就是只能在主观违法要素问题上才能被例外允许。Vgl. Edmund Mezger, a. a. O.〔Anm. 39〕S. 162 Anm. 3. 佐伯博士也认为，"违法评价要以事后而非事前判断（ex post, nicht ex ante）为原则"，但是在"法律命令或允许行为人做出裁量性判断或者在允许的场合"，要予以一定"修正"，也就是承认例外场合可以事前判断。佐伯·前出注〔33〕181 頁参照。

害的科学的·客观的可能性为理由，否定发生了危险。换言之，有没有发生法益侵害和有没有发生危险，成为一回事了。所以，问题在于，发生法益侵害的可能性与发生法益侵害本来是互相区别的，但根据科学的判断立场这两者又变得没有区别了，那科学的判断立场又如何能够用于判断法益侵害的危险呢？

这个问题实际上在以前的德国被激烈讨论过。这些讨论围绕着危险是否可能不是"客观的"、不是可以被判断的对象这个问题而展开。以下在批判性考察这些议论的同时，试着探讨科学判断立场有没有合理的基础。

四　在 19 世纪的德国，详细探讨危险概念，并为之打下基础的，当属克里斯（J. v. Kries）[84]。[85]克里斯是如何建立起危险概念的呢[86]？

根据克里斯的观点，"在研究盖然性以及可能性的概念时，下面这个命题非常重要：每一个实际发生的事件都是由预先存在的全部条件所必然引起的"，"从这一命题中，我们可以直接认识到所有的盖然性具有的主观性（die subjektive Natur）"。"之所以会有（发生事件的——作者注）盖然性这个概念，完全是因为我们不知道一个事件是不是会发生。在这个意义上，所有的盖然性都是主观的"。这对可能性的概念而言也是一样，"在完全精确确定的条件下，不可能适用客观的可能性概念。但是，当我们考虑一个结果与一些一般性、普遍性描述的条件之间的关系时，才有可能适

---

[84] J. v. Kries, Ueber den Begriff der objektiven Möglichekeit und einige Anwendungen desselben, Vierteljahrschrift für wissenschaftliche Philosophie Bd. 12（1888）S. 179ff., S. 287ff., S. 393ff.; ders., Über die Begriffe der Wahrscheinlichkeit und Möglichkeit und ihre Bedeutung im Strafrecht, ZStW Bd. 9（1889）S. 528ff.

[85] Vgl. auch, Karl Binding, Die Normen und ihre Übertretung, Bd. 1, 1. Aufl.（1872）S. 46; 4. Aufl（1922）S. 374, 377; Hugo Siebenhaar, Der Begiff der Gemeingefährlichkeit und die gemeinge-fährlichen Delikte nach dem Reichsstrafgesetzbuche, ZStW Bd. 4（1884）S. 245ff.; Rotering, Gefahr und Gefährdung im Strafgesetzbuche, GA Bd. 31（1883）S. 266; ders., Der Gefahrbegriff im Rechts—und Wirtschaftsleben, Juristische Vierteljahrschrift, Neue Folge, Bd. 14, S. 89ff.; Woldemar v. Rohland, Die Gefahr im Strafrecht, 2. Aufl.（1888）S. 1; Franz v. Liszt, Lehrbuch des Deutschen Strafrechts, 3. Aufl.（1888）S. 100. 另外，冈本·前出注〔6〕，振津·前出注〔6〕参照。

[86] 对于克里斯的见解，振津隆行「クリースの「客観的可能性」の概念とその若干の適用について」刑法雑誌 22 巻 3·4 号（昭和 54 年）101 頁以下有详细介绍。

用客观的可能性概念。即在一定条件下，一个事件可能发生也可能不发生，双方都是客观可能的，这一点得以成立并且能够被认为是合理断言的前提在于，对条件情节的描述是一般的、不精确的并且包含多种不同行为方式的。这种条件的一般性（Allgemeinheit）是指，对事件至关重要的所有情节中只有一部分被确定，而另一部分则完全没有被确定下来。总之，对情节的描述仅仅是部分的，而具有了一般性。通过这种方式，那些不特定部分的所有样态也就被包含在内了"。"亦即，如果能够确定一定的情节，然后根据现实中适用的法则来看，这些情节将导致一个事件的发生，那么在并非精确确定这些情节的时候，就可以说发生这个事件在客观上是可能的。"[87]

在这种意义上，危险被认为是"被害的客观可能性（die objektive möglichkeit eines schädigenden ereignisses）"[88]。

不同于一般规定条件下的"一般的危险（eine generelle Gefahr）"[89]，适用于具体事态中的"具体的危险（eine concrete Gefahr）"，更加成为问题。

-76-

适用这个具体的危险的概念，"似乎与这一点是矛盾的，既然具体的现实条件没有导致被害发生，也就没有导致被害发生的可能性"。但是，"具体事态中的客观可能性，乍一看是个错误的说法，在根本的意义上却是由我们无法认识的，将非常细微的特殊性置之度外的、被一般化的条件所奠定的"。将危险概念适用于具体场合而产生的"假性矛盾（der scheinbare Widerspruch）"（没有被害就没有被害可能性的矛盾——译者注），可以通过"将具体事态进行一般化思考的原理"加以解决[90]。

如上所述，克里斯通过引入"一般化"这一概念，并以此为基础，说明了尽管没有发生被害但是发生被害却是"可能的"这一情形。

五　对于上面这种将具体条件予以"一般化"然后肯定存在危险的立

---

[87]　J. v. Kries, Ueber den Begriff der objektiven Möglichekeit〔Anm. 84〕S. 180f.

[88]　Ebenda, S. 289.

[89]　Ebenda, S. 290.

[90]　Ebenda, S. 290—292.

场，要考虑的问题是，这个所谓"一般化"的意义是什么。现在对"一般化"有这样的批判，根据这种一般化的方法而肯定存在危险，然后还要说危险是客观的，或者说危险是被害的客观可能性，这不过是因为人们主观上不知道（die subjektive Unkenntinis）是否存在被害发生所必要的条件罢了〔91〕。

例如，赫尔兹（Eduard Hertz）明确给出了以下批判见解："现象自身可能招来不利的现实变更，那些对此感到恐惧的人，可以把这种现象界定为危险。危险的存在，就不过是由那些认为存在危险的人的主观意志决定的。""现实是，要么存在发生侵害的充分根据，要么欠缺这种根据，不存在第三种状态。""对于发生侵害欠缺充分根据的所有场合，如果根据某人是否感到紧迫侵害来区别的话，这就不是客观的，而是对相同的客观事态根据不同的主观任意态度作出区别，也就具有了主观性的特征。忽视这一点，将没有现实发生的、仅仅是主观感到恐惧的侵害界定为一种危险，而且还要赋予其客观性的那些人，犯了将主观想法当作客观事物的错误。""危险概念其实恰好是因为我们认识能力不充分才得以成立的。"〔92〕

同样，拉玛施（Heinrich Lammasch）〔93〕、扬卡（Karl Janka）〔94〕等人也批判性地指出，如果是"客观地"来看，那根本就不可能有危险这个概念。不过，布黎（Maximilian v. Buri）才是这一系列立场的主倡者。他以

---

〔91〕 August Finger, a. a. O.〔Anm. 40〕S. 16.

〔92〕 Eduard Hertz, Das Unrecht und die allgemeinen Lehren des Strafrechts, Bd. 1（1880）S. 73—75. "根据赫尔兹所说，因为原本就不存在危险，所以不可能加以处罚。" Vgl. Herrmann Schulz, Der Begriff der Gefahr im Strafrecht unter besonderer Berücksichtigung der Polizeiübertretungen und der gemeingefährlichen Delikte, Diss., Münster（1905）S. 22. 赫尔兹本人是这样讲的："立法者将一些不造成侵害后果的行为加以禁止，即便可以说是因为人们畏惧这些行为，所以这些禁止可以被正当化，但是从犯罪构成要件要素是法律保护客体之侵害的危险这一点来看，也应该被认为是绝对不能允许的。遗憾的是，德国实定法却反复陷入了这个错误。"（S. 80）

〔93〕 Heinrich Lammasch, Das Moment objektiver Gefährlichkeit im Begriff des Verbrechensversuchs（1879）; ders., Handlung und Erfolg, Zeitschrift für das Privat—und öffentliche Recht der Gegenwart, Bd. 9（1882）S. 221ff.

〔94〕 Karl Janka, Das österreichische Strafrecht（1884）S. 59 f.

因果关系论的条件说[95]为立论基础，提出了以下见解[96]。

　　行为自身不是危险，而是作用于外部情况之后才成为危险的，不过，即便在外部情况下实施了行为，如果危险没有现实地发生，也只能承认存在一种想象的危险性（eine lediglich gedachte Gefährlichkeit）。在无论是否现实地发生了危险都要予以处罚的场合，或者在人们认为可能发生了危险而加以处罚的场合，危险性都是通过推定（Präsumition）的方式而被承认存在的。这种推定只能由法律规定，而且只有在法律明确规定的场合才能给予处罚[97]。

　　在对行为进行评价之际，有一种以一般的概念（Allgemeinbegriff）为基准的想法。但是，要作为产生了危险的行为加以处罚，仅仅是行为有一般的危险还不足够，必须是现实地产生了危险。即便可以说行为有可能产生危险，但是危险的可能性不是一种危险。另外，能够产生一般的危险的行为，不可能在所有具体场合都作为危险行为加以对待。因为，虽然有一般的危险，但是还没有发展为一般的侵害的，就不能够说一般危险的行为（regelmäßig gefährliche Handlung）。在经验告知某个状况能够产生一般的侵害的场合，由于这个状况可被称作危险，所以就干脆认为"能够产生一般的侵害的行为在所有具体场合都表现为危险行为"，这也是不正确的。例如，在猎人依次打中了五只兔子之际，虽然人们想着要是猎人打第六只应该也能打中，但是这第六只兔子遭遇的危险还仅仅停留在想象中，对这只兔子而言还不是危险。朝着兔子要开枪的时候才产生危险。但是如果这个时候，阳光刺到眼睛，猎人朝着其他的方向开了枪的话，兔子就没有暴露

-78-

---

　　[95]　Vgl. Maximilian V. Buri, Die Causalität und ihre strefrechtlichen beziehungen (1885). 对于布黎的条件说，可以参照冈野·前出注〔35〕17 頁以下，等等。

　　[96]　Vgl. Maximilian v. Buri, Zur Lehre von Versuche, GS Bd. 19 (1867) S. 60ff.；ders.，Der versuch des Verbrechens mit untauglichen Mitteln oder an einem untauglichen Objekt, GS Bd. 20 (1868) S. 325ff.；. ders.，Versuch und Causalität, GS Bd. 32 (1880) S. 32ff.；ders.，Über die sog. untauglichen Versuchshandlungen, ZStW Bd. 1 (1881) S. 185ff.；ders.，Ueber die Begriffe des Vorsatzes und der Handlung, GS Bd. 41 (1889) S. 408ff.；ders.，Gefahr und Versuch in der zweiten Autlage des ersten Bandes der Normen 1890, GS Bd. 44 (1891) S. 321ff. usw.

　　[97]　Maximilian V. Buri, Ueber den Begriff der Gefahr und seine Anwendung auf den Versuch, GS Bd. 40 (1888) S. 503 f.

在现实的危险中。虽然可以认为这种场合兔子还是可能遭受了危险，但是无论在哪个瞬间，危险都是不存在的。如果无论如何还是认为存在危险，这也不过是在开枪前存在于人们主观想象中的危险。因此，只有通过推定的方式，才能认为一般的危险成了现实的危险[98]。

根据布黎的上述说明，"现实的"危险只有在发生现实的侵害之际才能得到承认。除此之外被承认的危险，都只是一种"想象的"东西。也就是说，"客观地"来看，危险只有在侵害发生之际才能被承认，没有发生侵害，也就必须否定发生了危险。换言之，作为法益侵害可能性的危险，只要解释为法益侵害的"客观的"科学的可能性，结局就是没有发生法益侵害就不能肯定发生了危险。

这种见解的基础，是布黎在未遂犯处罚根据问题上，否定危险说——未遂犯的问题在于没有发生侵害（既遂）又要加以处罚，既然没有发生侵害（既遂）也就没有危险，那未遂犯的处罚根据就不能解释为侵害（既遂）的危险——转而主张的主观说[99]。

德意志帝国最高法院（Reichsgericht）在 1883 年 3 月 30 日的判决中[100]，也表达了与布黎同样的见解。

"如果行为在具体场合没有侵害法益，就难以否认行为在具体场合不可能侵害法益，所以行为没有在客观上使得法益遭受危险。原来如此，是因为行为人想要引起侵害结果，所以才能够认为行为引起了危险。只不过，（本案中的——译者注）行为人的想法是不可能实现的。因为，在行为人想要实现的犯罪的既遂结果方向上，行为人实施的行为是在具体场合

-79-

---

[98] Ebenda, S. 507—510.

[99] 根据布黎的说法，如果犯罪止于未遂，则一开始就没有达到既遂的可能性。没有现实发生的侵害事态，而仅仅有侵害发生的可能性，这本来是不足以奠定处罚根据的，但是，现实发生的情况在未遂的法律评价中又是没有意义的。所以，意思才是未遂行为中出现的唯一刑法要素，能够在行为中识别出这一点的时候才能加以处罚。未遂的处罚根据是"在外界具体化的犯罪意思"。Vgl. Maximilian V. Buri, a. a. O〔Anm. 95〕S. 119f.

[100] RGst. 8，198. 没有怀孕却误认为怀孕的女性实施的堕胎行为，是否成立堕胎未遂是个问题，该案给予了肯定见解。

完全没有危险的行为，或者说是完全不能引起既遂结果的行为。"〔101〕

　　六　如果采取以上所说的纯客观立场，与侵害犯相区别的"危险犯"就根本不可能成立了。但是，在实定法上，危险犯的规定又是存在的。所以，直接的问题在于，怎么说明·解释这样的规定。没有发生侵害但又要肯定可罚性，即使把理由确定为危险——实际上只能是法益侵害——的推定·拟制，但从这种推定·拟制当中推导不出危险判断的标准，如何肯定发生了"危险"并且可以处罚，就完全不明白了。〔102〕明显，问题还没有得到解决。

　　于是，学说发生了这样的转向，对构成布黎见解之前提的*，要求法益侵害的"客观的可能性"是纯客观的科学·因果可能性的这一立场本身，朝着修正的方向发展。

　　例如，根据芬格所说，所谓危险，是由我们无法正确认识外界的主观意识所形成的——在这个意义上，要否定危险概念的〔纯〕"客观性"——我们主观认为的危险状态·行为，不可能与客观决定的并非危险的东西相区别，危险是根据各个判断者主观的见解（die subjektiven Anschauungen）决定的。但是，从这些不同的判断中可以形成一定的平均判断（Durchschnittsurteil），这就是危险判断的标准〔103〕。

-80-

---

　　〔101〕　主观说的立场是这样来理解的，"如果认为成立未遂不是因为有法益侵害或者法益侵害的客观危险，那就只能认为，成立未遂是因为行为人想通过超越预备的外部行为去侵害法益的主观意思"。根据麦兹格的说法，这种立场是为了回避危险判断中事态评价的主观化，显示出追求"审判活动的客观化（objektivierung der Richtertätigkeit）"的旨趣。Vgl. Edmund Mezger, Subjektivismus und Objektivismus in der strafrechtlichen Rechtsprechung des Reichsgerichts, in: Die Reichsgerichtspraxis im deutschen Rechtsleben, Festgabe der juristischen Fakultäten zum 50jährigen Bestehen des Reichsgerichts, Bd. 5（1929）S. 16f. 这里可以看出作者其实认为危险判断是"困难"的。

　　〔102〕　赫尔兹也承认这一点。Vgl. Eduard Hertz, a. a. O.〔Anm. 92〕S. 81.

　　*　诚请读者注意，布黎在未遂犯处罚根据上主张主观说，恰好是因为在他看来危险应当是法益侵害的"客观的"科学的可能性，也就是说，正是基于这样的前提，才推导出没有发生法益侵害就不能肯定发生了法益侵害的危险，据此，未遂的事例中本来就是没有危险的，之所以刑法要处罚未遂行为，原因就只能在于行为人想要实现既遂的主观意思。所以，这里表面上存在"结论是主观说、前提又是客观说"的矛盾，其实是不存在的。——译者注

　　〔103〕　August Finger, a. a. o.〔Anm. 40〕S. 13ff. Vgl. auch, ders., Begriff der Gefahr und Gemeingefahr im Strafrecht, Festgabe für Reinhard v. Frank , Bd. 1（1930）S. 230ff.；Augus Miřička, Die Formen der Strafschuld und ihre gesetzliche Regelung（1903）S. 146. f.；Adelheid Heilbrunn, Der Schutz vor Gefährdung von Leib und Leben der Einzelpersonen im geltenden strafgesetzbuch und in den Strafgesetzentwürfen, Diss. Köln

如上所述〔104〕，脱离纯客观的立场，危险概念才能得到肯定。而且，这种危险概念的判断也不是完全依赖于判断者的主观，而是"通过危险判断的客观性"〔105〕具有"客观的"基础。

七　根据以上讨论可以明确，站在纯客观的立场，要求法益侵害的危险，也就是"法益侵害的客观可能性"是一种纯客观的科学·因果可能性，那么，没有发生法益侵害也就难以承认发生了危险〔106〕。而且，与侵害犯不同的危险犯这一范畴在根本上也就不能成立了。

但实际上，既然侵害犯以外存在危险犯，法益侵害之前的危险也作为处罚对象，上述立场就不能得到采用。所以，即便是科学的判断，要贯彻这一立场，因为不能要求纯客观的科学·因果可能性，所以不得不承认内容比较缓和的"客观可能性"的危险概念。

问题在于，这种缓和的"客观可能性"的内容是什么。是不是说，不能采用纯客观的科学判断立场，就必须采用一般人的判断立场呢？结论而言，并非如此。因为，一般人的立场完全脱离了科学·事实基础，只以一般人的社会观念为依据，像这样完全放弃科学法则基础的立场，存在前项指出的疑问。当然，详细情况将在下一章进行讨论，但此处要先指出，下一章要考虑的，是既不同于以往一般人的判断立场也不同于纯客观的科学判断立场，而是所谓中间的"第三立场"（修正的科学判断立场）。即，虽然把科学的法则性作为最终的依据，却是把根据科学的因果法则而言的发生法益侵害的可能性都作为危险内容的一种立场。这里需要考虑的"可能性"，是

-81-

（接上页）(1933) S. 9; Johann Meier, Generelle Gefährdungsdelikte, Diss. Erlangen (1935) S. 24.

〔104〕　Vgl. Hugo Hälschner, a. a. O.〔Anm. 3〕S. 597; Walter Loock, Der strafrechtliche Schutz der Eisenbahnen im Deutschen Reiche (1893) S. 169—172; Oskar Busch, Gefahr und Gefährdungsvorsatz in der Dogmatik des modernen Strafrechts (1897) S. 15ff.; Hans Henckel, a. a. o, 〔Anm. 5〕S. 3—17.

〔105〕　岡本・前出注〔6〕61 頁参照。

〔106〕　这个意义上，这种看法就是可以理解的了，刑法中的危险概念，在"存在论上"几乎总是被"拟制"的。Vgl. Reinhard von Hippel, Gefahrurteile und Prognoseentscheidungen in der Strafrechtspraxis (1972) S. 85. 另外，中義勝「不能犯—具体的危険説の立場から—」同編・論争刑法（昭和 51 年）117—118 頁、120 頁参照。

事实的存在可能性[107]。所以在这里不得不加入"一般人的判断"的观点。　　-82-

第二款　危险判断的基础

一　在确定危险内容的时候，有实际意义并且为学者激烈讨论的问题是，究竟什么样的对象构成危险判断的基础，也就是指应该考虑什么样的事实来判断危险？

危险犯处罚根据的法益侵害危险，虽然对应于具体危险犯、抽象危险犯可以划分为具体的危险、抽象的危险，但是这中间存在的差异，是否就是各自判断基础内容上的差异——这个差异实际上又有何种意义——是有疑问的。这一点，特别关系到抽象危险中"抽象的"意义，笔者将在下一章予以探讨。

首先，应该讨论的前提问题，是危险判断的基础到底包含哪些范围的事实。这是指构成判断对象的事实，或者说，在作为判断对象的事态发生时现实存在的事实。不能被包含在其中的事实因为其自身不构成危险判断的对象，所以不需要在危险判断中加以考虑。

二　构成危险判断对象的那些事实，除了外界的各种事实，还可能包含行为人的意思·认识这些"心理的事实"。问题是，将这种行为人的主　　-87-
观因素作为危险判断对象是否合理，而且，即使要包含主观因素，又是多大程度·范围的主观因素作为危险判断对象。

认为可以包含行为人主观因素的见解，被称为"主观说"，而原则上采取否定见解的就是"客观说"。以往，这个问题在未遂犯处罚根据的危险的内容的讨论中被谈到。所以，这里以有关未遂犯的学说为素材，先批判性地讨论主观说。

所谓主观说，是以行为人认识·意图的对象为基础来判断"危险"的

---

〔107〕　柏木博士提出了一种所谓"客观的·一般的判断"的见解。"这个'客观的·一般的判断'是指，潜在的危险，如果是在以客观法则为原因的场合则需要被科学地·客观地加以判断，倘若是在以事实关系为原因的场合，则是根据社会通念被客观地·一般地加以判断。对于不能犯，虽然探讨了科学的判断在何种程度上是妥当的问题，但是，根据科学的判断和根据社会通念的判断，各自可以达到妥当性的局面是不同的。"柏木千秋「不能犯について—実行行為性の欠如」研修 363 号（昭和 53 年）13 頁参照。这种见解以客观的立场为出发点，并且对于"事实关系"又肯定了"根据社会通念进行判断"的方法。

一种见解。也就是说，从这一立场出发，要考虑的问题是，行为人认识——认为是存在——的事实如果现实存在的话，是不是就发生法益侵害了呢？例如，行为人想毒杀他人，在把白色粉末误认为毒药递给对方之际，即便实际上那只是小麦粉，侵害人生命的危险——因为如果确实是毒药的话就能够毒杀对方，所以——也能够被肯定。再如，将石像误认是人然后开枪射击的话，也可以肯定发生了侵害人生命的危险。

这种立场在未遂犯论中便是人们主张的纯主观说[108]或者主观·客观说[109]。[110]

在德国未遂犯（不能犯）的判例中，有一些也可以解释为采取了这种立场。例如，对于一起所谓方法的绝对不能案件，1880 年 5 月 24 日德意志帝国法院的判决[111]指出："在未遂的场合，刑罚法规面向的，不是既遂

---

[108] Vgl. Maximilian V. Buri, ZStW Bd. 1（1881）〔Anm. 96〕S. 184 ff.；Heinrich Lammasch, Das Moment objektiver Gefährlichkeit〔Anm. 93〕S. 1ff. Ernst Delaquis, Der untangliche Verscuh（1904）S. 189ff. insb. S. 207；Oskar Adolf German, Über den Grund der Strafbarkeit des Versuchs, Diss. Zürich（1914）S. 65f. insb. S. 131, 146—148；Hans Welzel, a. a. O.〔Anm. 17〕S. 192f.；Hermann Roeder, Die Erscheinungsformen des Verbrechens（1953）S. 19；Jürgen Baumann, Strafrecht, Allg. Teils, 8, Aufl.（1977）S. 498. 另外，对于主观说，大沼·前出注〔36〕89—98 頁参照。

[109] Vgl. Josef Kohler, Der straftbare Versuch, insbesondere der sog. untaugliche Versuch, in：Studien aus dem Strafrecht, Bd. 1（1890）S. 25；Karl Klee, Wille und Erfolg in der Versuchslehre, Str. Abh. Heft l4（l898）S. 36—39；August Finger, Lehrbuch des Deutschen Strafrechts, Bd. 1（l904）S. 303；ders. , Der Versuch und der Vorentwurf zu einem Deutschen Strafgesetzbuch, Festschrift für Karl Binding, Bd. 1（1911）S. 284；Adolf Merkel—M. Liepmann, Die, Lehre von Verbrechen und Strafe（1912）S. 56；Alexander Graf zu Dohna, a. a. O.〔Anm. 41〕S. 96f.；Reinhard Frank, a. a. O.〔Anm. 13〕s. 90（但是，欠缺客体就不可罚）；Wilhelm Sauer, Allgemeine Strafrechtslehre, 3. Aufl（1955）S. 109（承认欠缺构成要件）S. 108；Peter Albrecht, a. a. O.〔Anm. 71〕S. 46f. 另外，对于主观·客观说，大沼·前出注〔36〕98—101 頁参照。

[110] 在日本学说中，现在是少数说。宫本英脩·刑法大綱総論（昭和 7 年）180—181 頁，牧野·前出注〔26〕329—333 頁，草野豹一郎「未遂犯」同·刑法改正上的重要問題（昭和 25 年）225 頁，江家義男·刑法（総論）（昭和 27 年）166 頁，八木胖·刑法総論（昭和 28 年）204—205 頁，同「不能犯と危険説」法律のひろば15 巻 2 号（昭和 37 年）24 頁，斉藤金作·刑法総論改訂版（昭和 30 年）321 頁，木村·前出注〔28〕345—346 頁，同·前出注〔72〕21 頁，32—33 頁，坂本武志·刑法講義（昭和 48 年）167 頁，金沢·前出注〔51〕46 頁，等等。另外，古賀廉造·改版刑法新論·総論之部（明治 36 年）109 頁以下，虽然是站在主观说的立场，但是在欠缺"犯罪客体"场合，"没有采用实现既遂意思的必要方法，或者采用了与实现既遂意思相反的方法之际"，否定了作为未遂犯的可罚性。

[111] RGSt. 1, 439.

场合的由犯罪意思产生的违法结果，而毫无疑问是犯罪意思"，既然"行为是在行为人意图引起结果的情况下实施的"，就可以肯定未遂的可罚性[112]。

另外，根据 1975 年 1 月 1 日施行的《西德刑法典新总则》第 22 条，行为人"依照其对犯行的想象（nach seiner Vorstellung von der Tat）"而实施行为的，即成立实行着手而按未遂犯处罚，显然这也是采取了主观说的见解[113]。

三　这种以行为人的主观因素为基础判断的危险，被称作"意思的危险""计划的危险"。这究竟意味着什么呢？一种解释是行为人的危险性。因为有"犯罪实施意思"的行为人有"再度实施犯罪的危险"，所以这种"行为人是危险"[114]的。另一种解释是行为的无价值性。威尔哲尔谈道："主观说将法秩序理解为塑造国民生活的精神力。这种精神力的现实性和妥当性，已经被可能的犯罪实行行为和行为人想要实施一定行为的意思所侵害。……这种行为对于已经形成的秩序力之法秩序而言是难以忍受的。"[115]所以，可以认为，主观说是把行为的无价值性自身作为处罚根据[116]。

这种以行为人或者行为的无价值性奠定犯罪成立基础的立场，从刑法是为了防止发生法益侵害·危险、为了保护法益才允许刑法介入的观点来看，存在根本性的疑问。

法益侵害这种事态，是根据因果法则而发生并表现在外界的东西，所

-88-

---

〔112〕　Vgl. auch，RGSt. 1, 451（杀害婴儿客体之孩子在生产后还活着这一点上存在疑问的事例）；RGSt. 8, 198（误认为女性怀孕进行堕胎的事例）；RGSt. 17, 158（试图用无法强迫堕胎的方法堕胎的事例）；RGSt. 24, 382（使用不足以成为毒药的火柴中的磷粉事例）；RGSt. 34, 217（没有怀孕的女性用绝对不可能的方法试图堕胎的事例）；RGSt. 47, 65（误以为怀孕的女性把某种药当成堕胎药服用的事例）；RGSt. 66, 124；RGSt. 72, 109 usw.

〔113〕　Vgl. Claus Roxin, Unterlassung, Vorsatz und Fahrlässigkeit, Versuch und Teilnahme, in：Roxin—Stree—Zipf—Jung, Einführung in das neue Strafrecht, 2. Aufl.（1975）S. l4ff.；Karl Heinz Gössel, Zur strafbarkeit des Versuchs nach dem 2. Strafrechtsreformgesetz, GA 1971, S. 225ff. 此外，内藤謙·西ドィッ新刑法の成立（昭和 52 年）67—72 頁参照。刑法代案第 24 条、1962 年草案第 26 条都可以理解为站在了主观立场上。vgl. Alternati—Entwurf eines Strafgesetzbuches, Allg. Teil, 2. Aufl.（1969）S. 62—65. 另外，关于战前草案中各草案的立场，小野清一郎「刑法総則草案に於ける未遂犯及び不能犯」同·犯罪構成要件の理論（昭和 28 年）277 頁以下参照。

〔114〕　Vgl. Kohlrausch—Lange, Strafgesetbuch, 43. Aufl.（1961）S. 146f.

〔115〕　Hans Welzel，a. a. O.〔Anm. 17〕S. 193.

〔116〕　平野·前出注〔23〕324 頁参照。另外，大沼·前出注〔36〕108 頁指出，"主观说的根底，可以说是对社会伦理价值的高度强调，或者强度的社会防卫要求"。

以，既然行为人认识等主观要素对外界因果的经过不产生一定影响，就不应在危险判断中被考虑，这至少是一个原则。在这个意义上，必须说应当采取客观说的见解才对〔117〕。采取主观说的话，未遂犯、危险犯的处罚范围会显著地不当扩张。

四　接下来的问题是，即便采取上述客观说立场，是否也存在要"例外"考虑行为人意思等主观要素的场合。特别是在判断未遂犯处罚根据的具体危险之际，这个问题更有现实意义。

　　在以往学说中，该问题以"未遂犯中（既遂的）故意是主观的违法要素吗"的形式被讨论。对此，在德国肯定说是支配说〔118〕，在日本肯定说也占多数〔119〕。但是，例如，平野博士〔120〕、中教授〔121〕是从各自不同立场出发采取了肯定说，而中山教授〔122〕、内田教授〔123〕坚持消极说，另外，内

-89-

---

〔117〕　"综合危险概念（der synthetische Gefahrbegriff）"大幅度考虑了主观的要素，这一点值得怀疑。对于这个概念，Anton Ráliš, Der begriff und die Strafbarkeit des Versuchs, ZStW Bd. 61（1949）S. 1ff. insb. S. 53. 大谷实「予備と未遂の限界」同志社法学六七号（昭和36年）96頁以下，同「不能犯規定新設の是非」竹田博士・植田博士還暦祝賀・刑法改正の諸問題（昭和42年）49頁以下参照。

〔118〕　Vgl. Hans—Heinrich Jescheck, a. a. O〔Anm. 2〕S. 192f.（S. 253 ff.）

〔119〕　団藤・前出注〔21〕120—121頁,，福田・前出注〔28〕68—71頁，大塚・前出注〔26〕123頁，西原・前出注〔32〕154—155頁，藤木・前出注〔32〕138頁，等参照。另外，最近的文献，都築広巳「主観的違法要素についての一考察」一橋論叢86巻2号（昭和56年）194頁以下参照。

〔120〕　平野・前出注〔23〕314頁。

〔121〕　中義勝「故意の体系的地位」平場博士還暦祝賀・現代の刑事法学・上（昭和52年）151頁以下。故意具有"向外界发生作用的客观功能"，"在未遂犯中，故意被认为是主观违法要素的实质理由在于，故意行为的法益侵害危险度要比非故意行为更高"。（156頁）。

〔122〕　中山研一「故意は主観的な違法要素か—中教授の批判にお答えする—」法学論叢102あ巻5・6号（昭和53年）47頁以下。从「犯罪認定論」的立场，有这样的论述。"的确，可以肯定的是，故意的行为比偶然引起结果的行为发生结果的确定度一般要高。……问题在于，从法秩序的角度来看，该行为客观危险性的有无和程度，必须从故意犯和过失犯共同的客观行为层面来判定。……外部行为表现的客观危险是相同的，但是又认为因为故意或过失这种主观要素的不同导致行为客观危险性有差异，这种思考方法就是承认了主观方面可以原封不动地无媒介地作用于客观方面，更重要的是，这意味着客观危险本身被主观化了。"（56頁）

〔123〕　内田・前出注〔32〕166—167頁、251—252頁。"必须说，两种不同的意思客观地表现为完全相同的外部现象，在逻辑上是不可能的。论者所说的，因所谓主观违法要素才使得外部现象浮现出差异，其实，应该是原本外部现象之中就存在差异。应该是意思升高了客观的法益侵害的危险性。"（167頁）

藤教授[124]也明确表示站在消极说的立场[125]。此外，佐伯博士只在"部分未遂犯"中采取肯定说，站在了中间的立场[126]。可以说理论现状就是这样，看一下佐伯说·平野说·中山说·内藤说就明白，即便都是结果无价值论的立场，也未必存在一个统一的见解。

本书难以将这个问题作为"主观的违法要素论"予以全面地解决，只能在可能的范围内提出若干评论，详细探讨还需留待他稿。

需要注意，例如，为了击杀他人而向对方举起手枪将手指扣在扳机上的场合（着手未遂），或者已经发射弹丸但没有命中的场合（实行未遂），如果只有实行未遂才是可罚未遂的话，就应该对两种情形进行区别探讨，但是，既然在着手未遂的阶段就已经可以肯定作为未遂犯的可罚性，在这里只探讨着手未遂的场合就足够了。

在着手未遂的事例中，要想发生法益侵害，还必须实施"扣动扳机"这一行为。而且，是不是要实施这一行为，正好取决于行为人的主观。也就是说，行为人的意思对因果经过有影响，这样去解释是有可能的。在此意义上，可以说在危险判断中考虑行为人的意思并非不可能。如果采取消极说的话，或许不能肯定发生了具体的危险，但是，反过来（无论意思如何）又可能会宽泛地承认发生了"一般的"危险。

−90−

−91−

---

〔124〕　内藤謙「構成要件の構造」月刊法学教室 15 号（昭和 56 年）60 頁。不能只依靠口供，要根据客观事实判断危险性。

〔125〕　宗岡嗣郎「客観的な未遂論と故意の体系的地位」九大法学 36 号（昭和 54 年）69 頁以下也指出，从"个人人权保障构成刑罚权力概念之基础的目的论观点"（92 頁）来看，"主观因素本身在犯罪认定过程中不能占主导作用（即没有客观事实证明）"（95 頁），"即使肯定主观的违法要素，只要正视主观违法要素最终只能通过外部事实加以认定这一点，就应该否定主观违法要素作为实体法的要件，就有必要目的论式地确立这样一种违法观，即违法评价的对象限定为外部的物理的侧面"（97 頁）。

〔126〕　佐伯·前出注〔33〕〔刑法講義〕188—189 頁。"即使是未遂犯，行为也包含着对法益的紧迫危险吗（……），在判断这一点的时候，即使不去问行为人的主观意图，大部分情况下也能做出判断（……），不问这个问题就无法判断行为有无危险性的情况，只能是极少数的例外情况。"（189 頁）

第三章　具体危险犯的处罚根据

第一节　历来学说的探讨

作为具体危险犯处罚根据的危险——具体的危险——到底应该怎么判断呢？

关于危险概念，其中最需要注意的，就是危险判断的基础的内容，本章将从这个角度来讨论这个问题。也就是说，本章要解决的问题是，判断具体的危险应该以什么范围的事实作为判断基础，应该根据什么基准来划定包含在判断基础内的事实范围。

学说中，这个问题因为与未遂犯处罚根据的危险内容的问题——特别是如何划定未遂犯与不可罚不能犯的界限的问题——有关，所以经常在未遂犯论中加以探讨。因此，本书也主要以未遂犯的讨论为素材展开考察。

第一款　一般的危险说

一　被称作"一般的危险说"的见解是指，将具体危险犯处罚根据之具体危险作为具体危险犯的客观成立要件，这种具体危险是根据行为的一般性质来判断的具有一般内容的危险。这种见解不是着眼于行为的"具体的"性质，而是"一般的"性质，可以说是站在了类型化地判断具体危险的立场。

在德国，这种一般的危险说为罗兰德（Woldemar v. Rohland）所主张。根据罗兰德的观点，在对行为进行法的评价之际作为判断基准的，是一般的概念（Allgemeinbegriff），也就是从行为的通常形态产生的一般性质，至于具体场合存在的特殊因素，不影响对行为作出的危险判断结论[1]。

---

〔1〕　Woldemar v. Rohland, Die Gefahr im Strafrecht, 2. Aufl. (1888) S. 11.

据此判断得出的危险就是一般的危险（die generelle Gefahr）。这个"一般的危险是危险犯的基础。因为，学说必须与立法者一样，不以个别的行为，而以整体行为的种类及其性质为问题"〔2〕。在具体场合，无论危险不发生还是不能发生，都能够肯定危险的发生，这一点，只要是区别地考虑一般的危险和特别的危险（die specielle Gefahr）〔3〕，就不能说是矛盾的〔4〕。

　　黑施纳（Hugo Hälschner）采用同种见解〔5〕。黑施纳指出："在具体场合，不因为没有发生结果，或者完全没有结果发生的可能性，这个行为的危险性（Charakter der Gefährlichkeit）就不存在了。因为，一个具体场合的性质，不能改变那个事实的一般的意义。"〔6〕

　　二　可以认为，这种一般的危险说的想法在于，危险不能纯粹客观地去判断，即便是具体的危险，也必须在一定意义上被"抽象地""一般地"判断。但是，一般的危险说中的这个"一般的危险"，其含义比字面上的还要抽象。即，一般的危险说舍去了具体案件中的特殊性，然后根据行为的一般性质——例如"让他人喝下毒药的行为"，先抽象掉毒药的品质、分量等，然后判断这个行为的危险性——来判断有没有危险，即使具体来看明显不可能发生法益侵害，也可以肯定发生了危险，这样的话，具体危险的内容就是被非常抽象地把握了。虽说是具体的危险，但实际上又不得不一般地·抽象地判断，可以说上述想法过度承认了"抽象化"的程度。因为，一般意义上存在危险，但是具体地来看完全没有危险的行为——例如，朝着数公里外海上游艇上的人开枪，"朝着人开枪的行为"明显是具有一般的危险的行为——也可能被肯定有具体危险，然后给予"重的"处罚，就不得不说是有疑问的〔7〕。另外，反过来说，即便不能说存在一般

-98-

---

　　〔2〕　Ebenda, S. 15.

　　〔3〕　Vgl. ebenda, S. 14. "具体的或特别的危险，是通过作用于原因的结果而形成的，法益侵害的现实可能性。"

　　〔4〕　Ebenda, S. 15f.

　　〔5〕　引用了 Woldemar v. Rohland, Die Gefahr im Strafrecht（1886）。

　　〔6〕　Hugo Hälschner, Das gemeine deutsche Strafrecht, Bd. II—2（1887）S. 598.

　　〔7〕　另外，冈本胜「「抽象的危殆犯」の問題性」法学38巻2号（昭和49年）82頁参照。

的危险，但具体地来看也可能是一种危险行为的场合——例如让重症糖尿病患者摄入一定量砂糖的行为——又被否定发生了具体危险，然后否定可罚性的话，想必也是有问题的。在法条上记载发生危险是构成要件要素的具体危险犯中，法条预定了裁判官要对危险进行判断，这意味着应该在充分考虑了具体案件的个性·特殊性基础上判断具体危险〔8〕。可以认为，在一般的危险说之中，具体危险犯处罚根据的具体危险被置换为了抽象危险。

　　三　即便在德国，这种一般的危险说也因为判断过于抽象化·一般化而遭受批判，没有得到支持。例如，洛克（Walter Loock）对一般的危险说有如下批判〔9〕：

　　（1）即便不能说有一般的危险，但具体来看也可能存在危险。

　　（2）一般危险的行为即便具体来看没有危险，也要被处罚〔10〕。

　　（3）一般的情况和特别的情况不可能被完全地区分。

　　（4）与法律的文义不一致。在以"现在对生命身体的危险（gegenwärtige Gefähr für leib oder Leben）"为要件的场合，如（彼时《德国刑法》第52条（强制状态）、第54条（紧急状态）、第176条（重猥亵罪）、第177条（强奸罪）、第255条（强盗恐吓罪），要求有具体的危险，但是在同样以"危险"为要件的具体危险犯场合，如第315条、第316条（交通危险罪）等，又只要求有一般的危险就足够，这是有疑问的。

　　（5）若是采纳一般的危险说的见解，就不得不承认"一般的侵害"这一概念。

　　——已如前述，这些批判不得不说是有决定意义的。在危险判断中，即使在某种意义上不得不进行"一般化""抽象化"，也要着眼于具体的行为进行"抽象化"，不能认为"抽象化"就是把行为的"种类"作为思考

----

〔8〕　Vgl. Schönke—Schröder—Cramer, Strafgesetzbuch, Kommentar, 19Aufl.（1978）Vorbem. §§306ff. Rdnr. 3.

〔9〕　Walter Loock, Der strafrechtliche Schutz der Eisenbahnen im Deutschen Reiche（1893）S. 60ff.

〔10〕　Vgl. auch, Hans Henckel, Der Gefahrbegriff im Strafrecht, str. Abh. Heft 270（1930）S. 46—50；G. HeinzAppel, Die Verbrechen der Gefährdung von Leib nach deutschen Recht, Diss. Köln（1930）S. 13—15.

问题的起点。即便必须承认"抽象化"，对于具体危险的判断，也要比一般的危险说的立场更加看重根据具体的各个案件来判断有没有危险。所以，并非"一般的危险"，而是"具体的危险"才是必要的。

-100-

第二款　具体的危险说——"事前判断"的立场

一　不像一般的危险说那样，以行为的一般性质为基准来判断具体的危险，而是结合具体案件来判断危险的见解，就是"具体的危险说"，该说主要是作为有关未遂犯处罚根据之具体危险的内容的一种学说——另外，可以认为"印象说"也是同样的立场。这些见解站在行为的时点——成为危险判断对象的事件发生的时点——主张以事前认识到了的具体事实为基础来判断危险。

二　李斯特认为，刑法的任务是法益保护，不法的实质是行为引起了法益侵害或危险，所以要从"事前"判断的观点来判断具体危险[11]。他的这种见解主要是在未遂犯论——所谓不能犯的问题——中被明确地加以展开。被称作"具体的危险说"的，就是这个见解。

根据李斯特的观点，危险本身就是结果，是发生在外界的状态。亦即，危险是现实存在的、在行为时一般能够认识的，或者在只有行为人知道的情况下出现的，接近于发生侵害的可能性（盖然性）状态[12]。

-101-

这个（具体的）危险对于未遂犯的成立来说是必要的，"没有危险的（绝

---

〔11〕　Vgl. Franz v. Liszt, Strafrechtliche Aufsätze und Vorträge, 1. Bd. u. 2. Bd.（1905）. Vgl. auch, z. B.，Eberhard Schmidt, Einführung in die Geschichte der deutschen Strafrechtspflege, 3. Aufl.（1965）S. 357ff. 此外也可以参照，莊子邦雄「リスト」木村亀二編・刑法学入門（昭和 32 年）83 頁以下，等等。

〔12〕　Franz v. Liszt, Lehrbuch des Deutschen Strafrechts, 21—22. Aufl.（1919）S. 118 f. 李斯特在不同版木的教科书中，对表述做了若干微妙调整。〔第 3 版（1888 年）〕"具体场合中接近于法益侵害的客观可能性是指，有主观（就暴露在危险中的人而言）理由的危惧存在状态。"（110 頁）〔第 6 版（1894 年）〕"接近于发生侵害的可能性是指，现实存在且行为时明确的情况下，根据不偏不倚的判断得出的，有理由的危惧存在状态。"（101 頁）〔第 9 版（1899 年）〕"接近于发生侵害的可能性（盖然性）是指，现实存在且行为时明确的，或者在只有行为人知道的情况下，根据不偏不倚的判断得出的。有理由的危惧存在状态。"（117—128 頁）〔第 12—13 版（1903 年）〕"接近于发生侵害的可能性（盖然性）是指，现实存在且行为时明确的，或者在只有行为人知道的情况下，根据不偏不倚的判断得出的。有理由的危惧存在状态。"（126 頁）

对不能的）未遂，不是未遂犯而是幻觉犯（Wahnverbrechen），是不可罚的"[13]。

关于这个危险的内容，还需要注意以下几点：第一，在判断的时候，不能随意地将行为予以一般化，而要考虑所有附随的特殊情况。这里，需要考虑的是具体的危险性。第二，判断的过程是，回到实行行为的时点进行事后的预测（die nachträgliche Prognose），其中要被考虑的，是一般可以认识到的或者只有行为人认识到的情况（事前 ex ante 的判断）。在否定事后 ex post 的判断这一点上，与费尔巴哈的旧客观说存在差异，实际上，在重要的案件中，与德意志帝国最高法院采取主观说得出的结论是相同的[14]。第三，站在实行行为时，如果考虑一般可以认识到的或只有行为人认识到的情况，认为不可能实现构成要件要素，特别是认为不可能发生结果时，未遂行为就没有危险而不可罚[15]。

李斯特的这种具体的危险说，还得到洛克[16]、克利克斯曼（N·Hermann Kriegsmann）[17]、亨克尔[18]、E. 施密特（Eberhard Schmidt）[19]、J. 梅尔（Johann Meier）[20]、尼克（Hans Herbert Nick）[21]等人的

---

〔13〕 Franz v. Liszt, a. a. O〔Anm. 12〕S. 119. 另外，大沼邦弘「未遂犯の実質的処罰根拠」上智法学論集 18 巻 1 号（昭和 49 年）82—84 頁参照。

〔14〕 例如，没有怀孕的女性实施的堕胎未遂行为，如果在行为时来看并非完全不可能是怀孕了的情况，则可以肯定可罚性，而且，针对死产的孩子是否构成可罚的杀人未遂，如果不能说对死亡结果是完全没有疑问，也是有可能成立的。——这样，具体的危险在相当大的范围内被承认了。

〔15〕 Franz v. Liszt, a. a. O〔Anm. 12〕S. 200.

〔16〕 Walter Loock, a. a. O.〔Anm. 9〕S. 178—180. 原则上，行为应该尽量根据完全个别的性质加以判断。在判断过程中，事前仅仅要考虑的是，行为人认识或可能认识的事实。这种认识可能性的标准是以平均的人的修养作合理的判断的，公务员等特殊职务的人，也会考虑他们职务上的特殊经验。

〔17〕 N. Hermann Kriegsmann, Wahnverbrechen und untauglicher Versuch. , Str. Abh. Heft 51（1904）S. 16ff. 一般的认识可能性的意思是，根据平均的注意程度就能够在事前认识。

〔18〕 Hans Henckel, a. a.○.〔Anm. 10〕S. 15—30.

〔19〕 Franz v. Liszt—Eberhard Schmidt, Lehrbuch des Deutschen Strafrechts, 26. Aufl.（1932）S. 157 f. 但是在客体不能的场合否定可罚性（S. 312 Anm. 5）。

〔20〕 Johann Meier, Generelle Gefährdungsdelikte, Diss. Erlangen（1935）S. 15.

〔21〕 Hans Herbert Nick, Gefahr und Gefährdungsvorsatz im Hinblick auf ein Gefährdungsstrafrecht, Diss. Marburg.（1937）S. 7.

支持[22]。

这一见解在日本也极为有力，在以前，除了小畴博士[23]、宫内博士[24]等，还有相当多数的支持者，这在第一章中已经谈到了[25]。

三　另外，在讲学上被称为"印象说"立场中的某些见解，也可以被认为与李斯特具体的危险说是同样的立场。

-102-

以 A. 霍尔恩（Arnold Horn）[26]、巴尔（L·v·Bar）[27]等作为先驱主张者的"印象说"被认为是这样的，在判断未遂犯的可罚性之际，以行为会给一般人的印象——也可以说是"危险感"——作为判断基准。但是，根据危险感的对象内容不同，又可以大致分为两种观点，即着眼于"法的妥当性的侵害"的立场和着眼于"法益侵害"的立场。

首先，就前者而言，最近在德国为耶赛克（Hans—Heinrich Jescheck）[28]、布莱（Hermann Blei）[29]、埃塞尔（Albin Eser）[30]等人所主张，已经占据了"通说"[31]地位。这种印象说重视行为人的主观因素，例如，因为行为是"行为人明显的反叛意思的表现"[32]，侵害·威胁了法的妥当性[33]，故奠定了未遂犯的处罚根据。这可以说是把上述"印象"本身作为处罚的

---

〔22〕　最近的类似见解有，Heinz schönwandt, Grundlagen der Strafbarkeit des untauglichen Versuchs, Diss. Göttingen（1975）.

〔23〕　小畴傳·日本刑法論総論（明治 39 年）105—106 頁、314—315 頁。

〔24〕　宮内裕「危険概念について」滝川博士還暦祝賀·現代刑法学の課題·下（昭和 30 年）760 頁。

〔25〕　本书第一章第一节第二款第二项一参照（原书第 16 页参照）。

〔26〕　Arnold Horn, Der Versuch, ZStW Bd. 20（1900）S. 309 ff.

〔27〕　L. v. Bar, Gesetz und Schuld im Strafrecht, Bd. 2（1907）S. 487ff.

〔28〕　Hans—Heinrich Jescheck, Lehrbuch des Strafrecht, Allg. Teil, 3. Aufl.（1978）S. 416.

〔29〕　Hermann Blei, Strafrecht, Ⅰ, Allg. Teil, 16. Aufl.（1975）S. 205f.

〔30〕　Schönke—Schröder—Eser, Strafgesetzbuch, Kommentar, 20. Aufl.（1980）Vorbem. §§ 22Rdnr. 17, 23, § 22 Rdnr. 65.

〔31〕　Hans—Heinrich Jescheck, Lehrbuch des Strafrechts, Allg. Teil, 2. Aufl.（1972）S. 401.

〔32〕　佐伯千仭·刑法総論（昭和 18 年）308 頁。

〔33〕　Vgl. Hans Dieter Freiherr v. Gemmingen, Die Rechtswidrigkeit des Versuchs, Str. Abh. Heft 306（1932）S. 167；Karl Salm, das versuchte Verbrechen（1957）S. 38, 45, 103f., 151；Hans Welzel, Das Deutsche Strafrecht, 11. Aufl.（1969）S. 62.

依据，也可以说是处罚行为无价值的一种想法。

然后，着眼于法益侵害的印象说，据说是"将危险说的想法进行了所谓社会心理学的转换"[34]。这种印象说是由麦兹格提出的[35]。可以认为，他的以下见解与李斯特具体的危险说的基本是相同的。

根据麦兹格的说法，未遂的可罚性界限首先要根据形式的观点来划定。也就是说，在欠缺法律上要求的主体、客体、方法、场所·时间及其他关系的场合，犯罪构成要件原本就不可能（von vornherein unmöglich）被实现，所以不可罚[36]。但在这以外的场合，是否成立可罚的未遂，应这样考虑，"对未遂进行处罚的前提在于，未遂行为对相关的实体性法益（das in Frage stehende materielle Rechtsgut）是危险的。按照刑法一般预防的目的，考察行为对他人造成的'印象'，得出法益安全受到动摇的结论就足够了"[37]。

-103-

——显而易见，麦兹格的这个见解是以李斯特具体的危险说为基础的一种想法。但是，当"法律上要求的主体、客体、方法、场所·时间及其他关系"欠缺时，以"不可能"实现构成要件为理由[38]——"构成要件

---

〔34〕 団藤重光·刑法綱要総論·改訂版（昭和 54 年）151 頁。

〔35〕 Edmund Mezger, Strafrecht, 3. Aufl.（1949）S. 387ff. Vgl. auch, Bünger, Über Vorstellung und Wille, als Elemente der subjektiven Verschuldung, ZStW Bd. 6（1886）S. 291ff., insb. S. 361f. ; Walter Loock, a. a. O.〔Anm. 9〕S. 47ff.

〔36〕 "但是，只有引起了该当构成要件的不法以及该当构成要件的危险时才是可罚的。……欠缺构成要件是为不可罚的未遂。"（Edmund Mezger, a. a. O.〔Anm. 35〕S. 396.）因此，对尸体开枪不成立杀人未遂，拿走自己的东西也不成立盗窃未遂，没有怀孕的人不成立堕胎未遂。另外，如果不是公务员，也无法成立公务员犯罪（的未遂）（S. 397）。

〔37〕 Ebenda, S. 397. 因此，扒手偶然伸进了空口袋一无所获的，也可能按盗窃未遂处罚。但是，在这种情况下，为什么不能以欠缺"法律上要求的……客体"为理由否定可罚性，还是有疑问的。

〔38〕 大沼邦弘「構成要件の欠缺と可罰未遂の限界㈠」成城法学 1 号（昭和 53 年）335 頁以下参照。"在麦兹格可罚未遂的'形式的划定'中，由于在其内部包含了考察是否存在法益侵害危险这一实质性判断，其内容已经转化为'实质的划定'。"（339 頁）关于麦兹格的违法行为类型的构成要件，请参照 Edmund Mezger, a. a. O.〔Anm. 35〕S. 173ff. 另外，还可以参照，下村康正「構成要件と違法類型」法学新報 61 巻 3 号（昭和 29 年）15 頁以下，等等。

的欠缺"〔39〕——否定了可罚性，在这一范围内，未遂的可罚性界限又是从"事后的"立场来划定的。在这个意义上，比起具体的危险说，麦兹格的见解更加限定了处罚范围——是否考虑行为人认识到的情况另当别论——但是，上述两个观点是怎样都被归入为印象说立场的呢？这是留有疑问的。

四　以上这个"具体的危险说"的特色，可以举出以下几点：

第一，可以认为，比起一般的危险说，这种见解更看重根据各个案件来判断具体危险。也就是说，并不是从类型上把握具体的危险，而是在具体案件的整体关联中具体地把握。然而，虽说是具体的判断，但既然要判断的是与侵害区别开来的危险，那么将一定意义上的事实进行"抽象化"就是不可回避的选择〔40〕。针对这一点，具体的危险说以"危险判断不是事后的判断，而是事前的判断"的逻辑来回应。

第二个特点是，具体的危险说是站在作为事后预测的事前判断立场。这里所说的事前判断，是指处于事后立场的判断者返回到行为时点——应

---

〔39〕　对于构成要件欠缺的理论，有这些研究。Georg Schüller, Der Mangel am Tatbestand, Str. Abh. Heft181（1914）；Hans Natorp, Der Mangel am Tatbestand, Str. Abh. Heft 204（1921）usw. 日本有这些，平場安治「構成要件欠缺の理論」法学論叢 53 卷 5・6 号（昭和 22 年）38 頁以下、54 卷 1・2 号（昭和 22 年）38 頁以下、3・4 号（昭和 22 年）21 頁以下、大沼邦弘「構成要件の欠缺と可罰未遂の限界」成城法学 1 号（昭和 53 年）313 頁以下、2 号（昭和 53 年）59 頁以下、7 号（昭和 55 年）69 頁以下，等等。在"形式地"划定了未遂犯的处罚范围的意义上——如果能以明确的形式贯彻下去的话——这个见解是有利于明确处罚范围的。但是，如果仅仅只是说要形式地划定处罚范围的话，还无法完全使得这个立场得以成立，需要有进一步的合理的根据来支持这种形式地划定处罚范围的说法。在日本学说中，关于构成要件欠缺的理论，有很多批判性的见解，但这些文献还是给予了积极的评价，佐伯千仭・三订刑法講義（総論）（昭和 52 年）302 頁以下、団藤・前出注〔34〕148 頁以下、中山研一・刑法総論の基本問題（昭和 49 年）234 頁以下、内田文昭・刑法 I（総論）（昭和 52 年）144—145 頁，等等。另外，这个见解有时会以所谓欠缺"本质的构成要件"——不包括"行为的目的物"——为由主张不成立未遂犯，但是，究竟什么是，在什么意义上（根据任何理由）可以说是"本质的"，这个不明确。另外，例如在"主体欠缺"的情况下，否定成立未遂犯的依据在于，可以侵害法益的行为人是被限定在一定范围内的主体的，所以，未遂犯也只能是在立法者设定范围内的主体才可能成立。但是，从这个见解的前段到后段，不具有逻辑必然的推导关系。因为也可以这样说，只要是"欠缺主体"的，就都是不可罚的，因为，如果不是这样的话，既遂场合不可罚的主体（非身份犯）就可以按照比既遂还轻的未遂来处罚，这就扩大了处罚范围，但这明显不符合限定主体的"旨趣"。

〔40〕　Vgl. Hans Henckel, a. a. ○.〔Anm. 10〕S. 46—50.

该作为危险判断对象的事件发生的时点——只考虑在这个时点认识到的事实。与此相对，事后判断是指，不受事件发生时点的认识可能性的限制，而考虑现实存在于该时点的所有事实。在李斯特的观点中，这个认识可能性的基准应该在于一般人，不过，这可以理解为是把判断的实质基准确定为（行为时的）一般人的危险感的立场。具体地说，例如，在将手枪指向人并扣动扳机的情况下，即使那个手枪事实上没有装填子弹，行为时一般人无法认识到这个事实，也要立即肯定开枪行为具有产生死亡结果的具体危险。反之，让重症糖尿病患者摄取含有大量糖分的食物的行为，（在行为时）一般人无法认识到糖尿病这种疾病的存在，就会否定让他人摄取食物的行为发生了健康障碍（如死亡）结果的具体危险。即使在后来判明被害人患上重症糖尿病这一事实（例如，被害人出现身体状态的恶化、死亡等），也不能动摇没有发生具体危险这种结论。因此，知道一般人不知道事实的行为人，根据这个想法就不能被处罚。但就具体的结论而言，这是有疑问的。

第三个特点在于，考虑到上面第二点可能会认为，即使是实行行为时一般人无法认识到的事实，如果被行为人认识到，李斯特认为对此还是要加以考虑[41]。具体来说，在前述糖尿病患者的例子中，行为时一般人不知道被害人患有糖尿病的事实，行为人却知道，这个事实就要被考虑，也就有可能承认发生了具体危险。

所以，可以认为，在李斯特看来要考虑的"只有行为人知道的事实"，归根结底还是存在于现实中的事实[42]。亦即，要被纳入考虑范围的，不仅仅是行为人"认为存在的事实"，还必须是现实存在的事实，在这个意义上，李斯特的见解处在"客观说"的范围内（另外，在危险判断中考虑上述那种事实也难说是危险内容的"主观化"）[43]。在前面糖尿病患者

-104-

---

〔41〕 Vgl. Franz v. Liszt, Lehrbuch des Deutschen Strafrechts, 6. Aufl. (1894) S. 184.

〔42〕 施密特明确讲到了这一点。Vgl. Franz v. Liszt—Eberhard Schmidt, a. a. O. 〔Anm. 19〕 S. 313, S. 314 Anm. 8.

〔43〕 通过包含行为人所认识的事实来判断危险，与其说危险的内容是"主观化"的，不如说也是"客观化"的。

的例子中，糖尿病这一事实是因为现实存在所以才被考虑，如果对方并未患有糖尿病，而行为人却以为他有的话，这样的事实是不会被考虑进去的[44]。

　　五　以上所述的具体的危险说，作为划定具体危险判断基础的基准，是否妥当呢？这里需要探讨的，是具体的危险说采取的事前判断这一立场。

　　根据李斯特的观点，基本上只能考虑在实行行为时一般能够认识的事实，但是，什么程度的事实又是一般能够认识的事实却未必清楚，所以这个基准存在不明确的疑问[45]。不过，这本身也被认为是无法从危险概念中彻底消除的疑问。

　　实际上，就具体结论而言，可能会有这样的问题：如果从事前判断的立场出发，以一般人的认识可能性为基准来划定判断基础的内容，那么具体的危险可能就是被相当抽象地加以判断了[46]。因为，只要事前从外部来看是不清楚的，就不属于一般能够认识的对象，那么很多事实都会被排除在判断基础之外。例如，内部已经完全变质，但是在外表上无法看出来

---

　　[44]　考虑行为人的认识情况，意味着对一般人（假设性）的认识情况进行修正·补充。这与例如芬格所主张的，以行为人的主观意思为基础的危险判断的立场是不同的。Vgl. August Finger, Lehrbuch des Deutschen Strafrechts, Bd. 1（1904）S. 303; ders., Der Versuch und der Vorentwurf zu einem Deutschen Strafgesetzbuch, Festschrift für Karl Binding, Bd. 1（1911）S. 248. Vgl. auch, Alexander Graf zu Dohna, Versuch, in: Reform des Strafrechts, hrsg. von P. F. Aschrott und Ed. Kohlrausch（1926）S. 96f. 在日本，例如中教授采取的是近似于直接考虑行为人主观意思的思考方式——中義勝「不能犯」同編·論爭刑法（昭和51年）122—123頁参照——但是，可以认为，这是将李斯特具体的危险说的内容进一步主观化了。这样一来，其与承认迷信犯不可罚的主观说不就没有什么区别了吗？在这个意义上，中山研一·口述刑法総論（昭和53年）384—387頁的批判，可谓是妥当的。如果像该书那样理解具体的危险说的内容的话，例如，行为人想让被害人吃下毒药，但不小心让被害人吃了旁边瓶子里的糖的话，由于行为人的主观想法（"我觉得这个物质是毒药"）不会被考虑，因此，也有可能认定是不能犯。当然，贴着毒药标签的瓶子里——例如，在行为人不知道的情况下被偷换——放了砂糖，然后行为人让被害人吃下的场合，情况是不一样的。

　　[45]　内田·前出注〔39〕253頁参照。Vgl. auch, Günter Stratenwerth, Strafrecht, Allg. Teil, Ⅰ, 2. Aufl.（1976）Rdnr. 216. 与之相对，平野龍一·刑法総論Ⅱ（昭和50年）326頁参照。

　　[46]　Vgl. Peter Albrecht, Der untaugliche Versuch（1973）S. 121f. 另外，平野龍一「因果関係について」同·犯罪論の諸問題（上）（昭和五六年）三五頁以下，虽然是关于因果关系的相当性的判断，但是指出一般人的认识可能性被过于狭窄地理解了这一点。该文献指出要以"细心的一般人""科学的一般人"为基准。

这一点，已经丧失了爆炸功能的手榴弹，行为人拉下安全栓扔到人身上的，还是要肯定发生了生命侵害的具体危险。于是这么说也不为过，根据具体的危险说的立场，可以从"手榴弹"中具有的一般危险性直接导出具体的危险。

如李斯特自己也谈到的那样〔47〕，根据具体的危险说所肯定的处罚范围也相当广，差不多只是发挥了这样的机能：排除掉根据主观说可以肯定可罚性事例中的部分事例。危险作为法益侵害的前阶段，并且具体危险的内容是比照法益侵害来确定的，难道不应该限定为法益侵害的紧迫可能性吗？但是从具体的危险说的立场来看，具体的危险变得过于抽象了，而且被认定的范围也过于宽泛了。

考虑到这种状况，站在与李斯特见解基本相同的立场，但加以修正，通过考虑更加具体的情况来判断具体危险〔48〕的见解——例如，希佩尔认为，在判断具体危险之际，不仅要考虑行为人认识到的事实，还要考虑在实行行为当时通过专业判断也可能认识到的事实〔49〕——被提了出来，也就是能够充分理解的了〔50〕。

李斯特自己也承认，在有一些场合不得不放弃事前判断的立场，也就是指，即便是事前一般人无法认识的事实，也有必要被考虑在内。换言之，在有一些场合，行为人知道的事实，即使事前不能被一般人认识，也要在危险判断之际作为被考虑的事实。可以认为，在这种"修正"背后，

---

〔47〕 Vgl. Franz v. Liszt, a. a. O〔Anm. 12〕S. 200.

〔48〕 Vgl. Witold Celichowski, Der Begiff der Gemeingefährlichkeit im Strafrecht, Diss, Göttingen (1897) S. 28f.; Kurt Gohdes, Die Grenze zwischen kriminellem und polizeilichem Unrecht, Diss. Greifswald（1923）S. 48.

〔49〕 Robert v. Hippel, Deutsches Strafrecht, Bd. 2（1930）S. 427f.; ders., Die allgemeinen Lehren vom Verbrechen in den Entwürfen, ZStW Bd. 42（1922）S. 527—529; ders., Die allgemeinen Lehren vom Vcrbrechen im Strafgesetzentwurf von 1925, ZStW Bd. 47（1925）S. 55 f. Vgl. auch, Friedrich Nowakowski, Das österreichische Strafrecht in seinen Grundzügen（1955）S. 45.

〔50〕 中野次雄·刑法総論概要（昭和54年）80頁指出，"如果以一般人为基准来考虑的话，一般人认识不到，但行为人能够特别地认识到有危险的话，即便行为人实施了这个行为，也可能被认定为没有危险"，考虑到这一点，"作为危险性判断的基础的事实，既不是该行为人也不是一般人能够认识到的事实，而是将一个深思熟虑的人放在行为人的立场上看，能够认识到的事实"。

潜藏着这样的"法感情"：有的行为人具有超出一般人的认识能力，或者认识到了一般人难以认识的事实，然后行为人利用这一点实施行为，如果认为这种场合的行为是不可罚的，会让人难以接受〔51〕。这恰好表明事前判断立场是有疑问的，事前判断的主倡者也不得不承认。而且，另一方面，即使通过那种"修正"能够确保得出妥当的结论，但是在下一次判断危险的时候，或者说将这种想法推而广之，会出现这种局面：行为人特别认识到的事实是否会包含在判断基础之内，取决于行为人是否实际认识到了那种事实的存在，也就是说，会产生这样的疑问，"要根据行为人的个体差异，来判断危险的有无，使得危险的客观性被否定"〔52〕。

　　一般人可能认识不到的特殊具体事实——例如，被害人罹患了某种特殊疾病——却被行为人认识到，然后他实施的行为导致了事件 A，在完全相同情况下，另一个行为人没有认识到那个事实，然后实施了完全相同的行为导致了事件 B，其间，可以认为这两种事件（结果）自身是存在差异的，但是，能够说这种差异是指法益侵害可能性的差异吗？不得不说这是有疑问的。如果具体的危险说认为 B 事件中没有发生具体的危险，那么对于 A 也必须同样认为没有具体的危险才对。A 和 B 之间存在的差异，只不过在于是否认识到存在特殊事实这一事实认识差异，像这样的差异应该不会在实际的案件经过中导致任何区别，因为危险判断的基础是发生在外界的结果事态，在结果事态一样的情况下，很难认为在 A 与 B 两种情形中判断出的危险结论有什么差异〔53〕。如果否定 B 事件中有危险，那么否定 A 事件中存在危险才是一以贯之的态度〔54〕。

　　但是，就具体结论而言，否定 A 事件中发生了具体危险，这应该难言妥当。毕竟，仅仅因为行为人认识到了一般人不能认识的事实，就不加以处罚，这种结论让人难以忍受。至少在这一点上可以看出，事前判断的立

－107－

---

〔51〕　Vgl. Hans Henckel, a. a. O〔Anm. 10〕S. 15 ff.

〔52〕　中野·前出注〔50〕80 頁。

〔53〕　李斯特的具体的危险，是"二元的"构成。

〔54〕　从这个观点来看，可以否定在危险判断中要考虑行为人所认识到的事实。大沼·前出注〔13〕113 頁，可以认为是这种看法。但是如后所述，这种立场在其他方面是有问题的。

场是不充分的，事前判断的主张者也承认这一点[55]（而且，在现实地发生了法益侵害的情况下，可以认为，在发生侵害的事实经过的前阶段发生了具体的危险）。此外，如果肯定 A 事件中发生了具体危险的话，对 B 事件也予以肯定才是贯彻到底的立场。——当然，要决定 A·B 两种场合是否有可罚性，还要取决于有无因果关系、责任（故意·过失）等，所以即使像上面那样去理解，也不会导致不适当的结论。

　　承认上述看法也就是承认只能站在事后判断的立场上去判断危险。也就是指，不仅事前一般人不能认识的事实，就连行为人也认识不到的事实，都要作为危险判断的基础。危险存在与否"无关于从外部来看能够被认识与否"[56]，从这种观点来看[57]，应该正面地承认事后判断的立场。

　　六　像上面那样去考虑的话，具体的危险说的事前判断立场就是有疑问的。可以认为，在德国，特别是对李斯特见解所作的批判，也是围绕这一点展开的[58]。

　　例如，卡迪奇卡（Ferdinand Kadečka）对李斯特见解有这样的批判：在李斯特见解中，危险这一决定性因素实际上已经被放弃了；没有装填子弹的手枪、误认为砒霜而混入酒中的砂糖，对人是绝对没有危险的；危险的有无与危险是否在行为时被认识到没有关系[59]。

　　卡迪奇卡的这个批判只有以事后的观点为前提才能成立。

———————————

　　[55]　另外，在维持事前判断立场的同时，也有通过将认识可能性的基准确定为"科学的一般人"等，来导出妥当结论的思考方法。只是，从这个立场来看，例如，如果被害人有特殊疾病，那么有必要从外部来看必须知道这种病吗？——这样的话就不能解决问题了——根据诊断结果就可以判明吗？这些问题不一定很明确。如果从后者的观点来看，冲着空床开枪，手伸到空口袋里偷东西，手枪里没有子弹但仍然朝着人扣动扳机等，无论如何都是不能犯吧。

　　[56]　中野次雄「爆発物取締罰則一条にいう「使用」の意義」判例評論 213 号（昭和 51 年）48 頁。

　　[57]　Vgl. Hermann Schulz, Der begriff der Gefahr im strafrecht unter cresonderer Berücksichtigung der Polizelüber tretungen und der gemeingefährlichen Delikte, Diss. Münster（1905）S. 28；auch, Wilhelm Sauer, Grundlagen des Strafrechts（1921）S. 462ff.

　　[58]　Vgl. Paul Lehnkering, Der Gefahrbegriff und seine Bedeutung für die Beurteilung des strafrechtlichen，insbesondere des untauglichen Versuchs, Diss. Rostock（1920）S. 63.

　　[59]　Ferdinand Kadečka, Versuch einer Revision des Versuchsbegriffs, MSchrKrimPsych Bd. 19（1928）S. 130 f.

另外，弗兰克也从另一个角度——所谓客体不能的场合——指出了李斯特见解中事前判断的问题性。"在行为当时被害人已经死亡，但是行为人可能没有认识到这一点，仍然实施加害行为，李斯特认为这成立可罚的杀人未遂。但是，他的理论推导这样的结论，其实存在破绽。因为，死人不可能受到生命危险。"[60]

施密特修正了李斯特的见解，然后否定上面客体不能的事例成立可罚的未遂[61]，这表明他认为那些批判是妥当的[62]。

在日本，也有学者如泷川幸辰博士对具体的危险说进行了批判[63]，而且也可以理解为与上述批判是相同的主旨[64]。

尽管有这些批判，作为具体的危险说基础之事前判断的立场，还有以下若干值得注意的地方。

已如前述[65]，恩吉施认为，行为要违反的规范的内容应当在行为时被确定下来，从这种观点来看，尽管有上述那些批判，但是构成规范内容的危险判断应该是事前判断[66]。

---

〔60〕 Reinhard Frank, Das Strafgesetzbuch für das Deutsche Reich, 18. Aufl. （1931） S. 89. Vgl auch, Peter Albrecht, a. a. O. 〔Anm. 46〕 S. 14.

〔61〕 Franz v. Liszt—Eberhard Schmidt, a. a. O 〔Anm. 19〕 S. 312 Amn 5. ——佐伯博士认为，可以"通过将危险视为对现实法益的客观威胁，以达到阻止刑法过度主观化的目的"。佐伯·前出注〔39〕314 頁注——参照。另外，施宾德尔也承认，特别是对于行为客体，要从事后的立场进行判断。Vgl. Günter Spendel, Zur Neubegründung der objektiven Versuchstheorie, Festschrift für Ulrich Stock （1966） S. 105f.

〔62〕 施密特对李斯特说进行了这样的批判：李斯特将客体不能的场合包含在未遂中，将行为时客体存在的不确定性解释为危险。这是一种谬误。之所以这么说，是因为行为是否会给客体带来危险这一问题，是以客体的存在为前提的。也就是说，在追问行为是否给客体引起危险这一问题之前，必须先肯定存在客体。李斯特忽略了这一点，他不是现实中存在的客体，而是以客体存在的可能性来判断危险，由于客体存在的可能性取决于行为人或判断者的主观方面，这明显会招致危险概念的主观化。Vgl. Franz v. Liszt—Eberhard Schmidt, a. a. O 〔Anm. 19〕 S. 312 Anm. 5.

〔63〕 泷川幸辰博士认为，在"相信装有子弹的手枪，实际上用空手枪射击的场合，相信怀孕而实际上没有怀孕的妇女进行堕胎的场合"，"实际上不存在客观的危险"。滝川幸辰·改訂犯罪論序説（昭和 22 年）196 頁。

〔64〕 另外，滝川春雄「不能犯」阪大法学 2 号（昭和 27 年）101 頁参照。

〔65〕 本书第二章第二节第一款第二项二参照（原书第 74 页参照）。

〔66〕 Vgl. Karl Engisch, Die Kausalität als Merkmal der strafrechtlichen Tatbestände （1931） S. 55—57. 要考虑行为时在行为的场所行为人知道的情况，以及深思熟虑的人能够认识的情况。恩吉施认为，虽然要以行为人的认识·认识可能性为基础，但是不必特别考虑因行为人认识能力不足导致的界限不明的情形。

-109-　　这种见解是将违法性理解为事前的行为规范违反，但实际上，这也只是这样的一种立场：将想要处罚的对象确定为，事前来看应该能够产生结果的结果引起行为。例如，在杀人罪的场合，要处罚的结果引起行为是"杀了人"的行为，然后这个行为被认为是，事前来看能够被认为是可以导致人死亡的行为。不得不说这种想法是有问题的。因为，只有让人现实地死亡，才能称之为"杀了人"。从这个意义上来说，即使将违法性理解为违反行为规范，也应该认为是事后判断得出的[67]，违反了结果引起行为的禁止规范。

　　即便是危险犯，也应当在发生了刑法想要防止发生的危险这一结果事态之际，通过科处刑罚，能够达到防止这种结果事态再次产生进而实现法益保护目的之时，才使用刑法。为了防止结果的发生，所以处罚可能导致结果发生的行为，其实就是指，同样的行为虽然在这次没有导致结果发生，但是在下次却有可能导致结果发生，所以以此为理由处罚这样的行为。实施了杀人行为却没有把人杀死的行为人，被按照杀人既遂处理当然是不妥当的，同样道理，只有在发生了刑法要抑制的结果之际，才可能以为了防止结果发生为理由使用刑法。在侵害犯的场合，由于侵害是明确易认的，采取事前判断倒没有多大必要，不过在危险犯中，作为结果的危险的内容是不明确的，这就使得以"过度看重预防"为基础的事前判断立场有机可乘。但是，无论侵害犯还是危险犯，在为了防止发生一定结果的这一点上，是具有相同构造的，唯一存在的差异不过是想要防止的具体结果，一方是侵害法益，另一方是危险罢了。在这个意义上，恩吉施所说的那种事前判断立场，基本上也难逃被批判的命运。既然危险和法益侵害都是刑法要防止发生的"结

-110-果"，想必也应从事后的立场来判断[68]。并且，前面已经谈到了，这种应该在事后确定的"结果"的内容，如果也是在事前的立场——这个意义的

-111-事前判断在具体的危险说中成为问题——来决定，就也是有问题的。

---

　　[67]　这里指出了"违法判断的事后性原则"。Vgl. Edmund Mezger, a. a. O.〔Anm. 35〕S. 162 Anm. 3. 佐伯·前出注〔39〕181 页。

　　[68]　山中助教授认为，应该"通过事后判断来保障危险判断的客观性，强调结果无价值而非行为无价值"。山中敬一「帮助の因果関系」関西大学法学論集 25 巻 4·5·6 合併号（昭和 50 年）250—251 頁。

第三款　客观的危险说——"事后判断"的立场

一　在判断具体危险的时候，不是从事前的立场出发，而是从事后的立场来划定判断基础的内容的，就是"客观的危险说"。该见解不像前款讨论的具体的危险说那样，以事前的认识可能性为基准划定判断基础的内容，而是从事后的立场出发，根据某种基准将一部分事实置于考虑之外——否则就可能是，只有在发生了法益侵害的情况下才能肯定发生了危险——来划定判断基础的内容（立足于"抽象化"的事后判断）。

这种见解被认为以前由默克尔（Adolf Merkel）[69]、布什（Oskar Busch）[70]、舒尔茨（Hermann Schutz）[71]、棱克林格（Paul Lehnkering）[72]等人主张[73]，在最近，由施罗德[74]、加拉斯（Wilhelm Gallas）[75]、鲍克曼（Paul Bockelmann）[76]、E. 霍恩（Eckhard Horn）[77]、许逎曼（Bernd

[69]　Adolf Merkel, Lehrbuch des Deutschen Strafrechts（1889）S. 42—44. 但是，引起一定被害结果的行为的性质成为问题的场合——如未遂犯——则只考虑行为时行为人知道的情况。

[70]　Oskar Busch, Gefahr und Gefährdungsvorsatz in der Dogmatik des modernen Strafrechts（1897）S. 25.

[71]　Hermann Schulz, a. a. O〔Anm. 57〕S. 9, 29.

[72]　Paul Lehnkering, a. a. O.〔Anm. 58〕S. 6.

[73]　另外，实际上这些文献也被认为是站在相近的立场。Adelheid Heilbrunn, Der Schutz vor Gefährdungen von Leib und Leben der Einzelpersonen im geltenden Strafgesetzbuch und in den Strafgesetzentwürfen, Diss. Köln（1933）S. 1—12；Karl Alfred Hall, Die normativen Tatbestandselemente der Aussetzung, SchwZStr Bd. 46（1931）S. 340f.

[74]　Horst Schröder, Die Gefährdungsdelikte im Strafrecht, ZStW Bd. 81（1969）S. 8—14. 施罗德认为，危险判断只能适用相当因果关系说的这种想法是不可取的。例如，在发生结果之际，因为存在结果发生的条件，所以当然也承认危险的存在，但这被认为是归结于条件说的想法。

[75]　Wilhelm Gallas, Abstrakte und konkrete Gefährdung, Festschrift für Ernst Heinitz（1972）S. 177—180.（对该文献的介绍—生田勝義·立命館法学 1979 年 5 号 656 頁以下。）加拉斯区别了两种危险。在作为行为无价值的危险（Gefährdung als Handlungsunwert）之中，要考虑行为人能够知道的事前的情况，与之相对，在作为结果无价值的危险（Gefährdung als Erfolgsunwert）之中，有必要考虑事后能够获取的知识。

[76]　Paul Bockelmann, Strafrecht, Allg. Teil, 2. Aufl.（1975）S. 143f.

[77]　Eckhard Horn, Konkrete Gefährdungsdelikte（1973）S. 79, 81, 82, 85, 87, 97, 104, 106, 108—119. 从违法论上采取行为无价值一元论的立场来看，危险是客观的处罚条件，然后这样去理解，"所谓危险，是指已经在经验上属于一定侵害的原因，但是，不能说明不是侵害原因（Nicht-Ursache）的事实关系"（S. 191）。Vgl. Rudolphi—Horn—Schreiber, Systematischer Kommentar zum Strafgesetzbuch, Bd. II, Bes. Teil（1980）Vor § 306 Rdnr. 7〔Eckhard Horn〕，否定了抽象化。

Schünemann）〔78〕、德穆特（Hennrich Demuth）〔79〕、沃尔特（Jürgen Wolter）〔80〕等人有力地主张〔81〕。〔82〕〔83〕

　　不过，除了霍恩、许迺曼、德穆特、沃尔特等学者，对于事后判断立场中的"抽象化"问题，其他学者的态度不明确，"抽象化"也因此成为事后判断立场中最有争议的一点。

　　二　在19世纪的德国，作为解决不能犯问题而被有力主张的"旧客观说"和"客观的危险说"都是从事后的立场来判断危险的。

　　根据客观的危险说，不能犯是不可罚的，而将这种学说引入德国刑法学的，被认为是费尔巴哈（P. J. A. Feuerbach）〔84〕。〔85〕他站在犯罪是侵害权

---

〔78〕　Bernd Schünemann, Moderne Tendenzen in der Dogmatik der Fahrlässigkeits—und Gefährdungsdelikte, J A 1975, StR. S. 210 ff. 后面会谈到许迺曼的基准。

〔79〕　Hennrich Demuth, Der normative Gefahrbegriff, Ein Beitrag zur Dogmatik der konkreten Gefährdungsdelikte（1980）S. 106f. , 184ff. "危险是通常的预防受害手段已经无法控制的法益威胁"（S. 218）。

〔80〕　Jürgen Wolter, Konkrete Erfolgsgefahr und konkreter Gefahrerfolg im Strafrecht—OLG Frankfurt, NJW 1975, 840, JuS 1978, S. 748 ff. ; ders. , Objektive und personale Zurechnung von Verhalten, Gefahr und Verletzung in einem funktionalen Straftatsystem（1981）S. 223ff. 考虑所有事后能够确定的情况。（JuS 1978, S. 754）。

〔81〕　Vgl. Vital Schwander, Die Gefährdung als Tatebestandsmerkmal im schweizerischen Strafgesetzbuch, SchwZStr Bd. 66（1951）S. 450; Hans Welzel, a. a. O. 〔Anm. 33〕S. 47; Reinhart Maurach—Heinz Zipf, Strafrecht, Allg. Teil, Teilband I, 5Aufl.（1977）S. 234f. Vgl. auch, Claus Roxin, Gedanken zur Problematik der Zurechnung im Strafrecht, Festschrift für Richard M. Honig（1970）S. 139 Anm. 18; Günter Stratenwerth, Bemerkungen zum Prinzip der Risikoerhöhung, Festschrift für Wilhelm Gallas（1973）S. 230, 233（介绍论文，山中敬一·龍谷法学10卷4号〔昭和53年〕127页以下）; ders. , a. a. O. 〔Anm. 25〕Rdnr. 219.（但是，没有谈到具体危险犯。）另外，Eberhard Schmidhäuser, Strafrecht, Allg. Teil, 2. Aufl.（1975）S. 207f 指出，危险和认识是两码事。

〔82〕　据罗克辛所说，最近的研究表明，具体危险的判断必须考虑事后 ex post 能够认识的事实关系。Vgl. Claus Roxin, a. a. O〔Anm. 81〕

〔83〕　Vgl. dagegen, Karl Lackner, Das konkrete Gefährdungsdelikt im Verkehrsstrafrecht（1969）S. 16—19, insb. S. 18 Anm. 43; Detlev Chr. Dicke, Zur Problematik des untauglichen Versuchs, JuS 1968, S. 157 ff.

〔84〕　在以前的德国，主观倾向非常强，对于不能犯的事例一般都是加以处罚的。Vgl. Heinrich Lammasch, Das Moment objektiver Gefährlichkeit im Begriff des Verbrechensversuchcs（1897）S. 1. Anm. 2; Georg Schüller, a. a. O. 〔Anm. 39〕S. 3ff. ; Friedrich Schaffstein, Die Allgemeinen Lehren vom Verbrechen in ihrer Entwicklung durch die Wissenschaft des gemeinen Strafrecnts（1930）S. 157ff, ; Franz v. Liszt—Eberhard Schmidt, a. a. O. 〔Anm. 19〕S. 309 f. 另外，关于不能犯的学说，

利的立场上[86]，针对未遂犯——不能犯——的问题，提出了以下见解[87]。

"有意引起完整犯罪的外部行为（unternommes Verbrechen, conatus delin-quendi im weitern Sinn）在以下情况受到处罚：（一）没有发生既遂，但不是因为自由意志的变更所致，而是因为外部的障碍导致；（二）根据该行为外部性质（直接或间接、或多或少）来看行为人想要实现哪个犯罪，站在行为与这个犯罪的因果关系[88]的立场来考察，可以肯定有客观危险的时候。"[89]

（接上页）日本有以下研究：小野清一郎「刑法総則草案に於ける未遂犯及び不能犯」同・犯罪構成要件の理論（昭和28年）277頁以下，西山富夫「ドイツ刑法思想の発展と未遂・不能犯」名城法学4巻（昭和29年）2号1頁以下、3・4号29頁以下、5巻（昭和30年）1号15頁以下，大沼・前出注〔13〕63頁以下、宗岡嗣郎「客観的未遂論の原像」法政研究48巻2号（昭和56年）297頁以下，等等。顺带一提，西山教授对不能犯的问题发表了一系列的研究，「不能犯の理論」法政研究21巻1号（昭和28年）71頁以下、「わが国における刑法思想の発展と不能犯」法政研究21巻3・4号（昭和29年）41頁以下、「不能犯問題の現状とその解決」名城法学11巻2・3号（昭和36年）1頁以下、「黎明期の不能犯判例史」名城大学創立20周年記念論文集（法学編）（昭和41年）54頁以下、「リストと具体的危険説」名城法学18巻2号（昭和44年）1頁以下、「近代刑法理論の形成期における不能犯の学説および判例史」名城法学19巻3・4号（昭和45年）1頁以下、「未遂犯の違法性と責任性」井上正治博士還暦祝賀・刑事法学の諸相・上（昭和56年）73頁以下，等等。

〔85〕　Vgl. z. B. Eberhard Schmidt, a. a. O〔Anm. 11〕S. 232 ff. ; Erik Wolf, Grosse Rechtsdenker, 4. Aufl.（1963）S. 543 ff. ; Max Grünhut, Anselm v. Feuerbach und das Problem der strafrechtlichen Zurechaung（1922）; Knut Amelung, Rechtsgüterschutz und Schutz der Gesellschaft（1972）S. 28 ff. ; Ger-not—Schubert, Feuerbachs Entwurf zu einem Strafgesetzbuch für das Königreich aus dem Jahre 1824（1978）.〔ゲルノート・シューベルト（山中敬一訳）・1824年バイエルン王国刑法典フォイエルバッハ草案（昭和55年）。〕另外，伊東研祐「法益概念史の再検討─方法論的・目的論的法益概念の登場まで」金沢法学23巻1・2合併号（昭和56年）131頁以下，等等。还有，木村亀二「フォイエルバッハ」同編・前出注〔11〕45頁以下、山口邦夫「フォイエルバッハの刑法理論─その理論的基礎の批判的考察─」同・一九世紀ドイツ刑法学研究（昭和54年）3頁以下参照。此外，ラートブルフ（菊池英一・宮沢浩一訳）.一法律家の生涯（昭和38年）参照.（巻末指示了可以参照的文献）。

〔86〕　例如，内藤謙「刑法における法益概念の歴史的展開（一）」東京都立大学法学会雑誌6巻2号（昭和41年）225頁以下参照。

〔87〕　Vgl. Ernst Delaquis, Der untaugliche Versuch（1904）S. 63 ff. 另外，大沼・前出注〔13〕67—70頁、宗岡・前出注〔84〕319頁以下参照。

〔88〕　这个"因果关系"是指，结果发生可能性意义上的"抽象因果关系""潜在的因果关系"。Vgl. Ernst Delaquis, a. a. O.〔Anm. 87〕S. 66f. ; Theodor Fabian, Abgrenzung von untauglichem Versuch und Putativdelikt, und Erörterung ihrer Strafbarkeit, Str. Abh. Heft 63（1905）S. 3f.

〔89〕　P. J. A. Feuerbach, Lehrbuch des gemeinen in Deutschland gütigen peinlichen Rechts, 4. Aufl.（1808）S. 43. Vgl. ders., Revision der Grundsätze und Grundbegriffe des positiven peinlichen Rechts, Bd. 2（1800）S. 267.

可罚性（bürgerliche Straftbarkeit）不可能（unmöglich）推导自没有违反外部权利的行为，行为只有在侵害权利或者给权利造成危险（从外部来看）的时候，才是违法的。不能只根据违法的意图就认定行为有违法性。处罚行为人将非毒药视为毒药下毒的行为，以杀人未遂罪追究针对尸体的杀人行为等，不仅混淆了道德和法律，也混淆了治安警察的处罚权和刑罚权，如果不区分这些，那么在巡礼时祈祷邻居被杀害的拜仁人也会被追究杀人未遂罪了[90]。

费尔巴哈的这个见解，虽然被认为是以事后判明的行为、客体的性质为标准来判断具体危险，但这个见解却没有明确回答什么范围的事实要被"抽象化"。"费尔巴哈将能够肯定可罚性的场合限定为，即使将行为以外的自然条件之一予以变动，但不变动行为自身，也依然可能发生结果的场合"[91]，是否可以这样理解另当别论，至少可以明白，在费尔巴哈的见解里，"危险"的内容是被相当严格地把握的。费尔巴哈没有明确谈到"抽象化"，如果认为他根本就不赞成"抽象化"，那根据他的见解，或许就没有能够成立未遂犯而被加以处罚的事例了。至少，未遂犯的处罚范围是受到相当限定的[92]。

在这之后，为了直接解决未遂犯彻底没有成立余地的疑虑，要对现实中存在的事实进行"抽象化"的看法得到了人们的认可。这是因为，在同样被认为是"不能"的东西中，"绝对的不能"属于应该否定可罚性的情形，但是为了与之区别开来，就导入了应该肯定可罚性的"相对的不能"这一概念。

这种将现实中存在的事实进行抽象化，也就是把"相对的不能"概念引入犯罪行为——手段·方法——概念中的，被认为是米特迈尔（C. J. A.

---

[90] P. J. A. Feuerbach, Lehrbuch〔Anm. 89〕S. 43 Anm. b.

[91] 大沼·前出注〔13〕69頁。还有，大谷实「不能犯（再論）」同志社法学 30 卷 2·3 号（昭和 53 年）23 頁参照。

[92] 主张严格判断危险的有，Ernst Traugott Rubo, Ueber den Versuch mit untauglichen Mitteln oder an untauglichen Objecten, Gs Bd. 17（1865）S. 1ff. 米特迈尔或贝尔纳、茨哈利埃认为的相对不能的事例中，其实只能是绝对不能（S. 34—38）。无论是方法不能还是客体不能都被否定了可罚性（S. 8f.）。Vgl. auch, Ernst Delaquis, a. a. O.〔Anm. 87〕S. 68 Anm. 1.

-119-

Mittermaier）[93]。[94]根据米特迈尔的说法，处罚未遂要具备两个客观要件：（一）存在犯罪行为所指向的对象（Gegenstand），并且该对象具备必要的性质；（二）存在具备法律要求的性质并且有导致结果之因果性的犯罪行为手段（das im Causalzusammenhange stehende verbrecherische Mittel）。[95]因此，虽然行为本身合乎目的，但具体来说没有发生结果的，仅仅是不充分的行为（例如，在毒药中混入了不会消除毒药的毒害性质，却会减少毒害效果的某种物质的场合），可以被认为是有可罚性的。然而，无论何种情况下都不可能实现行为人所意图犯罪的非合乎目的行为（例如，为了杀人而祈祷或者使用巫术，代替毒药使用砂糖下毒的场合）——因为欠缺上述要件（二）——就不可能被认为是有可罚性的[96]。另外，在不存在行为对象的情况下——因为缺少上述要件（一）——也要否定可罚性[97]。 -120、121

在上述米特迈尔的见解中，"抽象化"——相对的不能和绝对的不能的区别——仅限于犯罪的手段·方法[98]，但是在贝尔纳（Albert Friedrich Berner）看来，这也涉及犯罪的客体[99]。贝尔纳认为，在绝对不能的未遂中，"因为现实中没有开始实行（Anfang der Ausführung）[100]，所以否定可罚性。因此，方法的绝对不能——例如，虽然有杀害的目的，但使用白糖代替砒霜，或者使用魔法杖代替短刀这样的场合——和客体的绝对不能——例如，虽然想杀害他人，但行为客体却是影子·树桩·死体这样的场合——是不可罚的。与此相对，方法的相对不能——如有杀人为目的，给

---

[93] Vgl. Eberhard Schmidt, a. a. O.〔Anm. 11〕S. 288ff.

[94] 米特迈尔的见解发生了动摇。Vgl. J. Baumgarten, Die Lehre vom Versuche der Verbrechen（1888）S. 241ff. 另外，宗冈·前出注〔84〕346 页以下参照。

[95] C. J. A. Mittermaier, Beiträge zur Lehre vom Versuche der Verbrechen, Neues Archiv des Criminalrechts, Bd. 1（1816）S. 171f.

[96] Ebenda, S. 193—194.

[97] Ebenda, S. 194—199.

[98] Vgl. auch, P. J. A. Feuerbach— C. J. A. Mittermaier, Lehrbuch des gemeinen in Deutschland gültigen peinlichen Rechts, 14. Aufl.（1847）S. 76f. Vgl. Gustav Geib, Lehrbuch des Deutschland Strafrechts Bd. 2（1862）S. 308ff.

[99] Vgl. z. B. Eberhard Schmidt, a. a. O.〔Anm. 11〕S. 299ff.

[100] 实行不可能，是指连实行的开始都不可能。

予达不到致死量的毒药的这种场合——和客体的相对不能——如毒杀对象对毒药有抵抗力，或者枪杀对象穿着防弹背心这样的情况——则可以作为未遂而肯定可罚性[101]。

——像上面那样，从事后的立场出发，根据"客观"的基准划定可罚性界限，并且通过承认"相对的不能"——将存在于现实中的事实予以抽象化——来认定成立未遂犯的客观的危险说，还为查哈利亚（H. A. Zachariae）[102]、苏茨（Theodor Reinhold Schütze）[103]、舍勒（M. Scherer）[104]、科恩（Ludwig Cohn）[105]等主张[106]，在以前占据有力说的地位。

另外，以前普鲁士上级法院（Obertribunal）在未遂犯的判例中也采用了该立场[107]。

并且，奥地利有关未遂犯的判例也被解释为站在了这个立场上[108]，

---

[101]　Albert Friedrich Berner, Lehrbuch des Deutschen Strafrechts, 18. Aufl.（1899）S. 144ff.；2. Aufl.（1863）S. S. 166.

[102]　H. A. Zachariae, Die Lehre vom Versuche der Verbrechen, 1. Theil（1836）S. 239—252. 另外，宗冈·前出注〔84〕341页以下参照。

[103]　Theodor Reinhold Schütze, Lehrbuch des Deutschen Strafrechts auf Grund des Reichsstrafgesetzbuches（1871）S. 110.

[104]　M. Scherer, Ueber die Strafbarkeit des Versuchs am absolut untauglichen Objecte und mit absolut—untauglichen Mitteln, GS Bd. 29（1878）S. 485—505.

[105]　Ludwig Cohn, Die den untauglichen Versuch betreffende Plenarentscheidung des Reichsgerichts, GA Bd. 28（1880）S. 383.

[106]　Vgl. auch, Friedrich Oetker, der Versuch und die schweizerische Strafgesetzentwürfe, ZStW Bd. 17（1897）S. 53ff；Max Ernst—Mayer, Der Versuch, in: Die Reform des Reichsstrafgesetzbuches, hrsg. von P. F. Aschrott und F. v. Liszt, Bd. 1, Allg. Teil（1910）S. 324 ff；August Schoetensack, Verbrechensversuch, Festgabe für Reinhard v. Frank, Bd. 2（1930）S. 55ff.；ders. , Verbrechensversuch und Deutscher Strafgesetz—Vorentwurf, Festschrift für Karl Binding, Bd. 1（1911）S. 377 ff. usw.

[107]　1859 年 3 月 28 日判决指出，"所有场合中使用绝对不能的方法，与面向完全不存在的客体实施的行为一样，应当从可罚的未遂中排除出去"。（E OTr. GA 7, 819）。Vgl. auch, E OTr, GA 2, 822. 例如，窃取客体不存在之际否定重盗窃未遂行为的可罚性（1854 年 9 月 29 日判决），但是，投入不达致死量的毒物的行为却是可罚的（1854 年 11 月 16 日判决）。另外，宗冈·前出注〔84〕317—319 页参照。

[108]　1947 年 12 月 23 日奥地利最高法院（Der Oberste Gerichtshof）的判决，有如下判示："只有在任何情况下，该手段都不适合达成所期望的目的时，才能认定是手段不能导致的不可罚未遂。只是在具体的情况下，不适当的或数量上不充分的手段，并不会导致该手段导致的未遂丧失可罚性。即使在个别的情况下数量上不够充分，但从质上、抽象上来说，却是适合引起所期望的结果的手段，也应该视为不是不能的情形。"（SSt. XIX82. ）Vgl. auch, SSt. XIX 79；XXII 26；XXII 93.

而且在 1975 年 1 月 1 日实施的新刑法中被立法化 [109]。

在日本，这种客观的危险说曾经得到过有力的支持，而且如第一章所说，最近还存在"复权"的动向 [110]。

三　综上所述，从事后的观点来判断危险，最值得讨论的问题是，在不发生法益侵害的场合究竟如何得以肯定发生了危险，如何将现实中存在的事实予以"抽象化"。对于这一点，客观的危险说显示了什么样的见解呢？

正面肯定"抽象化"的，有关未遂犯的客观的危险说，通过区别"客体"和"方法"，分别探讨"不能"的问题来判断有无危险。在这个意义上，可以说危险是被"类型地"加以判断的。

客观的危险说的旨趣在于，将可能影响结果发生的各种事实以这种形式加以整理，然后据此判断危险的程度，不过要是绝对化地区别"客体"和"方法"就会滋生疑问。但是，这样的判断方法具有的意义在于，着眼于行为与"客体"的关系来非常具体地判断危险。其实，正是因为这种判断框架才认为客观的危险说可以限定处罚范围。

如上所述，客观的危险说是从行为与具体客体的关系来把握危险的一种立场，站在这一立场的学者，例如施瓦达（Vital Schwander）否认具体的危险和抽象的危险是盖然性的程度差异，而是通过这种判断立场给具体危险添加上事后的观点，使得具体危险与根据事前判断得出的危险呈现出质的差异。即，"当法益在后来现实地到达了各种有害条件的作用领域

---

〔109〕《奥地利刑法》第 15 条第 3 项这样规定："对于未遂以及未遂的参与行为，因为欠缺法律规定的行为人要件之一身的资格或者关系，又或者因为行为的性质、行为对象的性质，使得任何情况下行为的既遂都不可能的，不处罚。" Vgl. Otto Leukauf—Herberrt Steininger, Kommentar zum Strafgesetzbuch（1974）S. 145；Egmont Foregger—Eugen Serini, Strafgesetzbuch, 2. Aufl.（1978）S. 44. 另外，内藤谦・刑法改正と犯罪論（上）（昭和 49 年）92 頁以下参照。

〔110〕另外，皐一新熊，日本刑法論上卷（総論）（昭和 2 年）541 頁，以"依据事后审查能够明确之着手当时的事情，并且根据普通一般的判断"为立场，这样指出，"当该目的物完全不存在或者该手段完全无能，原则上可以承认未遂罪成立"。与之相对，牧野博士将"社会一般常识的""对完成犯罪事实的……感想"解释为危险，然后这样批评到，"采纳危险说的同时，又将危险判断应该考虑的事实范围，从纯粹客观地、ex post 地来限定，而且包含了实行行为以后的事实，可以说并非妥当"。牧野英一「未遂と事実の欠缺」同・刑法研究・第二（大正 10 年）70—71 頁。这样的话或许就不得不承认，"从未遂的纯粹客观性质来说，相对于犯罪完成而言，始终就是绝对不能的"。

（Wirkungsfeld）之际，或者只有通过特别的防止方法才使得法益能够从那里得到保护之时，具体的危险才是存在的"[111]。

类似的想法也体现在威尔哲尔[112]、兹普夫（Heinz Zipf）[113]等人的论述中[114]。

根据这样的立场，行为人认为躺在床上的人还活着，于是向那个人开枪射击，结果那个人实际上已经死亡，这种场合就要否定发生了具体的危险。

客观的危险说的"抽象化"基准当中，最需要注意的是"方法"的"不能"的判断。关于这一点，虽然不清楚采用了什么样的基准，但是有人指出可以这样去理解：在行为人所使用手段·方法的"质"属于关键的场合，其"量"的侧面就可以被"抽象化"[115]。例如，在想用药物毒死人的情况下，因为使用的药物是否有毒（性质上能使人致死的东西）这一点是关键——如果可以肯定的话，就可以肯定发生了危险——至于这种药物具体被使用了多少，就不用特别地当作问题加以考虑——所以，即使投毒没有达到致死量，也可以承认存在危险。

这样的判断是否过度"抽象化"[116]暂且不论[117]，但是采用上述这种基准，究竟以什么为根据，这一点尚不明确。尽管是毒药但只投入了致死量的数千、数万分之一的场合，尽管是一般用来食用的东西但数量异常偏多的场合，这两种场合有什么理由应该加以区分呢？在"质"的层面是一

---

[111]　Vital Schwander, a. a. O〔Anm. 81〕.

[112]　Hans Welzel, a. a. O〔Anm. 33〕S. 47.

[113]　Reinhart Maurach—Heinz Zipf, a. a. O〔Anm. 81〕事前判断，以及刑罚法规保护的法益进入到具体的危险领域（Gefahrenkreis），这对双方判断都是必要的。

[114]　山中教授认为，"脱离于具体的行为客体以一种极端地抽象化"的方式来理解危险，是不妥当的，转而认为应该在"和具体的行为客体的关系"上来把握危险。山中敬一「過失犯における因果経過の予見可能性について㈡・完」関西大学法学論集 29 巻 2 号（昭和 54 年）52 頁参照。

[115]　大沼・前出注〔13〕73 頁。另外，西山富夫「黎明期の不能犯判例史」名城大学創立 20 周年記念論文集・法学編（昭和 41 年）73 頁参照。

[116]　Vgl. Ferdinand Kadečka, a. a. O〔Anm. 59〕S. 130；Peter Albrecht, a. a. O〔Anm. 46〕S. 10；Robert v. Hippel, Deutsches Strafrecht〔Anm. 49〕S. 418f.

[117]　认为是具体判断的有，Fritz Kohn, Der untaugliche Versuch und das Wahnverbrechen, hinsichtlich ihrer begrifflichen Scheidung und ihrer Strafbarkeit, Str. Abh. Heft 53（1904）S. 37—46.

种危险行为，只要增加"量"就能引起侵害，这种想法是可能存在的，但其实没有什么必要。毋宁说，认为行为在"质"的层面是危险的，这种主张背后的根据可能还是在于"一般人的观点"。不管怎么说，只是陈述了几个具体的结论，但没有明确显示其基准，就必须说客观的危险说的内容·根据是不清楚的。

四　站在事后的立场来判断具体危险的场合，应该予以妥当解决的课题是，根据什么基准进行"抽象化"，到底应该怎么判断具体的危险。　　－123－

客观的危险说虽然从正面回答了这个问题，但是采用的抽象化基准的内容，却还没有被充分讨论，所以其根据也未必明确。这也是为什么产生了基准不明确、判断过于恣意等批判[118]。

既然要从事后的立场来判断具体的危险，阐明这一点就是难以绕开的课题。对于这一点，一直以来都没有进行充分的讨论，很难说给予了妥当的令人满意的解决方案。下一节将对以往的判例·学说进行批判性的探讨，对这一点（"抽象化"的问题——译者注）进行考察。　　－124－

第二节　具体危险及其判断

第一款　日本判例的若干探讨

在本款中，就日本判例到底是如何判断具体危险这一点，将以几个典型的、令人感兴趣的判决作为素材稍作详细讨论[119]。

---

[118]　Vgl. Ferdinand Kadečka, a. a. O〔Anm. 59〕S. 130；Hermann Roeder, Die Erscheinungsformen des Verbrechens（1953）S. 18.

[119]　在德国，即使从事前的立场来解释具体的危险——Vgl. Reinhald von Hippel, Gefahrurteile und Prognoseentscheidungen in der Strafrechtspraxis（1972）S. 104——也被认为是要非常具体地加以判断，但作为主要问题的，还是危险的"程度"。Vgl. RGSt. 10, 178；RGSt. 61, 362；BGHSt. 18, 271 usw. 联邦一般裁判所（Bundesgerichtshof）1963 年 2 月 15 日决定指出，危险是指"以确定的事实为基础的受害的可能性"（eine auf festgestellte tatsächliche Umstände gegründete Wahvscheinlichkeit eines schädigenden Ereignisses），对于这个危险概念，要求有"紧迫性"的含义。但是，该决定也指出，"'危险'这个概念，不能通过理论的方式予以正确地加以界定"（BGHSt. 18, 271）。Vgl. auch, Hennrich Demuth, a. a. O〔Anm. 79〕S. 111ff.

第一项　关于未遂犯的判例

一　在判例中，作为未遂犯处罚根据的具体危险到底是如何判断的呢？首先，举几个将有关行为客体的情况——存在·性质——进行了"抽象化"的判例，看一下其判断方法。

（1）大审院（第三刑事部）判决大正 3 年（1914 年）7 月 24 日刑录 20 辑 1546 页。

案件事实是，行为人将正在通过墓地的被害人 O 从后方扑倒，企图夺取其怀中物。原判决的证据没有证明 O 持有怀中物，因此上诉认为原判决存在不依据证据认定事实的违法现象。大审院根据以下理由认为原判决的拟律（法律适用——译者注）没有因为不依据证据认定事实而招致了违法结果，所以原判决结果是正当的。

"行人随身携带着物品是一般可以预想到的事实，企图夺取该物品事实的行为……有实害发生的危险，就此而言，行为当时被害人偶尔没有持有怀中物……尽管如此……也不妨碍以未遂犯加以处罚，故被害人 O 是否持有怀中物的问题，不对强盗未遂犯的构成有何种影响。"

在本判决中，"怀中物"不存在的（假定）事实，不在具体危险判断的基础之内。也就是说，客体存在本身被"抽象化"了。因为"行人"身上存在"怀中物"是"一般可以预想到的事实"，所以"有实害发生的危险"。在该案中，虽然不明确被害人是否现实地持有"怀中物"，但是按这个逻辑，即使被害人没有携带任何"怀中物"，也可以肯定发生了危险。这样来看，即使对该被害人而言不可能发生侵害的结果，但是这种行为对其他客体而言，如果一旦实施了，就可能发生结果，所以防止这种危险行为是必要的，或许这才是实质的理由。如果是这样，危险就是在行为与一般意义的客体的关系上来判断的。

如上所述，本判决不是在行为和现实特定的客体的关系上判断危险，而是在行为和"一般预想"的客体的关系上判断危险，这一点惹人注目。这样的立场也为其他判例所采用，具体体现在大审院（第四刑事部）判决昭和 7 年（1932 年）3 月 25 日新闻 3402 号 10 页[120]，东京高等裁判所判决昭和 28 年（1953 年）9 月 18 日高等裁判所判决特报 39 号 108 页[121]，福冈高等裁判所判决昭和 29 年（1954 年）5 月 14 日高等裁判所判决特报 26 号 85 页[122]，等等。[123]

（2）大审院（第二刑事部）判决昭和 21 年（1946 年）11 月 27 日刑集 25 卷 55 页。

案件事实是，被告人以盗窃肥皂为目的在仓库里物色，但是没有发现肥皂，因此没有达到目的。

"如果说盗窃犯在现场物色搜索盗窃目的物就是盗窃着手，结果因为没发现目的物而可以说没有盗窃既遂的话，那就是构成盗窃未遂罪。而且，如果能够说没有发现目的物是由于目的物不存在，那么就没有必要再去问是由于其他什么原因。"

本判决中和（1）一样，"盗窃目的物"（客体）不存在这一（假定）事实，被排除在危险判断的基础之外。（1）以客体之存在是"一般可以预

---

[120]　该案的事实是，在电车内，行为人想要窃取现金，将左手伸进巡查部长 Y 身着西服的上衣口袋内，但被 Y 发觉而没有实现目的。由于从判决事实中不能得知 Y 持有现金，所以被告人以原判决理由不充分、属违法判决为由提起上诉，但因为以下理由被驳回上诉。〔理由〕"即使现金不存在于他的口袋里，也绝对不是不能犯。穿西服的人口袋里带钱是通常的事例。"

[121]　该案的事实是，为了窃取财物，行为人在电车里将手伸进乘客 T 穿着的西服上衣胸口袋里，用手指把工资袋（实际是空袋子）稍微往外提了一点。〔理由〕"电车乘客在某个口袋里装有值得作为财物的某些东西是正常情况，所以即使像本案这样，偶然地右口袋里没有值得作为财物的东西……也不应该理解为是不能犯。"

[122]　该案的事实是，行为人想要窃取被害人 I 身着大衣右外口袋里的钞票，手伸进去取出了几张，结果只是碎纸片，没有实现窃取钞票的目的。而被害人因为是将钞票放在大衣的左外口袋里，才幸免于难。〔理由〕"通常人外出时携带钞票是普遍情况，所以即使碰巧被害人没有把钞票放在行为人瞄准的地方，也不应该以此认为就是盗窃的不能犯，而应该以盗窃罪的未遂犯来断定。"

[123]　最高裁判所（第三小法廷）判决昭和 26 年 5 月 8 日刑集 5 卷 6 号 1004 页参照。案件事实是，被告人等在船内合谋实施以"チミ赌博"为名实为诈骗赌博的违法行为，然后劝诱招揽客人，船客 K 下决心要使用千术来一决胜负，然后准备去船舱取钱参与赌博，但是在那个阶段被告人等被逮捕了，所以被告人等没有实现自己的目的。辩护律师抗辩称被害人 K 在那个时候没有赌资，所以被告人等是不能犯，但是因为以下理由被驳回了抗辩。〔理由〕"原判决认定被害人 K'去船舱取钱了'这一事实，但是没有认定该被害人没有赌资这一事实。其实，旅行中的船客携带一定的金钱，这是很常见的，或者说，即使没有钱也可以向其他人借，所以，偶尔发生本案这种情形，即使假定 K 没有携带供做赌金的钱财，骗取金钱这一结果的发生可能性依然存在。故而，认为本案是在明明没有诈骗的被害物品情况下就判决成立犯罪，进而主张是违法判决的理由并不成立。"

想到的事实"为理由，所以肯定发生了危险，与之相对，本判决则仅仅因为"在现场物色搜索盗窃目的物"就直接肯定发生了危险。具体结论是否恰当另当别论，但可以认为，这是一种将危险进行非常抽象的判断的立场。而且也可以认为，（1）是将重点置于行为来判断（具体的）危险，本判决可以说是进一步推进了这样的见解。

同旨的判例还有东京高等裁判所判决昭和 24 年（1949 年）10 月 14 日高等裁判所判决特报 1 号 195 页[124]等。

上述判例提出的问题是，客体不存在的时候应该怎么判断危险。这些判例显示的解决方法是，不根据行为与现实特定的客体的关系来判断具体的危险，而是根据行为与一般预想的客体的关系来判断具体的危险，并由此得出肯定的回答。而且，就客体问题而言，具体的危险说的方案也是站在事前的立场只要能够肯定有客体存在的可能性就够了。这样来看，上述判例与具体的危险说很有亲近性。根据这样的立场，要肯定"对死体的杀人未遂"[125]的可罚性，也就可以通过"一般预想到被害人还活着"（即在行为与被预想的客体的关系上肯定存在危险）这样的理由得以肯定。

另外，大审院（第一刑事部）判决昭和 2 年（1927 年）6 月 17 日刑集 6 卷 208 页这样讲道："就成立堕胎罪而言，要求在实施堕胎手段的当时，胎儿是保持了生命活力的，如被告人主张那样胎儿已经死亡的话，就没有堕胎罪的对象，即使实施了堕胎手术的，也不构成犯罪。"但这是旁论，而且《日本刑法》第 214 条堕胎罪不处罚未遂，所以探讨该案例的意义并不大。

二 有的判例是，在现实中存在客体的情况下，通过对客体所具备的具体情况·性质进行"抽象化"，然后认定存在具体的危险。

（3）广岛高等裁判所判决昭和 45 年（1970 年）2 月 16 日判例时报 592 号 105 页。

---

〔124〕〔理由〕"既然行为人是为了窃取放在米柜中的米而打开了米柜的盖子，就无论米柜中是否现实存放着大米，都对未遂犯的成立没有丝毫障碍，即使偶然原因米柜中确实没有现实存放大米，也不应该论以不能犯。"

〔125〕 广岛高等裁判所判决昭和 36 年 7 月 10 日高等裁判所刑集 4 卷 5 号 310 页参照。

案件事实是，被告人没有使用电钥匙，而是直接用连接电线的方法启动引擎，企图偷取汽车，但是由于汽车电池没电了，所以无法用这种方法启动汽车。

"停在路上的汽车，如果没有故障等特别情况的话，通常……（用本案的方法——作者注）……可以发动汽车的引擎并开动，然后将车盗走，所以，即便盗窃目的物之特定的汽车偶尔发生了故障，使用前述手段无法开动……也不能说是不能犯。"

在本判决中，汽车发生了"故障"这一事实被排除在危险判断的基础之外，由此肯定发生了具体的危险。理由就是，使用本案的方法，可以盗走"停在路上的汽车"。或许是这样的一种思考方法：即使使用本案的方法也无法盗走本案的汽车，但一般意义上这种方法是可以盗走"停在路上的汽车"的，所以有必要防止这样的行为在其他场合被实施。这其实是根据与（1）类似的观点来决定可罚性的有无。

（4）最高裁判所（第二小法庭）判决昭和 37 年（1962 年）3 月 23 日刑集 16 卷 3 号 305 页。

案件事实是，被告人想要杀害上了保险的 K 女（"因为遗传梅毒而有鼻缺损"）以取得保险金，使用 20 毫升容量的注射器往 K 女的两腕静脉一次次地注射 5 毫升的蒸馏水并合计注射了 30 毫升或 40 毫升的空气，但是没有达到致死量[126]，没有实现杀害的目的。第一审判决[127]和控诉审判决[128]都没有认定是不能犯。与之相对，虽然被告人提起了上诉，但最高裁判所不仅认为上诉理由不成立，而且在括号内认可原判决以及第一审判决作出的不属于不能犯的判断。

"原判决及认可原判决的第一审判决显示，即使像本案那样注射到静

---

[126]　空气栓塞的致死量是"70 毫升以上"（F 鉴定）或者"300 毫升左右"（N 鉴定）。但是，如果考虑到具体被害人的体制、健康状态等，即使注射的空气量在那以下也有可能导致死亡结果。

[127]　〔理由〕"根据两份鉴定可以明确，即使像本案那样注射的空气量在致死量以下，但结合被注射者的身体条件以及其他情况来看，也不能说绝对没有死亡结果发生的危险。"

[128]　〔理由〕"往人体的静脉里注射空气，无论其量多少，都是足以致死的极其危险的行为，这是社会一般观念……（略）……不仅如此，即使往静脉内注射的空气量低于致死量，根据被注射的对方的健康状态，也有可能导致死亡结果。"

脉内的空气量在致死量以下，但根据被注射者的身体条件及其他情况来看，不能说是绝对没有发生死亡结果的危险的，依据原判决出示的各鉴定书，这样的判断足以得到认可。"

本判决也是将客体的具体性质进行了"抽象化"。该判决认为，虽然该案中注射空气的行为没有导致 K 女死亡，但是在对其他人实施注射行为时，则不能否认死亡结果发生的可能性，所以也可解释为该判决采取了与（3）同样的想法。而且可以认为，这种想法超越了"这个客体""这种客体的平均值"，是在行为与"所有客体"的关系上判断危险[129]。若是如此，虽然本判决没有依据"不论量的多少往人体内注射空气都是足以导致人死亡的极为危险的行为……这样的社会一般观念"[130]。这一点是值得注意的。但是，从上述见解出发的话，其实就是在相当广的范围内认定存在危险[131]。

采取这种立场的还有，大审院（第三刑事部）判决昭和 2 年（1927年）12 月 3 日评论 17 卷刑法 93 页[132]、高松高等裁判所判决昭和 28 年（1953 年）11 月 18 日高等裁判所判决特报 36 号 25 页[133]等。结局是，能够被认为是不能犯的事例范围几乎等于没有，判例虽然说是站在了客观说的立场上，但是也完全可能遭到这样的批评："极端的客观说和极端的主观说在这里得出了一致的结果。"[134]

---

[129] 植松正·不能犯（综合判例研究丛书）（昭和 31 年）178 页参照。

[130] 注〔128〕参照。

[131] 大谷·前出注〔91〕45 页的观点是，"在空气注射事件的场合……或许作为不能犯才是妥当的"。

[132] 该案的事实是，行为人想杀掉被害人取得财物，将一种名为"不需猫"（猫イラズ）的老鼠药涂抹在食物上让被害人吃下，但摄入量没有达到致人死亡的量，而且被害人被迅速给予了治疗，所以没有发生死亡结果。〔理由〕"显而易见，在达到其一定量之际，由于服用者的体质及其他原因，往往会引起死亡的结果。"

[133] 该案的事实是，行为人为了达到杀人的目的，在装有约 320 克白开水的茶壶中注入了浓度 33% 的工业用盐酸 11.1 克，然后又在装有约 270 克茶水的水壶里注入了 5.4 克的同盐酸。盐酸被稀释后，散发了味道、臭气等，使得其没有被大量饮用。所以该案的问题是，行为是否为不能犯。判决表示否定。〔理由〕"在前述分量的白开水中注入了上述分量的浓盐酸，无论有多少人饮用，都不能认为绝对没有死亡结果发生的危险。……（略）……如本案的情况，盐酸注入茶水之后，即使认为被大量饮用的可能性较小，但也不能据此断言，绝对不会有人去大量饮用这个茶水。"

[134] 植松·前出注〔129〕179 页。

如上所见，判例没有根据具体的危险说来判断危险，而是采取了这样的立场：即使就"这个客体"而言不能发生侵害，但就"其他客体"而言是可能发生侵害的，因为有必要防止这样的行为，所以还是肯定发生了危险[135]。[136]值得注意，事前判断的想法是，站在行为时点来看的话，因为不可能知道客体的全部情况，所以只要在事前意义上能够承认可能存在招来法益侵害的事实，就得以肯定发生了危险。可以发现，判例的这种立场与具体的危险说具有同质性，能够认为判例采取的结论与具体的危险说的立场具有亲近性的根据就在于此。但是不同之处在于，判例超越了具体的危险说采取的一般观点，而是在预想了应有的所有事态基础上，肯定发生了危险，这样的话，判例这种"预防性的考虑"在内容上超越了具体的危险说。

－136－

　　三　以上的判例，倒不存在其他特别的问题，但值得注意，以上判例是通过将行为的情况——手段·方法——进行了"抽象化"，来肯定发生了具体的危险。

　　（5）大审院（第一刑事部）判决大正 8 年（1919 年）10 月 28 日新闻 1641 号 21 页。

　　案件事实是，被告人以杀害的目的，在味噌汁里混入含有毒药黄磷的杀鼠剂（アンチムーズ），因为被发觉而没有实现目的。原判决以杀鼠剂

---

　　〔135〕　另外，针对行为客体的情况，将诈骗罪中被骗者的情况进行"抽象化"的，可以看一下大審院（第二刑事部）判决昭和 3 年 9 月 17 日刑集 7 卷 578 頁。该案的事实是，被告人想要骗取被害人的金钱，并且还让第三人封口，结果第三人还是将事情真相告知了被害人，使得被告人最终没有实现骗取金钱的目的。〔理由〕"假若行为人以欺骗他人、骗取金钱为目的，然后实施了足以使得对方陷入错误的手段方法，就可以说是着手了诈骗的实行行为，即便在偶然的场合，对方因为特殊情况看破了骗局，从一开始就不会陷入错误，行为人没有实现骗取的目的……也应认为这种场合对方有陷入错误之虞……即，应该论以诈骗未遂犯。"另外，还请参照東京高等裁判所判决昭和 32 年 7 月 29 日東京高等裁判所刑時報 8 卷 8 号 247 頁等。

　　〔136〕　另外，在（4）这些判决中，或许也可以认为，不是在行为与"其他客体"的关系上承认危险存在，而是在行为与"这个客体"的关系上承认危险存在。即，不是考虑注射空气的行为对其他被害人有没有危险，而是针对该案中的被注射者而言，可能在这个被注射者处于其他身体状况，如健康状态并不良好的时候，注射空气的行为对这个被注射者而言是有危险的。也可以认为，判例就是以此为理由判决构成犯罪的。

的使用量没有达到致死量为由，判决不构成未遂罪〔137〕，但是经检察院上诉后，大审院撤销了原判决。

"原审认定杀鼠剂是一种毒药，使用杀鼠剂能够作为杀人手段并且具有达成目的可能性，如果这一点得以成立的话，尽管偶尔误用毒药分量没有达到致死量而没有实现杀人目的，也应注意的是，这其实相当于犯罪工具的使用手法太拙劣导致……即，不可不谓已达犯罪实行的着手阶段……不论其使用毒药分量是否能达到致死量，论以杀人未遂都具有相当性。"

在本判决中，杀鼠剂的使用量——没有达到致死量——被排除在危险判断的基础之外。这里的结论是，通过认定这样的事实存在，对人"使用"作为"一种毒药"的"杀鼠剂"，然后肯定发生了具体的危险。而且，该判决认为"偶尔误用毒药分量"应该被视为"犯罪工具的使用手法太拙劣"，其实这也可以被解释为是这样一种思考方法：因为有可能增加毒药的使用分量，这本身是有可能发生侵害结果的。

（6）最高裁判所（第三小法庭）决定昭和 35 年（1960 年）10 月 18 日刑集 14 卷 12 号 1559 页。

案件事实是，被告人使用有科学根据的方法尝试制造兴奋剂，但因为催化剂的量不达标，所以没能制作出成品。

"如果说可以认为是这样的情形，行为人企图制造兴奋剂，使用的方法有科学依据，使用了该药品，只要实施了该工序的话，本来是有可能成功制造兴奋剂的，只不过因为在那个工序中使用某种药品的量低于必要量，而没有得到成品的兴奋剂，但是如果行为人使用两倍或者三倍剂量的那种药品就可能成功制造出兴奋剂，那么，就应该将被告人的行为论以兴奋剂制造未遂犯。"

本决定和（5）一样，被使用药品的具体使用量——"低于必要量"——被排除在危险判断的基础之外。因为是基于有"科学根据"的方

---

〔137〕 从检察官的上诉意见可以大体看出，致死量是在 0.005 克到 0.2 克，被告人的使用量是 0.004 克。

法，而且"使用了该药品，实施了该工序"，由此得以肯定发生了制造兴奋剂的具体危险[138]。

本决定使用"如果行为人使用两倍或者三倍剂量……"这样的表述，表明本决定考虑的是改变一下药品的使用量会怎么样这种问题，也就是说，将具体存在的事实置换为其他假定的事实，然后肯定发生了危险。但是，增加药品使用剂量的实际可能性有多大，并没有被严格地加以判断[这一点和（5）是同样的]。在这个意义上，可以认为判例的危险判断是以物理的·科学的可能性为根据，同时也纳入了一般人的观点。可以说这个事实恰好佐证了这样的观点，即判例的判断基准历来就不太明确。

（7）最高裁判所（第三小法庭）判决昭和 27 年（1952 年）8 月 5 日裁判集刑事编 67 号 31 页。

案件事实是（自杀参与未遂的案件），H 女等人要实施自杀，被告人在明知 0.06 克的氰化钾一般能够致人死亡的情况下，将其提供给 H 女等人服下。但是，因为毒物的量少，而且被害人服毒后又呕吐了出来，医生也很快给予了治疗，由此使得死亡结果没有出现。另外，毒物的量少是指氰化钾的纯度低。

-138-

"原判决[139]认为 0.06 克的氰化钾通常达到了致死量，由于判决指出，将一定分量的氰化钾给予对方，对方也吞下了，既然如此，即使在本案的情况下，碰巧由于氰化钾的纯度偏低而最终没有导致死亡结果，也不是不能犯……（略）……所以不作与原判决相反的判断。"

可以认为，本判决（及认可的原判决）和（5）（6）一样，是将现实存在的具体情况（纯度低的氰化钾）置换为假定的情况（一般的氰化钾），然后由此肯定发生了危险。只不过，这种假定事实的存在可能性，似乎被认为是想当然就有的，没有特别地当作一个问题加以处理。结局就是，根

---

[138]　也有的案件是，行为人制造兴奋剂，但使用的原料是假货，然后判决否定发生了制造兴奋剂的具体危险，例如可以参照，東京高等裁判所判决昭和 37 年 4 月 24 日高等裁判所刑集 15 卷 4 号 210 页。

[139]　東京高等裁判所判决昭和 25 年 11 月 9 日高等裁判所判决特报 15 号 23 页。另外，根据鉴定，氰化钾的致死量通常在 0.05 克到 0.3 克，一般 0.15 克就可以致死，但是因为本案中的氰化钾纯度为 59.4%，所以致死量在 0.083 克到 0.5 克。

据具体的危险说判断危险而存在的疑问，在这里也存在。

四　如上所见，在判断未遂犯的具体危险的时候，判例认可的方法在于，站在客观立场的同时，将现实存在的事实置换为假定的被预想的事实。在这个意义上可以说，判例是在与这种假定事实的关系的意义上进行危险判断的。

另外，根据判例的立场，危险的内容就可以被认为是，超越了所谓对"这个客体"的危险，而且还包括了对"（一般预想的）其他客体"的危险[140]。在这个意义上也可以说，判例是站在客观的立场上，但又在相当广泛的范围内[141]肯定发生危险。据此可以认为，判例在采用客观的危险说的公式的同时，还根据具体的危险说的感觉处理案件[142]。

在对以上判例做这样的理解之后，可以发现，在这些判例中很难找出具体危险的统一概念。这被认为是由于判例所考虑假定事实的范围有广狭的不同。虽然也可以认为是犯罪类型的不同所致，但不得不说，判例的这种做法导致的结局是，可能在有些场合比具体的危险说还更广泛地肯定发生了危险[143]。

-139-

第二项　关于具体危险犯的判例

一　交通危险罪（《日本刑法》第 125 条）中的"交通危险"，判例

---

〔140〕 例如，将毒药混入食物让人吃下的场合，最高裁判所（第一小法廷）判决昭和 24 年 1 月 20 日刑集 3 卷 1 号 47 頁指出，不能"断定绝对不会有人吃下这个东西"，据此肯定发生了危险。这里采取的立场是，因为存在"不能断定绝对不可能"程度的可能性，所以肯定了具体危险，然后加以处罚。另外还可参照，最高裁判所（第三小法廷）判决昭和 26 年 7 月 17 日刑集 5 卷 8 号 1448 頁，高松高等裁判所判决昭和 27 年 10 月 7 日高等裁判所刑集 5 卷 11 号 1919 頁。还有，大審院（第二刑事部）判决明治 44 年 10 月 12 日刑録 17 輯 1673 頁，大審院（第二刑事部）昭和 8 年 7 月 6 日新聞 3598 号 8 頁，大審院（第五刑事部）昭和 12 年 12 月 22 日刑集 16 卷 1690 頁（尽管是自然灭火，但还是肯定成立放火未遂罪）。

〔141〕 参照上注。

〔142〕 但是，在能够解释为目的实现可能性不存在之际，就要否定成立未遂犯。例如可以参照，大審院（第五刑事部）判决昭和 2 年 6 月 20 日刑集 6 卷 216 頁（行为人为了避免抵押的不动产被拍卖，变造了债务人已经清偿部分债务的受领证，然后交给裁判所试图让裁判官以为清偿的事实是存在的，但还是没有实现这个目的），東京地方裁判所判决昭和 47 年 11 月 7 日判例タイムズ 288 号 303 頁（行为人捡到了一张划线支票，想用这张支票去银行领取支票面额上的钱款，但没有实现这个目的），等等。

〔143〕 植松・前出注〔129〕179 頁，植田重正「不能犯」平野龍一＝福田平＝大塚仁編・判例演習刑法総論（昭和 44 年）46 頁等参照。

是如何判断的呢？

（8）大审院（第二刑事部）判决大正 9 年（1920 年）2 月 2 日刑录 26 辑 17 页。

案件事实是，被告人在铁路轨道上放置了石头（并且还插入了同等程度的圆砾石）。电车把石头压碎了，然后照样前行。经鉴定，石头是软质的所以被压碎了，把石头放置在铁道上也就没有危险，被告人以此为理由提起了上诉[144]，但还是被驳回了。

"原判决认定，被告人 I 在野上轻便铁路的轨道上放置了长约 4 寸 5 分宽约 3 寸厚约 1 寸 5 分的石头……并且通过举出足以证明的证据，认定发生了电车交通危险的事实，据此可以明确，在被告人行为的作用下，发生了原判决所认定的危险程度的具体事实，应当构成前述法条之罪。"

可以看出，本判决仅仅是以"在轨道上放置了长约 4 寸 5 分宽约 3 寸厚约 1 寸 5 分的石头"这样的事实为基础，就判断得出发生了"交通危险"。完全没有考虑，这样的行为是对哪个客体、发生了什么样的危险这些问题。在这个意义上可以说，"交通危险"是被非常"抽象地"加以判断的。

–143–

（9）大审院（第四刑事部）判决昭和 2 年（1927 年）9 月 30 日新闻 2759 号 11 页。

这是将一个拳头大的石块放在铁路轨道上的案件。被告人援引鉴定[145]，主张根据石块的具体状态来看，没有发生危险，但判决不支持这种主张。

"虽然鉴定人在陈述中举出了不发生实害的情形，但是其陈述中也存在那种应能发生实害的情形，既然如此，就应该被认为是，将石块放在轨

---

〔144〕〔上告旨趣〕"进一步来说，放置的石头以及插入的石头因硬软程度的原因而被粉碎，那么就不能具体地判断得出该行为给电车的往来造成了危险，或者说不能具体地判断出其危险的程度"。

〔145〕〔鉴定〕"在轨道上放置的石头和车轮接触之际，如果石头很容易移动，就会从排障机或车轮上弹开，所以没有危险，而且如果石头下面的地基比较柔软，列车就会将石头压进地基然后通过，也不会有危险。但是，如果将石头稳固地卡在轨道上，列车的轮子就必定要与这个石头硬碰硬，这个时候就有危险，而且，如果是将石头朝着前进的方向按依次升高的模样放置，也容易发生危险。"

道的行为，不论该石块的位置如何，都是有实害发生之虞的行为，实施了这个行为的，就对火车的往来产生了危险。"

与（8）一样，本判决也是对行为——"轨道上放石块的行为"——进行"抽象的""一般的"判断，由此认定发生了"交通危险"。没有探讨应该探讨的，对哪个客体、发生侵害的可能性有多大这些问题。

（10）最高裁判所（第二小法庭）判决昭和 36 年（1961 年）12 月 1 日刑集 15 卷 2 号 1807 页。

在罢工运动中，被告人等没有接到业务命令就运行了电车，这就是所谓人民电车事件。原判决认定，被告人启动电车后，虽然运行的京滨线上没有其他电车存在，但给京滨线并行的山手线运行带来了若干影响，所以发生了"交通危险"，最高裁判所也对此表示肯定。

"原判决认为，《日本刑法》第 125 条第 1 项电车交通危险罪的危险是指'有可能妨碍电车安全通行的状态，即有发生颠覆、冲撞等事故可能性的状态'，然后认定被告人等共谋运行所谓人民电车的行为，导致了电车交通危险的发生，据此原判决以《日本刑法》第 125 条第 1 项加以处断。因此，可以明白，原判决的旨趣在于，被告人等认识到了判决指出的交通危险，并实施了这种犯罪行为。那么，原判决对这一点的判断是非常正当的。"

-144-

虽然对于本判决有很多需要探讨的地方，但需要特别指出的是，不同于该案的第一审判决，最高裁判所也认可的这个原判决，没有详细地探讨电车事故在什么情况下会发生、有多大的事故发生可能性[146]。这个意义上，完全可以将该判决归类为与（8）（9）相同的案例进行理解。

如上所述，对"交通危险"的判断，判例经常是针对行为进行"抽象

---

[146] 一审判决将造成运营中列车发生交通危险的情形，分为三类予以逐个探讨：（1）运营中列车自身脱轨倾覆、毁坏；（2）运营列车与其他列车发生冲撞，或者为了防止冲撞，发生了其他列车脱轨倾覆、毁坏；（3）因运行列车而发生与其他列车之间的碰撞。最后得出结论是，难以说发生了危险或者说"违法的危险"，否定成立交通危险罪。原判决排除了本案中管理机构的控制，违反业务命令运行列车，不能说是出于合法的业务行为，如果发生了事故的危险，就可以肯定成立交通危险罪，因为本案中有发生这种事故的危险，所以肯定成立了交通危险罪。

的""一般的"判断〔147〕，不是得出"必然地或者盖然地应能导致危害"〔148〕这个结论才肯定发生了危险，而是"即使电车还没有达到将要与障碍物发生冲撞的状态"〔149〕，也肯定发生了危险。与此相关，下面这个判决也很有意思。

（11）广岛高等裁判所松江支部判决昭和29年（1954年）12月13日高等裁判所裁判特报1卷522页。

案件事实是，在劳动争议事件中，被告人为了阻止列车的运行，切换道岔的转辙机使得轨道复归原位，不能接到另一轨道上。该判决根据以下的理由，否定成立交通危险罪，而仅仅是肯定成立威力业务妨害罪。

"被告人等切换道岔的转辙机使之复归原位的这种行为，一般抽象地来说都是会产生火车交通危险的行为，这是毋庸置疑的事实。"但是，被告人事前清楚地知道，一旦切换转辙机使得轨道不能相接的话，列车上的司机、乘务员都可以清楚地认识到发生了这样的状况，特别是，因为列车行进受到阻碍，轨道前后站了很多劳动工会会员，还有一些人横卧在轨道上，而且还打出了提示危险信号的红色旗帜，所以，行为人"确信火车绝对不会无视这些而继续前进"。即，就这些被告人而言，"当然没有引起列车交通危险的意图，而且，可能会引起列车交通危险的未必故意也是没有的，这样认定是有相当性的"。

在本判决中，行为被"一般抽象地"加以判断，由此得出发生"交通危险"是"毋庸置疑的事实"的肯定结论。可以说，这正是将"一般化"的"交通危险"行为进行"一般抽象的"判断的结果。但需要指出的是，就

–145–

---

〔147〕　也有的判例是，具体地判断"交通危险"，然后得出否定结论的。例如，最高裁判所（第一小法廷）判决昭和35年2月18日刑集14卷2号138页，这里记载的案件事实是，被告人为了阻止列车的通过，故意不去操作每隔4分钟或者5分钟就要操作一次的信号设备，对此判决否定成立交通危险罪，仅仅成立业务妨害罪，但是在考虑了"连动式自动闭塞机"这种信号设备的特性、运输规定以及业务员的训练、信号灯间的距离、视线、天气、时刻等因素的基础上得出结论的。另外，还可以参照，大分地方裁判所判决昭和39年10月30日下级刑集6卷9·10合并号1088页（考虑到炸药的爆炸可能性、威力，仅肯定成立未遂），京都地方裁判所判决昭和47年2月28日刑裁月报4卷2号421页，等等。

〔148〕　大審院（第一刑事部）判决大正11年12月1日刑集1卷721页。

〔149〕　大審院（第三刑事部）判决大正11年6月14日刑集1卷341页。

结论而言，本判决是通过认定行为人不具有故意才否定成立交通危险罪的。

但是，如果是"一般抽象地"把握危险，那么行为人具备故意的认识也应当是只要行为人认识到存在"一般抽象的"危险就足够，也就不应该还要考虑具体的事实。尽管如此，该判决在考虑了具体事实的基础上否定被告人不存在故意的做法，实质地来看可能还是意味着通过具体的判断否定发生了危险。本判决不是将危险的判断作为问题，而是通过故意认定的问题来处理，这也如实地体现了"交通危险"判断的抽象性。

二　下面再就放火罪中的"公共危险"的问题，做若干讨论。

在放火罪中，由于使用了"火"这一本身就被认为是具有相当"危险"的方法——火力弱的情形另当别论——所以方法本身的不充分并不会成为问题。

（12）大审院（第二刑事部）判决明治44年（1911年）4月24日刑录17辑655页。

案件事实是，在距离他人住户两间房屋的一处，堆放着他人所有的大量麦秆，被告人放火将其烧毁。被告人上诉的主旨是，"所谓公共危险是指《日本刑法》第108条或者第109条之物件处于要发生火势蔓延的现实状态"，在实施放火行为时"刚好西风朝着没有人家的水田方向吹，对现住人家而言就没有发生现实的危险"，但这种意见遭到了驳回。

"这里所说的公共危险是指，放火行为使得同条（指《日本刑法》第110条——作者注）规定的物件要发生的实害，通过放火行为，一般不特定的多数人会担心前述第108条及第109条的物件处于要发生火势蔓延结果的状态，倘若依据理性的判断，这种担心是存在的，即使当时没有物理上的理由担心火势蔓延，也不容对此判断提出质疑，因为物理现象始终是瞬间万变的，一时的现象不堪为绝对的真理，被告人放火烧毁距离他人住户两间房屋处的大量麦秆，即使如其所说当时风位处在他人的反方向，也不能够快速断定在物理上绝对不会有火势蔓延到人家之虞，但不容质疑的是，公众有理由担心火势蔓延到人家。"

本判决显示的态度是，不需要"有物理上的理由担心发生结果"，能够根据"理性的判断"，有理由"担心要发生火势蔓延结果"，就能够认定存在"公共危险"。这个意义上，可以说是使用了与具体的危险说立场相近的基准。

但是，这是以下述思考方法为支撑的：因为"物理现象始终是瞬间万变的"，所以"不能快速断定在物理上绝对不会有火势蔓延到人家之虞"。在这个意义上，可以认为是，通过将现实中存在的事实置换为"可能存在的"假设事实，在"物理上"可能发生火势蔓延的范围内肯定发生"公共危险"。在这个意义上，也可以说使用了与未遂犯的危险判断相同的手法。

下面举一个通过具体的判断否定发生"公共危险"的判例[150]。

（13）松江地方裁判所判决昭和 48 年（1973 年）3 月 27 日刑裁月报 5 卷 341 页。

–147–

案件事实是，被告人用火柴将道路东侧水田内架在稻跺上的稻束穗尖点燃，使得整个稻跺都被烧毁。公诉事实认定的是，被告人的行为对"稻跺西方 6.9 米处存在的前述 K 所有的麦秆束，以及在大约 9 米处存在的 I 所有的杂木山林，还有附近周围的山林，产生了火势蔓延的危险，进而发生了公共危险"。本判决对"本案犯罪行为现场的一般状况""'稻跺'的烧毁状况""火星的飞散状况""事件当日的气象状况"加以逐一探讨，根据以下得出的结论，否定了火势蔓延的可能性。

"综上所述来判断的话，东边的山林自不必说，对西侧的山林、南方相隔近 30 米的民房等，也不存在火势蔓延的可能性，这样理解是合理的。也就是说，终归还是很难承认发生了公共危险。因此，不成立针对建筑物等以外之物的放火罪。"

在本判决中，分别探讨了稻束、稻跺的燃烧方法、因风引起大火的可能性、竹子爆裂引起大火的可能性等，并据此否定不存在因火势蔓延进而酿成火灾的可能性。在这个意义上，可以说是进行了"客观的"判断。也可以理解是这样的想法：通过设定假定的事实，考虑在"物理上"是否可能发生火势蔓延的问题。

–148–

---

[150] 另外还可参照，静冈地方裁判所判决昭和 34 年 12 月 24 日下级刑集 1 卷 12 号 2682 页，名古屋地方裁判所判决昭和 35 年 7 月 19 日下级刑集 2 卷 7·8 合併号 1072 页，福冈地方裁判所判决昭和 41 年 12 月 26 日下级刑集 8 卷 12 号 1621 页，等等。

第三项　小括

如以上所显示的那样，判例是从客观的立场出发，同时又将现实存在的事实置换为假定的被设想的事实，去判断具体的危险。

但是，在这种判断中，危险的内容未必是同一的，而且也不能说是唯一明确的。另外，也可解释为，判例是将行为作为重点来判断危险的。

基于这样的事实，下面的课题就是探讨具体危险的内容及其判断方法。

第二款　"事后的"危险判断

一　作为具体危险犯处罚根据的具体的危险，究竟应该如何判断呢？已如前节所述，或许应该从事后的立场来判断，而不应该像具体的危险说那样从事前的立场去判断。即使是危险犯，虽然只是发生了危险这种结果事态，但仍然要科处刑罚，而且也能够科处刑罚的根本原因在于，为了防止危险这种结果事态——甚至是，从这种事态中发展出的法益侵害后果——以达到保护法益的目的。在这个意义上，危险和法益侵害一样，都是刑法要防止发生的"结果"，所以有必要解释为从事后的立场来判断。

基本的见解应该是，站在事后的立场来判断具体的危险，而一旦采取这种见解，首先就要注意，只要发生了法益侵害，就当然可以肯定发生了危险。因为，原本法益侵害就可以被认为是在可能性程度上达到了百分之百的危险。那么，即使发生了法益侵害，根据事前判断的立场也有可能不承认发生了危险的话，这就不得不说事前判断的立场是有问题的。这一点暂且不论。可以肯定，在发生了法益侵害的场合，与之相接的在时空上很接近的前一阶段，一定是"正要发生侵害的阶段"。也就是说，在发生了法益侵害之际，当然能够肯定发生了具体的危险，因为具体危险就是朝着法益侵害发展的"不可避免的过渡阶段"[151]或者说前阶段[152]。——只不过，能否以具体危险为根据加以处罚，自然还要探讨因果关系的存在及其

-149-

-150-

---

〔151〕　Vgl. Eckhard Horn, a. a. O〔Anm. 77〕S. 52.

〔152〕　Vgl. Günter Spendel, a. a. O.〔Anm. 61〕S. 104.

相当性与否、故意·过失等问题之后才能决定〔153〕。

只要承认上面的见解，就会产生这样的疑问：因为发生了法益侵害所以能够肯定发生了具体的危险，反过来说，是不是在没有发生法益侵害的场合，就必须否定发生了具体的危险呢〔154〕？

从结论来说，回答是否定的〔155〕。已如前述，从纯客观的立场来看，发生了法益侵害就能够肯定发生了危险，在未发生法益侵害之际就不能肯定发生了危险。但很明显，这种立场无法得到采用。因此，需要将这种纯客观的立场进行"缓和"处理，也即，应当承认事实的"抽象化"，进而能够肯定发生了危险。但随之而来的问题是，应该在什么限度、何种范围内对这种纯客观的立场进行"缓和"处理或者"抽象化"。即，需要考虑，站在纯客观的立场，通过承认何种范围的"缓和""抽象化"，又才能够肯定发生了危险呢？这一点暂且不论。但可以明确，即使纯客观的立场本来认为没有法益侵害就没有危险，也可以在立足该立场的同时通过一定限度内的"抽象化"来肯定危险的发生。

在本款应该被探讨的，是上面所说的那种纯客观立场的"缓和""抽象化"，究竟应该怎么进行，而且，又应该在什么样的幅度·限度内能够得到认可。

－151－

二　从事后的立场来判断具体的危险，最需要注意的就是"抽象化"的程度·方法，而该问题历来没有得到充分的讨论，也可以说是被忽视

---

　　〔153〕　从事前判断的立场会得出这样的观点，因果关系相当性中所谓广义的相当性判断和作为结果的危险判断是等同的。但是，虽说都是"危险"，但得出因果关系之广义相当性的危险，与作为结果的危险是同一回事的见解，没有逻辑上的必然性。毋宁说，两者是因为"危险"的不同而使得"要判断的对象"产生了差异。也就是说，作为结果的危险是指这样的问题，对什么范围内的事态进行否定评价，然后又是否应该以引起该事态的原因作为禁止对象。与之相对，作为因果关系相当性的危险又是指这样的问题，对于产生的结果，向行为人追问罪责是否妥当。正如在因果关系层面采取条件说并且又承认危险概念本身是不矛盾的那样，这两者也是不同的问题。因此，两者也应该作为各自的问题予以分别处理。其实，学界的议论出现混乱的原因之一就是二者被混为一谈。

　　〔154〕　Vgl. Eckhard Horn, a. a. O〔Anm. 77〕S. 57.

　　〔155〕　霍恩指出"所有的侵害原因都意味着'危险'，但是危险概念不等于'侵害原因'的概念。因为，危险概念的内容还由其他的概念（Spezifikationsbegriff）——比如'可能的侵害原因'——所共同加以决定"，也就是说，危险意味着侵害原因或者可能的侵害原因，不发生侵害仅仅意味着不存在侵害原因，但不能推导出不存在可能的侵害原因。Vgl. ebenda, S. 60f.

了。但是，一旦人们选择从事后的立场来判断具体的危险，解决该问题就是不可回避的。需要注意，在学说当中原本就存在这样的批判：在具体危险的判断过程中需要划定判断基础的内容，而采取"抽象化"的方法就使得这项工作变得不可能。因此，在对"抽象化"的程度·方法的问题进行探讨之前，首先要检视一下这个"抽象化"批判论的妥当与否。

M. E. 迈耶（Max Ernst Mayer）主张，未遂犯成立与否——是否发生了具体的危险——不能通过"抽象化"的方法，而应该采取"涵摄"的方式进行判断[156]。

迈耶认为，根据客观说的立场，未遂可以区别为具体的不能（konkret untauglicher Versuch）和概念的不能（begrifflich untauglicher Versuch）[157]，只有前者——因为有实行着手——才是可罚的未遂。对于该观点，批判性的见解认为，不可能很严格地进行这种区别，即使这组用语是妥当的，但就问题的实质而言，这样的区别也并非妥当。但是，应该根据什么概念来划定危险判断的基础，本来就是一个困难的问题，所以这样的批判没有太大说服力。例如，在使用没有装填子弹的枪支杀人的场合，是以"枪支"为基准，还是以"没有装填子弹的枪支"为基准，结论大相径庭；在行为人将手伸进空口袋里的场合，是以"口袋"还是"空口袋"为基准，结局也根本相异。不难发现，的确有必要对手段·客体的一些性质进行抽象化，而且有必要明确这种抽象化的程度。因为，既然不可能把不可罚的未遂仅仅理解为，在既定的情况下，行为没有且不可能达到既遂的情形——

---

〔156〕 Vgl. Max Ernst Mayer, Der allgemeine Teil des Deutschen Strafrechts, 2. Aufl.（1923）S. 342 ff., insb. S. 356 ff. 迈耶认为，未遂是一种"处罚扩张事由"，因为未遂是"为态度的构成要件该当性奠定基础的情况，是为超越各个犯罪要素概念的外延，赋予其正当性的理由"（S. 341）。另外，对于迈耶的见解可以参照，平場·前出注〔39〕54卷1·2号50页以下，大沼·前出注〔38〕329页以下，等等。

〔157〕 例如，使用砂糖杀人的行为、针对死体的杀人行为等，是概念上的不能，使用少量毒的杀人行为、对充足量毒药具有免疫性的人使用充足量毒药的杀人行为等，则是具体的不能。Vgl. Max Ernst Mayer, a. a. O.〔Anm. 156〕S. 354 f. 可以认为，概念上的不能是指行为、客体等构成要件要素（的概念）根本不可能被充足，或者说个案中根本没有与构成要件要素对应的事实。如使用砂糖杀人的场合，使用砂糖不是杀人罪的"实行行为"，杀害死体的场合，没有杀人罪的"客体"。与之相反，具体的不能则是有可能充足构成要件要素，或者有与构成要件要素对应的事实。——译者注

否则，所有的未遂都是不可罚的——那么为了能够区分出可罚与不可罚的未遂，消去一些不重要的事实就是有必要的。而且，既然要维持客观的立场，这个消去的工作，就只能通过具体事实一般化的视角来进行。这里会产生一个困难的问题，这种一般化应该进行到何种程度。但是，抽象化的方法是不能克服这个困难的。因为，脱离现实存在的事实基础，而以假定的基础进行判断，结局就是危险判断本身丧失可靠性和一般的妥当性[158]。

　　"困难可以通过修正方法来消除。即，应当采取涵摄（Subsumtionsaufgabe）的方法，而不是抽象化（Abstraktionsverfahren）的方法。因为，在现实存在的所有情况中，不管哪一个都不应当被排除在外。毋宁说，必须将全体的具体事实（der konkrete Tatbestand in seiner ganzen Fülle）与法定构成要件进行比较。这样来看，具体的客体不能以及手段不能可以被涵摄进构成要件，但是概念上的不能则要排除在外。因为，如前所述，并不是后者，而是只有前者的未遂行为才不是单纯的犯意表现，而是具有犯意表现以上的内容。"[159]

　　在客体不能的场合，涵摄是简单的。因为，法定构成要件列举了行为客体，并对其作了界定。因此，隔着一堵厚墙向人开枪的行为是可罚的，但当客体不是人（例如尸体）的时候，就不成立杀人未遂了。

　　在方法不能的场合，如果法定构成要件限定了既遂形态，涵摄也可以直接进行。在采取任何方法都能够实现构成要件时，概念上的手段不能虽然看起来也符合了构成要件，但实际上并非如此。因为，"既遂的手段（Vollendungsmittel），以适格性（Geeignetheit）为自然的界限。这个适格性就是指，其他手段不能达到既遂"。因此，只有"适合于开启犯罪实行"的手段才会被涵摄进构成要件。据此而言，只有具体的手段不能才符合构成要件。因为，"对于最终结果而言的不能行为，在与未遂结果[160]的关系

-152-

-153-

---

　　[158]　Ebenda, S. 356—358.

　　[159]　Ebenda, S. 358.

　　[160]　据迈耶所说，"在开始实行时，因为有法益危险，所以应该被处罚。也就是说，未遂是推定结果的犯罪（ein Delikt mit präsumtiv zu deutendem Erfolg）（抽象的危险犯）"。"无待既遂，发生未遂结果时也应该被处罚。但是就行为与该当构成要件的关系而言，如果行为事实不满足特定的样态，就不能将处罚扩张至此。" Vgl. ebenda, S. 345.

的意义上，却完全是包含了可能性（Tauglichkeit）的"。这种手段中因为有些性质的存在，排除了达到既遂的可能性，所以是不能的，但是又有其他一些性质的存在，使得该行为达到既遂又是可能的。所以说，"它充足了未遂的构成要件。因为就导致最终的结果而言，它只有部分是不能的，但另一部分是可能的"。例如，使用剂量不足的毒药去杀人，成立杀人未遂。因为这种物质是有毒的（可能），但它的数量很少（不能），因此不会造成杀害的后果。另外，如果使用的是没有装填子弹或射不到很远的枪，也成立杀人未遂。这是因为，从部分的适格性（枪支）和部分的不适格性（枪支缺陷）来看，也能产生对于未遂结果来说的完全的可能性。概念上不能的手段——用于杀人的玩具枪，用于堕胎的砂糖水——的所有特征都决定了不可能出现最终结果，连未遂结果都不可能出现，所以不符合构成要件[161]。[162]

另外，不能把客体完全不存在的不能或者纯粹的手段不能，都归为客体不能。在行为人以为存在客体而实施了行为，其实客体根本不存在而没有发生侵害结果的场合，这个错误是明显的。例如，误以为对方存在，朝着黑暗的房间开枪，这明显是手段的不能，不管对方在隔壁的房间里，还是在旅行中，都不是客体不能。当然，在这种场合，行为达到既遂究竟是不能还是可能，虽然还值得研究，但完全可以肯定这种行为具有可罚性。对空口袋实施扒窃也是如此[163]。

客体存在于其他地方的情形，与客体完全不存在的情形，是必须加以

---

[161] Ebenda, S. 359. f

[162] 除此之外，迈耶认为还有的未遂情形是该当构成要件但欠缺违法性（Versuch mit mangelnder Widerrechtlichkeit）。例如，店长的徒弟丢了钱包，为了填补这一亏空，就打算盗窃店内桌子的抽屉里的钱，如果抽屉里什么都没有的话，那就应该是可罚的盗窃未遂，但是，如果抽屉里本身就是他自己的钱包的话，就是不可罚的。在这个场合，相同之处在于都欠缺"盗窃他人财物"这一最终结果，但是理由存在差异。前者是欠缺"他人的财物"，后者是欠缺"财物的他人性"。这个差异就构成要件问题而言是不重要的，但如果是作为违法性问题就是重要的了。因为，刑法并不禁止取得自己的财物。"这种不违法的未遂，和所谓欠缺构成要件是相同的。即，对于构成要件，不欠缺任一构成要件要素，却欠缺违法性的构成要素，也可以说是欠缺规范的构成要件要素。" Vgl. Ebenda, S. 364 f. 对于这个徒弟的事例，既然都是欠缺"他人的财物"要件，两种情形在这一点上是相同的，却又根据"自己钱包"有无的不同，而在结论上产生差异，不得不说欠缺说服力，未必是一种妥当的看法。

[163] Ebenda, S. 360 f.

区别的。在客体完全不存在的情形，一般要否定可罚性。然而，在犯罪只能通过特定手段才能实施的场合，却未必要否定可罚性。因为，在这些场合，刑法典规定了比其他场合更为严格的未遂结果。例如，以欺诈故意实施的欺骗行为、基于盗窃故意实施的侵入行为等，即使完全不存在行为客体，也要视为着手实行。在并非这种场合的时候，就还是不存在客体就没有可罚性，但客体存在与否的判断，要考虑故意的特定性。这是因为随着故意内容的具体化，暴露在危险中的客体的范围会随之减少（即故意越具体，越不可能存在客体——译者注）。因此，如果扒手试图窃取 A 的手表，但 A 根本没有戴手表，这是不可罚的，但如果扒手只是想取得一个手表，至于是谁的手表都无所谓的话，即使扒手没有得逞，也是要被处罚的〔164〕。 -154-

　　——以上迈耶的这些见解，对"抽象化"的方法进行了批判，并试图通过所谓"形式的""涵摄"的方法来划定未遂犯的处罚范围。迈耶这样谈道，"什么样的未遂必须被看作有危险进而肯定可罚性，不能做太过实质的解释。否则的话，等于无视了法律所要承担的工作。正确的法律总是试图让法院免于处理这个问题"〔165〕，这一点论述或许让人颇感突兀，但考虑到他所采用的构成要件概念〔166〕与违法性有所区别——但构成要件具有违法性的征表功能——其实也就不难理解了。

　　然而，在方法不能的场合，如果法定构成要件没有规定行为的既遂形

---

〔164〕　Ebenda, S. 361 f.

〔165〕　Ebenda, S. 346.

〔166〕　迈耶的基本立场是，"所谓犯罪是指，该当法定构成要件，违反国家承认的文化规范并且具有归责可能性的事实情况"（vgl. ebenda, S. 57; ders.; Rechtsnormen und Kulturnormen, Str. Abh. Heft 50（1905）），但是对于构成要件和违法性的关系，采取了与贝林相近的立场，即构成要件是记述的行为类型，所以应该严格区别构成要件和违法性。Vgl. ders., a. a. O.〔Anm. 156〕S. 3 ff., S. 89 ff. 另外，滝川幸辰「刑法における構成要件の機能」刑法雜誌 1 卷 2 号（昭和 25 年）156 頁以下，下村康正「エム・エー・ミャーの構成要件論」法学新報 60 卷 3 号（昭和 28 年）205 以下等参照。另外，对于贝林的构成要件论，可以参照这些文献。Ernst Beling, Die Lehre vom Verbrechen（1906）; ders., Die Lehre vom Tatbestand（1930）。滝川幸辰・前出 152 頁以下，下村康正「ベーリングの構成要件論」刑法雜誌 3 卷 3 号（昭和 28 年）45 頁以下。另外，内田文昭「形式的犯罪概念と構成要件の機能」平場博士還暦祝賀・現代の刑事法学・上（昭和 52 年）139 頁以下。此外，小野清一郎・犯罪構成要件の理論（昭和 28 年），佐伯千仭「タートベスタント序論」同・刑法における違法性の理論（昭和 49 年）95 頁以下，等等。

态，迈耶的"涵摄"方法是不能贯彻到底的。所以，迈耶自己也引入了"实质判断手段适格性"〔167〕的解释方法。即，至少在这个限度内，迈耶通过其他形式承认了"抽象化"〔168〕。这意味着，即使采取这种"涵摄"的方法——其实这种方法本身是否妥当，都还有问题〔169〕——也不能完全回避"抽象化"。因此，"抽象化"的方法·程度，是必须要考虑的问题。

-155-

三　前面已经反复讲到，应该如何从事后的立场来判断具体的危险，是一直以来都没有被充分讨论的问题。不过，到了最近，这个问题开始得到少数论者的关注，而且已经有了一些探讨。解决"抽象化"的方法以及程度的问题，可以先从批判性地探讨这些见解开始。

（1）对"抽象化"的程度·方法问题进行了详细探讨的论者，首先可以举出霍恩。

立足行为无价值一元论的立场〔170〕，霍恩认为，危险是一种结果，而且是应当解释为客观处罚条件的结果，对危险的界定，应该从法律为什么要采用这种客观处罚条件的视角进行。对此，在他看来，作为客观处罚条件的结果，发挥的作用是反映行为人的"无价值感情"（Unwertempfindun-

---

〔167〕　大沼·前出注〔38〕333 页。

〔168〕　大沼邦弘「構成要件の欠缺と可罰未遂の限界（三·完）」成城法学 7 号（昭和 55 年）87 页（及び75—76 页参照）指出，根据"社会生活上的一般意义""形式地"判断手段，据此维持形式的判断立场。这种判断是不是"形式的"另当别论，但什么是"社会生活上的一般意义"中的"杀"的行为，却未必是明确的。那这里就是指，必须考虑行为的"一般的危险性"了吧。此意义上，如何区分"形式"与"实质"本身是有疑问的。

〔169〕　特别是体现在处理"客体"的问题上。大沼助教授采用构成要件欠缺的理论，而且为了贯彻这一理论，即使在"欠缺客体"的场合，他也以欠缺构成要件为理由，否定成立未遂犯。大沼·前出注〔168〕99—102 页参照。但是，即使是立足于这样的见解，其自己也承认，"是否应该认为存在客体"的判断本身是很困难的。从形式的见解出发，是应该这样考虑问题吧，例如在杀人未遂的场合，手枪的子弹发生了偏离没有击中的时候——那里不存在客体！——通常是不成立杀人未遂吗，还是反过来说，即使在"欠缺客体"的情况下——正如迈耶本人所承认的那样——也几乎无法否定成立未遂？在后者的情况下，只有在打算射杀 A 的时候，A 死亡的时候才不成立未遂，行为人将树干认为是 A 而开枪的话，（即使别人很明显地认识到那就是树干）对 A 的杀人未遂就成立了。虽然就结论而言并非妥当，但是为了在两者的立场中间划清界限，却是不得不提出实质性的观点，即危险。因此，作为"构成要件"的问题，即使采用了欠缺构成要件的理论，在"违法性"的阶段，也不得不采用危险性的想法。问题是，特别是在成为讨论对象的界限事例中，能够将这两个问题区别到什么程度。对这一点，注〔168〕参照。

〔170〕　Vgl. Eckhard Horn, a. a. O〔Anm. 77〕S. 79—82.

gen），即行为人有充分的理由知道行为是被禁止的，但还是选择实施这种行为，这表明行为人本来就意图实现自己所追求的刑罚处遇[171]。这种无价值感情，产生在经验上能够发展出法益侵害的事态在具体场合没有发展出法益侵害并且理由不清楚的时候[172]，所以危险概念被界定如下：

"所谓危险，是指已经在经验上属于一定侵害的原因，但是，不能说明不是侵害原因（Nicht-Ursache）的事实关系。"[173]

判断这种危险的时候，要考虑"具体场合下的所有〔'非类型的'以及事后才能认识到的或有可能认识的〕情况"[174]。

"'抽象化'是将某些已知的事实〔……〕放在考虑之外的做法，但这是不能被允许的。因为，什么样的已知事实可以放在考虑之外，或者应该放在考虑之外，不存在一个基准。不在意这一点，仍主张要进行'抽象化'的那些人，其实是在拟制危险结果的发生。毋宁说，无论人们怎样费尽心思去说明危险，所谓的危险事态不过是偶然（无法说明原因）地没有发生侵害的情形"[175]。在霍恩看来，那种认为抽象化是不可欠缺的立场，其实是认为不进行抽象化就会在危险的判断问题上得出极端的结论，即要么是必然的，要么是不可能的。不过，在这个立场的前提当中，有一个看法并非正确：人们能够认识到所有的情况[176]。如前所述，有的场合人们不清楚为什么没有发生侵害，在这个时候，可以不对事实进行抽象化而肯定发生了危险（无价值感情——译者注）——而且在没有发生侵害的所有场合中，也只有这个场合能被肯定发生了危险。

也就是说，在霍恩看来，能够被称作"侵害的危险"的只能是这样的事实关系：充足了与侵害有关的（或多或少是"抽象的"）经验法则的前

–156–

---

[171]　Vgl. ebenda, S. 104.

[172]　Vgl. ebenda, S. 117.

[173]　Ebenda, S. 191. "积极地说，作为'危险事态'而成为问题的复合情况（Umstände-komplex），如果在过去就已经是一定种类的法益侵害的〔共同〕原因的话，需要有自然科学的〔不能只是'大量统计'的〕理由以支持。"该判断要最终立足于事实审公判时点的科学立场进行。Vgl. Rudolphi—Horn—Samson. a. a. O. 〔Anm. 77〕Vor § 306 Rdnr. 6〔Eckhard Horn〕.

[174]　Ebenda, Vor § 306 Rdnr. 7. Vgl. auch, Eckhard Horn, a. a. O. 〔Anm. 77〕S. 107ff.

[175]　Ebenda, Vor § 306 Rdnr. 7. Vgl. auch, Eckhard Horn, a. a. O. 〔Anm. 77〕S. 107ff.

[176]　Vgl. ebenda, S. 111f.

提部分，同时没有充足与侵害有关的不可能法则的前提部分[177]。而且，即使存在充足了不可能法则前提部分的事实，但是只要不能说明为什么存在这样的事实，也要肯定发生了危险[178]。例如，向人开了枪，但是子弹射偏了，如果能够说明为什么射偏了，就可以否定危险的发生，例如，能够说明是因为刮风导致子弹偏离，而且能够"追溯"地说明为什么刮起了风，就可以否定危险的发生[179]。另外，充足不可能法则前提部分的事实本身是否存在是有疑问的话，应根据存疑有利被告原则认定为存在[180]（进而肯定充足了不可能法则，以否定发生了危险——译者注）。

——上述霍恩的见解，是在处理未遂犯的案件中提出来的，但是，这种见解是从行为与"个别化的（即作为对象的）构成要件客体"的关系的意义上，"从客体的角度"[181]来具体地把握具体危险，所以可以理解为是采取了"抽象化否定论"的立场，也就是"将某些已知的事实〔……〕放在考虑之外是不能被允许的"这种立场。

但是，如果完全否定"抽象化"的话，可能出现的结局就是只要没有发生侵害就通常要否定发生危险[182]。霍恩虽然否定了"抽象化"，却又取而代之地承认了"追溯"。即，要求人们去考虑"能够说明侵害结果不发生的事实其现实化之前时点"的事实关系[183]——这又是指，人们在判断危险时要去考虑是否实现了某种不可能法则[184]。例如，前面讲到的，当A向B开了枪，但子弹没打中的场合，"如果能够确定是因为A没有很好地瞄准目标，就能够说明为什么没有发生B被击杀这个侵害结果。但是，这个时候还需要考虑，没有很好地瞄准目标（das schlechte Zielen）这个事态，是否就是危险（Gefahrsachverhalt）。如果能够说明A没有很好地瞄准

-157-

---

[177] Ebenda, S. 159.

[178] Vgl. ebenda, S. 181.

[179] Vgl. ebenda, S. 174f.

[180] Vgl. ebenda, S. 183f.

[181] Vgl. ebenda, S. 163.

[182] 沃尔特的见解（注〔80〕参照）就是这样的归结。

[183] Eckhard Horn, a. a. O〔Anm. 77〕S, 173.

[184] Vgl. Ebenda, S. 174.

目标这个事态，是由某个充足了不可能法则的前提部分的事实（例如是因为刮起了风——译者注）而导致的结果（Folge aus der Verwirklichung eines in seinen Merkmalen bestimmten Kausalgesetzes），那么在与 B 被击杀的侵害结果的关系上，这个事实关系就属于'不可能的事态（Unmöglichkeitssachverhalt）'。相反，只有在不能做出这种说明（不能说明为什么 A 没有很好地瞄准目标——译者注）的时候，'没有很好地瞄准目标'这个事态才是 B 被击杀这个侵害结果的危险"[185]。

如果认可这种"追溯"，那么究竟可以"追溯"到何种程度，左右着危险发生的有无。如果肯定无限制的"追溯"，那么，即使没有发生侵害，也可以毫无障碍地肯定发生了危险。因此，如果采取霍恩的见解，就需要明确这种"追溯"的限度，但是霍恩本人对这一问题没有显示明确的看法，不过，理解为只能"追溯"到"犯罪行为的最初瞬间（bis zum ersten Augenblick der inkriminierten Handlung）"，大体是没有问题的[186]。若是如此，其实就是将存在于这个时点的所有事实都置于考虑范围内，再来判断危险。

-158-

如果采取上述这种限定的立场*，今后几乎都不能肯定发生了具体的危险，而且只要认为未遂犯的处罚根据是具体的危险，以后也几乎不能再肯定成立未遂犯[187]。于是，即使没有发生侵害也可以在一定范围内肯定发生了危险，这一讨论前提就遭到违反了。所以，即使不能承认法益侵

---

　〔185〕　Ebenda，S. 174f.

　〔186〕　Bernd Schünemann，a. a. O.〔Anm. 78〕S. 211. Vgl. Eckhard Horn，a. a. O.〔Anm. 77〕S. 174 f. m. Anm. 75.

　*　总体上，可以这样去理解霍恩的理论：只要能够说明没有发生侵害的原因（为什么存在充足了不可能法则前提部分的事实）就不能肯定有危险，因为对于行为人而言，如果行为人知道或者可能知道自己的行为不会引起侵害，然后实施行为，就难以认为行为人表露出了"无价值感情"，相反，只有行为人不知道自己的行为会不会引起侵害，或者知道自己的行为会引起侵害，然后还要实施行为，才表露出奠定处罚根据的"无价值感情"。这样来看，着眼于"只要能够说明没有发生侵害的原因就不能肯定有危险"这一点，就可以发现，相对于其他理论，根据霍恩理论能够承认存在的危险，在范围上要窄很多。在这个意义上，作者说这是个"限定的立场"。——译者注

　〔187〕　霍恩好像也不要求必须现实地存在客体，果真是这样的话，他的基本立场就没有被一贯到底。Vgl. ebenda，S. 163.

害·危险这一结果无价值，也不应该以行为无价值为根据肯定可罚性[188]。

对霍恩而言，具体的危险是个"难言实际的"[189]概念，但是根据这种理解来否定性地评价具体的危险犯[190]，不得不说是有问题的。

（2）在日本，与霍恩一样主张要客观地判断具体危险的，有大谷教授。

大谷教授认为，"根据行为的性质，科学地·物理地判断结果发生的可能性或者盖然性，这种想法基本上是正确的"[191]，危险判断是指"从行为本身的客观性质来看……有产生法益侵害的可能性的判断"[192]。

在这个"行为的法益侵害可能性"的判断中，大谷教授指出的以下几点值得注意。"第一，这个可能性判断不必局限为针对行为目的客体的结果发生可能性。而应该考虑的是，行为是否造成了可能发生构成要件结果的状态。因此，将手伸进空口袋扒窃财物的情形，原则上也成立未遂犯。"第二，"判例认为……行为手段是结果发生的条件，只要该条件能够引起结果，就宽泛地"承认发生了危险，不过，"有必要把结果发生的条件及其变化限定为该行为客体的情况及其变化。第三，这种可能性是指，被视为实行行为的行为的结果发生可能性，而不是前一阶段行为的结果发生可能性"。[193]

从这样的基本立场出发，大谷教授进一步论述了不能犯的各种类型。首先，关于客体不能的类型，大谷教授指出，"在完全不存在保护法益或客体的情况下，必须认为是不能犯"。而且，"就人身犯罪而言，通常行为的目的客体是特定的，所以欠缺客体的话，也就意味着不存在要被保护的法益。因此，客体的不存在，应当全部都作为不能犯"[194]，"为了射杀以前的仇人而潜入卧室，以为对方正在睡觉，就朝着床开了枪，但实际上对

---

[188] 请注意，霍恩是采取行为无价值一元论的立场（注〔170〕参照）。
[189] Ebenda, S. 212.
[190] Vgl. ebenda, S. 221.
[191] 大谷·前出注〔91〕34 页。
[192] 大谷·前出注〔91〕35 页。
[193] 大谷·前出注〔91〕39 页。
[194] 大谷·前出注〔91〕42 页。

方已经外出的情形，因为没有字面意思的被害可能性，所以只能认为是不能犯"。[195]另外，"就财产犯罪而言，行为的客体往往是不确定的，但即便如此，只要实施了构成要件行为，也就针对构成要件上的客体即'财物'，发生了现实的侵害可能性。因此，在财产犯罪中，欠缺客体而成为不能犯的例子，可以说是极为罕见的。但是，如果真的是完全欠缺构成要件上的客体，也应当视为不能犯"。[196]

其次，关于方法不能的类型，大谷教授认为"解决的基准在于，根据该方法是否存在客观上侵害法益的可能性"。第一，"在对手段的效果发生了错误的场合"，"所使用的方法本身，对于目的的达成必须是有效的"，"只要这种手段适合于引起结果，而且在量上已经达到了对人体产生有害作用的程度，那么就应该认为成立未遂犯"；"在科学法则上，是否适于达成目的，要根据手段本身的有效性来判断，然后再根据其是否对人体产生了有害作用来判断侵害法益的可能性"。[197]第二，"对作为手段使用的工具自身，发生了作用错误的场合"，也就是"从外观上来看工具自身是有危险的，但物理上其实没有危险的场合"，例如将空手枪朝向人，并扣动扳机的行为，应该被认定是不能犯[198]。第三，在"因为错误而拿错了工具的场合"，"行为人为了达到目的而超越实行行为的范围，实施了一连串行为的，如果去判断这一连串行为的危险性，会导致未遂概念本身被否定"，所以应该还是判断"实行的着手阶段""有没有法益侵害的危险进而决定是不是成立未遂犯"[199]。

最后，大谷教授还谈到了欠缺主体的类型，他认为"在欠缺主体的场合，由于法益侵害与身份相关，既然没有身份，就没有法益侵害的可能性，所以作为不能犯处理"[200]。

——根据大谷教授的以上见解，行为——手段·方法——的"抽象

-160-

---

〔195〕　大谷·前出注〔91〕43 頁。
〔196〕　大谷·前出注〔91〕44 頁。
〔197〕　大谷·前出注〔91〕44—45 頁。
〔198〕　大谷·前出注〔91〕46—47 頁。
〔199〕　大谷·前出注〔91〕48 頁。
〔200〕　大谷·前出注〔91〕50 頁。

化"在"实行的着手阶段"（基本上）要被彻底否定。取而代之的问题，不是"针对行为的目的客体是否有发生结果的可能性"，而是"是否出现了可能发生构成要件结果的状态"。

如果是这样，那么大谷教授原本认为不可罚的"空床事例"，不就也变成是可罚的了吗？而且还产生了另一个疑问，为什么区分行为的情况和客体的情况就是可能的？虽然大谷教授认为需要考虑的问题只是，"相当于实行行为的行为的危险性"（作者添加着重号），但既然他也承认"区分客体和手段是缺乏实质性根据的这一批判"是成立的[201]，那就还有必要给予进一步的说明。

在大谷教授看来，只要认为在"实行的着手阶段"不能将行为进行"抽象化"，那基本要采取这种立场：法益侵害的危险是指"法益侵害的纯客观的·物理的可能性"。但是，这样的立场不可能被贯彻到底，这一点大谷教授自己其实也承认了，因为他也承认了要对客体进行"抽象化"。结果就是，本来没有具体危险的事例，根据大谷教授的观点来看，也有被承认存在具体危险的余地了[202]。反过来说，他的理论似乎就相当勉强了。

归根结底，否定"抽象化"，试图纯客观地或物理地判断具体危险，这一基本前提本身就有不合理之处。

（3）对于前面（1）所述霍恩的立场，许逎曼进行了批判。

在许逎曼看来，霍恩的见解存在以下几个问题：第一，正如霍恩自己承认的那样，具体的危险概念几乎是不切实际的；第二，霍恩虽然承认"追溯"，但可以"追溯"到什么程度，这个没有得到明确；第三，霍恩提出的抽象的因果法则和具体的不可能法则这一公式，是根据19世纪因果一元的世界观而产生的，但这一世界观已经被超越，取而代之的是现代科学理论中的盖然性理论；第四，最重要的一点，行为无价值印象的产生，不

-161-

---

〔201〕 大谷·前出注〔91〕34頁。

〔202〕 与之相对，贯彻了客观立场的有，岡本勝「「危険犯」をめぐる諸問題」Law School No. 39（昭和56年）37—38頁。从这种立场出发，根据该助教授的观点，不仅是具体危险，连抽象危险的存在余地都没有了。这个意义上，从该助教授立场出发，区别具体危险犯的危险和未遂犯的危险，就是有必要的。但是，即便是在具体危险犯中也不得不承认"抽象化"，在未遂犯中"既遂发生的具体危险"就应该是有必要的。

是因为不能说明侵害不发生的原因，而是因为不能信赖已经确定的，或者根据"存疑有利被告原则"而确定的"幸免原因"（Rettungsursache）*。非类型化的人类行为中不含有幸免因素的时候，才产生了危险[203]。

　　批判霍恩的许迺曼还说道，"具体的危险概念的任务，只有这样理解才可谓正确：对（现实的或者不能排除的）幸免原因进行评价，然后把那些根据该生活领域的一定秩序（nach der engeren Ordnung des betreffenden Lebensgebiets）来看让人无法信赖幸免原因会介入的事实，排除在考虑之外"，在这个意义上许迺曼提倡了一种"规范的危险概念（der normative Gefahrbegriff）"。虽然许迺曼没有围绕其中的一些细节予以展开，但还是指出了判断危险时要注意的这几点：第一，必须存在符合构成要件的行为，以及遭受危险的"符合构成要件的个别的法益客体（ein tatbestandsmäßiges, individuelles Rechtsgutsobjekt）"；第二，个别的法益客体的侵害，必须是行为的相当性结果；第三，不随着一般事态的发展而将一些"偶然"的东西放在考虑范围之内，即不能因为存在"偶然"的（有些场合是可以进行统计学说明的）幸免原因就否定具体危险，进而否定刑事责任。而这里的"偶然"是指：例如，被害人有超乎常人的精明能力，或者其他情况下不能控制的好运气。也就是说，只有一般的可控制的幸免手段才能消除行为的危险性，而不是那些不可信赖的被害人的技能或者幸运的附随情况[204]。

−162−

---

　　* 如何理解这个"幸免原因"，可以说是把握许迺曼等学者观点的关键。要理解许迺曼等学者所主张的"规范的具体危险"，应当注意其背后的叙述逻辑在于：虽然站在自然因果关系的立场来看，如果行为当时的物理状况决定了行为不可能引起结果，而且事实上没有出现结果也刚好佐证这一点，那就说明这个场合本来连危险都没有；但是，在规范论者看来，刑法关心的其实是规范的具体危险，只要是因为"意外"没有出现结果就都可以认为存在具体的危险；然而，"意外没有发生结果"与"根本不能发生结果"还是有区别的，规范论者认为，"意外没有发生结果"是指本来非常可能会发生结果，只不过纯粹偶然的"原因"才使得被害人或者被害法益"幸免"于难，这个"幸免原因（Rettungsursache）"虽然阻止了结果，但不能排除具体危险的存在；所以，在没有发生结果的场合，如果经过评价认为是因为偶然的幸免原因才使得结果没有发生，就可以认定存在具体危险。在本书原著里，Rettungsursache 被翻译成"救助原因"，但经过德国维尔茨堡大学刘畅博士的讲解和指教，译者认为意译为"幸免原因"更容易为中国读者理解。——译者注

　　[203]　Vgl. Bernd Schünemann, a. a. O.〔Anm. 78〕S. 211 f.

　　[204]　Vgl. ebenda, S. 212f.

这种"规范的危险概念"的想法，是将事后认为是"偶然"的"幸免原因"进行"抽象化"的一种见解。沿着许迺曼见解同样方向推进讨论的，还有德穆特。他特别强调了事后判断危险的规范性。

"毋宁说通过'禁止抽象化'，应该得出这样的见解：裁判官应该事后来看哪些是有可能认识到的行为情况以及自然科学知识，然后探讨这些情况与知识对认定危险的重要性，不能因为有些情况在事前无法被认识，一开始就不去考虑它们，这是不能被允许的。换言之，危险不是一个事实的或者说记述的概念，而完全是一个规范的概念，只要承认这一点，即使站在事后判断的立场，也要对一些因素进行规范的评价，然后才有可能将那些对危险认定而言不那么重要的事实排除在考虑范围之外。"[205]

"从外观来看，危险是用一般手段都无法控制的法益威胁，并不是那些通常的被害防止手段使得侵害没有发生（而只是偶然的幸免原因才使得侵害没有发生——译者注），所以，危险是事后回顾起来也会留下不安感的一种状况。或者更简单地说，危险是一种无法用通常的被害防止手段去控制的法益威胁。"[206]

—— 如果是根据这种"规范的危险概念"，就应该这样去判断危险了：在明确没有发生法益侵害的原因之际，要追问存在这种幸免原因是不是"偶然"的，如果能够认为是"偶然"的话，就可以肯定发生了危险。根据德穆特的观点，"对于进行回顾观察的人而言，只能是一个让他能够产生信赖的，不会发生侵害的幸免原因，才能消除一定状况中的威胁性格，并消除基于危险状况才有的无价值感情"[207]。

虽然许迺曼、德穆特强调危险概念"规范的性质"，但是，看一下这种判断的实质就可以明白，这也不是什么规范性的判断，只能是事实性的判断。在某种意义上，法律概念都具有"规范性质"，单纯强调这一点可能是不妥当的。只能说，他们认为的危险判断仅仅是与纯科学的判断有一

-163-

[205] Hennrich Demuth, a. a. O. 〔Anm. 79〕S. 106f.

[206] Ebenda, S. 218.

[207] Ebenda, S. 213.

些差异而已。

这里的问题是"偶然性""通常性"判断的内容。这里所采用判断的基本方式本身，其实表明从事后的立场去判断危险是完全可以的，也正因此，还需要做进一步探讨才行。

四　（1）应该如何从事后的立场来判断具体的危险呢？

如果是站在纯客观的立场上，只要没有发生法益侵害，也就没有发生法益侵害的可能性。即，根据这种纯客观的立场，所有的未遂犯都是不能犯[208]。

但是，既然在刑法中除了以侵害法益为处罚根据的侵害犯之外，还存在危险犯，而且刑法不只处罚既遂，也处罚未遂，这就意味着不能采取上述纯客观的立场。在这个意义上，将现实存在的事实置换为设想的事实——客观立场的"修正"＝"抽象化"——的方法，具有正当性和妥当性基础。

而且，根据这样的立场，可以认为判断具体危险是以如下方式进行：-164-首先，站在事后的立场，假定没有发生法益侵害。然后，替换掉现实存在的事实，再去想究竟存在什么样的事实，根据科学的因果法则来看才会发生法益侵害[209]。于是，现实中不存在的（假定的）事实，在什么意义上是可能存在的，才是问题的所在。换言之，应当通过回答这个问题去判断具体的危险："根据科学的因果法则，能够且应该产生法益侵害的事实——尽管这个事实在现实中并不存在——在什么意义上是可能存在的。"

在这个意义上，判断具体危险就是用假定事实替换现实事实，然后具

---

[208]　牧野英一「殺人の不能犯と危険説の適用」同・刑法研究・第2（大正10年）86頁，同・前出注〔110〕70—71頁参照。并且，注〔176〕参照。另外，中　前出注〔44〕117頁参照。

[209]　大谷・前出注〔91〕39頁指出，能够考虑的假定事实范围限定在"相当于实行行为的行为"阶段，如果是"包含了预备阶段的危险性判断"，就会因"不当扩大未遂概念"而招致批判。但是，因为大谷教授自身也承认实行行为阶段的客体会有所变化，所以大谷教授也默认不必限定为实行行为的阶段。这个意义上，虽然都是同样的未遂犯的危险，但不能犯问题的危险和实行着手问题的危险（即到达什么阶段才可能成立未遂犯），不过是从不同角度（尽管有一定关联性）处理问题罢了。

体地考虑这个假定事实的存在可能性，而且应当说必须采取这样的判断过程[210]。比如说，在 X 药物的致死量是 a 克但行为人使用了 b 克的场合，即使将事实一般化·抽象化为"使用了 b 克 X 药物""使用了 X 药物""用毒了"，然后去类型地判断危险，但是这种一般化·抽象化应该限定在怎样的程度上，基准是不确定的，即使确定了，也很难找到正当化根据，那就不得不说这个基准本来就是被恣意地确定的。以前有观点是，为了解决这种恣意的质疑，就尝试采取一种形式的抽象化基准，但这种尝试被认为失败了[211]。

上面谈到，从事后的立场判断危险，最需要考虑的就是如何判断"假定事实的存在可能性"。因为，这毕竟是针对事实的可能性判断，而不是规范的判断。然而，很明显这个判断不可能从纯客观的·科学的立场出发[212]。而是也要考虑所谓的通常性·一般性的观点（"抽象化"再次成为要考虑的问题）。在这个意义上，就不得不说，上述的那个限度问题，也就是假定事实的存在可能性的判断，具有从所谓一般人的立场来进行判断的性质（但是，这种判断可以说不是从"单纯的一般人立场"出发，而是从"科学的一般人"的角度，然后考虑具体情况，尽可能地符合事实）。也正是在这个意义上，危险判断是一种根据科学的观点和"一般人的"观点所构成的复合性判断。

-165-

---

〔210〕　Vgl. auch, Reinhart Maurach—Friedrich—Christian Schroeder, Strafrecht, Bes. Teil, Teilband 2, 6, Aufl.（1981）S. 8.

〔211〕　关于未遂犯的客观的危险说虽然尝试了相对不能与绝对不能的类型性区分，但在某种意义上，该说不可避免地遭受"恣意"的批判，也就是源于此。

〔212〕　柏木博士指出，危险判断是指"客观的·一般的判断"，"这个'客观的·一般的判断'是指，如果潜在的危险性是起因于客观法则的场合，就要进行科学的·客观的判断，但如果是起因于事实关系的场合，就要根据社会一般观念进行客观的·一般的判断。虽然对于不能犯的成立与否，已经讨论了科学判断要进行到何种程度才是妥当的问题，但是，根据科学的判断和根据社会一般观念的判断，两者在何种场合下才能够被认为是妥当的，本身是不同的"。柏木千秋「不能犯について——実行行為性の欠如——」研修三六三号（昭和五三年）一三頁参照。另外，中山教授对于该书的这种见解提出了批判，"不可避免会产生严重偏离科学法则这样的问题性"。中山研一「不能犯における危険<1>」Law School No. 39（昭和 56 年）20 頁注〔8〕。但是，既然必须是在"偏离科学法则"之中承认危险，问题就只在于，对于这种"偏差"是以何种方式、在什么范围内得到承认罢了。

　　站在上述立场来判断假定事实的存在可能性，可以从非常高度的可能性的阶段到完全不可能的阶段，进行连续性的考虑。所以，需要考虑的问题是，存在具体危险并应该加以处罚的，应该是什么程度的可能性的阶段。想要划定一条明确的界限当然是困难的，但既然具体危险是法益侵害的前阶段，可以认为只要限定为与之相适应、相当程度的可能性（能够认为那样的事实即假定的事实是完全可能存在的）就足够了。

　　就以上所述的意义而言，因为是从事后的立场来判断具体的危险，本书的这种立场也可以称为"修正的客观的危险说"[213]。

　　（2）按上面那样去判断具体的危险，还要考虑这种具体危险的内容是什么。这种危险的内容，在个别的（行为）客体[214]（法益）遭受侵害的具体危险的情况下——也就是保护个别法益（比如个人的生命·身体）的具体危险犯（包括未遂犯）的场合——可以从现实存在的客体（法益）遭受侵害的危险，到可能存在的客体（法益）遭受侵害的危险，进行阶段性的考虑。

　　这里的具体危险，不仅是现实的法益遭受现实的危险，还包括了可能存在的法益遭受的危险。问题在于，是否应该把这种针对可能存在的法益的危险，也就是可能的现实危险，都包括在内加以处罚。未遂犯论中客观的危险说的实践意义在于，试图将具体危险限定为现实的危险，而不包括可能的现实危险。与此相对，一直以来的判例·通说都是把针对可能存在的客体（法益）的危险，解释为具体的危险，在这个范围内肯定成立未遂

－166－

　　〔213〕 中山教授认为："站在客观的危险说的立场上，如果在没有事前介入行为的情况下事后明确没有危险的话，根据事后判断，即使认定是不能犯，也可以说无损于法益保护目的（谦抑主义），但如果是因为行为的外部状况而有其他介入行为（逮捕行为、正当防卫等）的话，就不得不在这个阶段还要保留事前的客观判断。"中山·前出注〔212〕22 页。但是，即使不承认中山教授所说的"违法相对性"，也不能作为故意的问题加以处理吧。

　　〔214〕 "行为客体"和"保护客体"或者保护法益并非一回事，这是现在一般都承认的（例如，团藤·前出注〔34〕114 页参照）。但是，在法益侵害是指由侵害行为针对行为客体而产生的意义上，两者是存在关联性的。在危险判断中，特别是行为客体成为问题的场合，可以从这个角度去理解。正确地来说，应该成为问题的不是行为客体自身，而是通过行为客体能够被侵害的保护法益。

犯[215]。

是否可以将处罚范围从现实存在客体的危险扩大到可能存在客体的危险，是有质疑余地的。因为，当现实中不存在被害法益时，就没有具体的"被害人"，缺乏"被害"的现实性。值得作为具体危险而被处罚的，难道不应该限于现实存在的个别客体的现实危险吗[216]？对个别法益的具体危险，应该通过追问这个问题来判断，哪个客体（法益）在现实中面临了怎样的危险。由于可能存在具体的客体（法益）进而承认存在危险，如果实际情况是本来就不存在现实的保护对象，也就应该认为缺乏处罚的必要性，想必也有可能被排除在处罚范围之外。在这个意义上，具体危险还是应该限定在现实存在的个别具体的客体（法益）的侵害发生危险[217]。

本书的这种观点，实际上应该怎么运用，又会带来怎样的结果呢？以下通过讨论一些有问题的未遂犯事例加以说明[218]。

首先要考虑，对于"不能的客体"，能否肯定发生具体的危险[219]。例如，"针对死体能够成立杀人未遂吗"？想要杀死躺在床上的人，也向那个人开了枪，但那个人实际不是在睡觉，而是已经因心脏病发作死亡了，还能否认为发生了生命侵害的具体危险，进而成立杀人未遂？

从具体的危险说的立场来看，可以肯定发生了具体危险，而且，在日本下级审的判例中也有这样认定的[220]。但是，前面已经指出，对于这样的

-167-

---

[215] 本书第一章第一节第二款第一项、第二项参照（原书第6页以下、第16页以下参照）。

[216] 已经介绍的许迺曼、德穆特的见解，就是以这一点为前提的。另外，平野·後出注〔231〕参照，前出注〔62〕参照。

[217] 同上注。

[218] 即便是在所谓主体不能的场合，如果是要进行危险判断的话，虽然应该结合其"身份"的性质来探讨，但也应该否定成立未遂犯。另外，注〔39〕参照。在主体不能的场合否定成立未遂犯的见解，根据客观的危险说立场的有，大谷·前出注〔91〕50页，根据具体的危险说的有，中·前出注〔44〕125—128页（但是，对这一点有疑问的，平野·前出注〔45〕331—332页参照。此外，讨论对象自身也是有疑问的）。

[219] Vgl. Eckhard Horn, a. a. O〔Anm. 77〕S. 166—168.

[220] 广岛高等裁判所判决昭和36年7月10日高等裁判所刑集14卷5号310页指出，对于被害人"生死界限的微妙程度达到了连专家们都会产生分歧的案件"，肯定成立针对死体的杀人未遂。

见解，弗兰克[221]、施密特[222]等人给予了批判[223]。

从结论来讲，不应该肯定成立"对死体的杀人未遂"[224]。因为在这种情况下，个别具体的客体（法益）在现实中是不存在的，所以也就不能承认行为对现实的个别具体的客体（法益）发生了现实的侵害危险。就这种情况而言，虽然人实际上已经死亡，但在实施加害行为却还是有可能活着的（这种情况是可能的），就这一点而言是可以承认危险的，但是，如前所述，不能将保护个别法益的具体危险犯的处罚范围扩张到这么宽泛，也就是说，不应该承认这种观念上认为可能存在的客体（法益）的危险[225]。

其次要考虑，在下面的这种场合，是否能够肯定发生了具体危险＝成立未遂犯[226]。比如，计划杀害一个人，深夜闯入其卧室，在黑暗中向着床开了枪，但由于那张床是空的，所以没能杀害那个人〔空床事例〕。另外，行为人注意到一个路人，想从他那里偷钱，就把手伸进了他上衣的右口袋，但由于里面是空的而没有达到其目的〔空口袋事例〕。

---

〔221〕"对死者的生命而言不可能构成危险"（注〔60〕参照）。

〔222〕"行为对客体是否引起了危险的问题，以存在客体为前提。也就是说，在被问到对该客体引起危险的问题之前，就必须先肯定客体的存在（适格性）问题"（注〔61〕〔62〕参照）。

〔223〕Vgl. auch, C. J. A. Mittermaier, a. a. O.〔Anm. 95〕S. 195；Kroschel, Versuch und Mangel am Tatbestand, GS Bd. 41（1889）S. 283.

〔224〕Vgl. dafür, P. J. A. Feuerbach—C. J. A. Mittermaier, a. a. O.〔Anm. 98〕S. 72 Anm. 3, S. 76f.；C. J. A. Mittermaier, Der Versuch von Verbrechen, bei denen es an dem erforderlichen Gegenstande des Verbrechens mangelt, und der Versuch mit untauglichen Mitteln, geprüft, Gs Bd. 11（1859）S. 439 ff.；Albert Friedrich Berner, a. a. O.〔Anm. 101〕S. 144；H. A. Zachariae, a. a. O.〔Anm. 102〕S. 248f.；Theodor Reinhold Schütze, a. a. O.〔Anm. 103〕S. 110 Anm. 19；M. Scherer, a. a. O.〔Anm. 104〕S. 486f.；Kroschel, Straflosigkeit des Versuchs am untauglichen Object, GS Bd. 43（1890）S. 223；Friedrich Oetker, a. a. O.〔Anm. 106〕S. 56；Fritz Kohn a. a. O.〔Anm. 117〕S. 41；August Schoetensack, Frank—Festgabe, Bd. 2〔Anm. 106〕S. 60 f.；People v. Jaffe, 185 N. Y. 497, 78N. E. 169（1906）（attempt to receive stolen goods）；Haughton v. Smith,〔1973〕3 All ER 1109（attempt to handle stolen goods；）cf. Director of Public Prosecution v. Head,〔1958〕1 All ER 679；dagegen, RGSt. 1, 451（Kindes— mord）；RGSt. 60, 136（Brand-stiftung）；RG JW 1926, 2752（Diebstahl）；Faustina v. Superior Court, 345 P. 2d 543（1959）（attempt to receive stolen goods）；People v. Rojas, 358 P. 2d 921（1961）（attempt to receive stolen goods）．另外，同旨结论，滝川・前出注〔63〕198 頁，大谷實「不能犯」中義勝編・論争刑法（昭和51年）147 頁，同・前出注〔91〕42—43 頁等等。内田・前出注〔39〕144 頁。

〔225〕另外，注〔114〕参照。Vgl. auch, K. C. Hofheinz, Verletzung und Gefährdung als Kriterien der Zweiteilung im Systeme der strafbaren Handlungen, Str. Abh. Heft 79（1907）S. 12.

〔226〕Vgl. Eckhard Horn, a. a. O.〔Anm. 77〕S. 161—165.

　　对这些情形，具体的危险说肯定成立未遂犯[227]，日本也有判例判决[228]这种空口袋事例成立未遂犯[229]。

-168-

　　在空床事例、空口袋事例中，现实地朝着床开了枪但床上并没有人在睡觉，现实地将手伸入了口袋里但口袋里没有财物，就这一点而言，不得不说个别具体的客体（法益）在现实中是不存在的。在这个意义上，认为这两种事例与"对死体的杀人未遂"事例是不同的，然后又说要对这两种事例做不同的处理，就是缺乏根据的[230]。因此，还是要否定发生了具体的危险[231]。[232]在空口袋事例中，判例不是在行为与该具体客体关系的意义上，而是在行为与一般存在的其他客体的关系中肯定发生了危险[233]。

---

　　[227]　吉川教授认为，"行为的客体倒不如说是产生结果的要素。……根据事实的判断，如果能承认客体有可能存在就好了"。吉川経夫・改訂刑法総論（昭和47年）234頁，同「不能犯と事実の欠缺」法学セミナー，91号（昭和38年）68頁参照。此外，井上正治「事実の錯誤と不能犯論の関連とは何か」法学新報58巻12号（昭和26年）102頁参照。与此相对，滝川・前出注〔63〕196頁参照（没有怀孕的妇人实施的堕胎，"实际上不存在客观的危险"）。

　　[228]　大審院（第三刑事部）判決大正3年7月24日刑録20輯1546頁等参照。

　　[229]　Vgl. auch, Hagemann, Der Versuch bei Mangel des Objekts, GA Bd. 32（1884）S. 237; Kroschel, a. a. O.〔Anm. 223〕S. 278 Anm. 1; Hugo Meyer—Philip Allfeld, Lehrbuch des Deutschen Strafrechts, 7. Aufl.（1912）S. 216; Reinhard Frank, a. a. O.〔Anm. 60〕S. 91; Franz v. Liszt—Eberhard Schmidt, a. a. O.〔Anm. 19〕S. 311 Anm. 3. 另外，団藤・前出注〔34〕149頁注2指出，"对怀中无一物的行人实施的抢劫或者扒窃"，成立未遂犯是"明显"的。但是，"对自己财物的盗窃行为"因为"不具备盗窃罪的定型性"所以不可罚。団藤博士还指出，构成要件要素可分为本质的和非本质的要素，本质的要素是指欠缺了这个要素就丧失构成要件定型性，但非本质要素并非如此（同148頁）。欠缺"本质的"要素的场合，否定可罚性。但是，虽然否定"对自己财物实施盗窃行为"的可罚性，却又承认"对死体杀人"行为成立未遂犯的可能性（同155頁注15），那究竟什么是"本质的构成要件要素"呢，这未必是明确的。福田平・新版刑法総論（昭和51年）184頁、大塚仁・刑法概説（総論）〔増補〕（昭和50年）185頁采取的观点，与団藤博士的见解是一样的结局。

　　[230]　"完全不存在（Nirgendsein）"和"那里不存在（Nichtzurstellesein）"间的这种区别（vgl. Alexander Graf zu Dohna, Der Mangel am Tatbestand, Sonderabdruck aus der Festschrift für Karl Güterbock（1910）S. 32），能否合理解释具体结论的差异，是有疑问的。"因为在客体不存在这一点上，完全没有什么差异"（大沼・前出注〔39〕2号63頁）。

　　[231]　另外，平野龍一「刑法の基礎（20）」法学セミナー139号（昭和42年）49頁。

　　[232]　从房间外面隔着窗户，用来福枪射击对方睡觉的床，但是在发射前对方就离开了床，所以其没有被射杀。在这种场合，问题在于来福枪开枪之际对方在那张床上的事实是否为充分可能，如果能够得出肯定回答，就可以肯定发生了具体的危险。

　　[233]　本书第三章第一款第一项判例〔1〕参照（原书第132頁参照）。

显然，这种想法已经不是在考虑具体场合中的侵害可能性，而是在考虑超越了具体场合的侵害可能性，也可以说，判例其实是将"具体"危险以上的"一般"危险当作具体危险加以处罚。换言之，不是因为具体场合发生了危险结果，而是行为人实施了在一般看来有危险的行为就要处罚。这种做法也就是，因为实施了一般危险的行为，所以"推定或者拟制"发生了具体的危险结果。诚然，这种做法本来也是出于通过科处刑罚以实现预防（危险）结果发生的目的。但是，在具体的情况下，完全可以是本应该防止的结果现实地发生之后，再科处刑罚也足够达到预防的目的。因此，说到底，应该考虑的问题还是在于，在具体的场合该危险结果——在一定意义上——发生了没有。从这个意义上来讲，尽管空床事例、空口袋事例被认为发生了危险，但这是针对可能存在的客体而言的危险，已如前述，将这种可能存在的客体（法益）的危险也包含在具体危险内，是值得质疑的[234]。[235]

---

　　[234]　另外，宾丁指出"财和危险事态的接触（die Herstellung eines Kontaktes zwischen Gut und gefa—hrdrohender Sachlage）"是有必要的，在"手段的作用领域（Wirkungskreis des Mittels）"中不存在法益，在手段还没有到达这样的财的时候，否定具体的财发生了危险。Vgl. Karl Binding, Die Normen und ihre Übertretung, Bd. 1, 4. Aufl.（1922）S. 388 f.；auch, Armin Kaufmann, Tatbestandsmäßigkeit und Verursachung im Contergan—Verfahren, JZ 1971, S. 576 Anm. 29. 另外，有关"作用领域""危险领域（Gefahrenbereich）"，参照这些文献。August Schoetensack, Frank—Festgabe, Bd. 2〔Anm. 106〕S. 61；Adolf Lobe, in: Strafgesetzbuch, Leipziger Kommentar, 5. Aufl.（1933）Bd. 1, Allg. Teil, S. 315；Vital Schwander, a. a. O.〔Anm. 81〕S. 450；Hans Welzel, a. a. O.〔Anm. 33〕S. 47；Reinhart Maurach—Heinz Zipf, a. a. O.〔Anm. 81〕S. 235；auch, RGSt. 77, 1；Alternativ—Entwurf eines Strafgesetzbuches, Bes. Teil, Straftaten gegen die Person, 2. Halbband（1971），Begründung S. 57. Vgl. auch, Hans—Heinrich Jescheck, Lehrbuch des Strafrechts, Allg. Teil, 3. Aufl.（1978）S. 472.

　　[235]　Vgl. dafür, SSt. XVIII 12（堕胎）SSt. XX 116（盗窃）（vgl. SSt. XVII 34, XVII 93, XXII 26）；Crim. 6 janv. 1857, Rec. Sirey 1859, 1. 362（堕胎）；Reg. v. Collins,（1864）9 Cox C. C. 497（盗窃）Reg. v. M' Pherson,（1857）7 Cox C. C. 281（盗窃）；dagegen, RGSt. 8, 198；34, 217；47, 65（堕胎）；Crim. 12 avril 1877, Rec. Sirey 1877, 1. 329（杀人）Crim. 4 nov. 1876, Rec. Sirey 1877, 1. 48；Crim. 4 janv. 1895, D. P. 1896. 1. 21；Crim. 14 juin 1961, Bull. crim. n。299；Crim. 23 juil. 1969. D 1970. 1. 361 note Roujou de boubée（盗窃）；State v. Wilson, 30 Conn. 500（1862）；People v. Jones, 46 Mich. 441, 9 N. W. 486（1881）；People v. Moran, 123 N. Y. 254, 25 N. E. 412（1895）；Clark v. State, 86 Tenn. 511, 8 S. W. 145（1888）；Comm. v. Crow, 303 Pa. 91, 154 Atl. 283（1931）（盗窃）—cf. People v. Fingelmann, 91 P. 2d156（1939）；Comm. v. McDonald, 59 Mass. 365（1850）；State v. Scarlet, 291 S. W. 2d 138（1956）；People v. Dogoda, 9 I11. 2d 198, 134. N. E. 2d 386（1956）—；People v. Huff, 339 I11. 328, 171 N. E. 261（1930）（堕胎）.

　　不过，针对空口袋事例还需要特别说明一下。例如，如果行人不是把财物放在右边的口袋里，而是放在左边的口袋里，扒手将手伸进右边的口袋里，这种场合对于左边口袋里的财物是不是也没有危险，其实还需要斟酌。虽然可以认为，这种场合存在危险进而成立盗窃未遂的观点是有疑问的[236]，但是，如果认为应该把处罚根据确定为这种具体的场合产生的结果，并以此为根据肯定成立犯罪，也并不是不可能。尽管如此，如果行人确实没有携带任何财物的话，就还是无法肯定成立盗窃未遂[237]。

-169-

　　此外，由于个别具体的客体所存在的一些情况，使得侵害没有发生的，是否还能认为存在具体的危险，也是个问题。比如，试着想一下这样的案例：由于给对方下毒没有达到致死量，所以行为人不能杀害对方。判断这种场合有没有危险，需要考虑行为人给对方下的毒是否达到致死量，但是不能抽象地考虑这个问题，要结合对方的身体条件这种具体问题加以考虑。因为，虽然因为对方身体很健康而不至于死亡，但是如果因为过劳等原因致使身体状态不佳、身体抵抗力弱的话，也还是有可能死亡，这时，如果对方十分有可能处于这种身体状态的话，那么对于该具体的对方而言，也还是可能肯定发生了具体危险。

　　最高裁判所在所谓的空气注射事件中指出："即使静脉内所注射的空气量在致死量以下，但是根据被注射者的身体条件以及其他情况的不同，不能说绝对没有死亡结果发生的危险。"[238]这明显是扩大了假定事实的范围（或许把极为罕见的疾病情况也包括在内了），所以最高裁判所似乎也采取了上述的见解。但是，将置于考虑范围内的假定事实扩张至这么广，把"并非完全不可能存在的"这种程度的情况也考虑在内的话，就可以说是把"极其遥远的危险"也作为具体的危险来加以处罚。

　　显然，这种做法确实有失之宽泛的疑问。或许应该将要考虑的假定事实限定在有充分可能发生的事实范围内才对。因此，如果只是给一个完全健康的人注射了少量的空气——如果确实没有注射了大量空气——那么，

---

[236]　中山·前出注〔212〕20頁注10参照。

[237]　同旨的结论，大谷·前出注〔91〕44頁。

[238]　最高裁判所（第二小法廷）判决昭和37年3月23日刑集16卷3号305頁。

即使能够构成伤害罪，也不能认为成立杀人未遂[239]。

−170−

另外，试图通过连接汽车的电线发动引擎，想把停在路边的汽车盗走，但因为电池没电而没有达到目的的场合[240]，也是一样。有没有发生具体危险需要看一下汽车电池没有电的可能性，以及这种可能性的程度。因此，例如，如果是长期闲置的汽车，是可以否定发生了具体危险的。

最后，还需要再分析一下，在这种情况能否肯定发生了具体的危险：拿起手枪向人扣动扳机，由于手枪中并未装入子弹而无法发射子弹，最终未能杀害那个人。

对这种情况，具体的危险说认为可以肯定发生了具体危险，在下级裁判所的判例[241]中也有这样判决的。

根据本书的立场，需要考虑的问题就是，装有实弹的可能性有多大。当行为人抢过巡警的手枪并扣动扳机时，尽管巡警偶然忘记装填子弹，行为人才没有成功发射子弹[242]，但是由于巡警执勤时携带的手枪一般都要装填子弹，或者说因为是巡警的手枪，这把枪里是十分有可能装了子弹的，所以能够肯定发生了具体危险[243]。与此相对的场合，在熟人家里做客时爆发语言冲突，突然拿起现场装饰用的来福枪朝着对方扣动扳机，但是这支来福枪没有装填子弹而没能杀害对方，因为客厅里装饰用的来福枪一般都不会事先装上子弹，不能说这把枪很有可能装填了实弹，所以要否定发生了具体危险。

−171−

另外，长期埋在地下而失去了爆炸力的手榴弹，行为人拿起来投到别人身上[244]，由于不能说这个手榴弹还很有可能具备爆炸力，因此也要否定发生了具体危险。

（3）如（2）所述，保护个别法益的具体危险犯的处罚根据的具体危

---

[239]　大谷·前出注〔91〕45 页指出，"在空气注射事件的场合……或许按不能犯处理是妥当的"。

[240]　広島高等裁判所判決昭和 45 年 2 月 16 日判例時報 592 号 105 頁参照。

[241]　福岡高等裁判所判決昭和 28 年 11 月 10 日高等裁判所判決特報 26 号 58 頁。

[242]　注〔241〕参照。

[243]　反对意见，大谷·前出注〔91〕46—47 页。

[244]　東京高等裁判所判決昭和 29 年 6 月 16 日東高判決時報 5 卷 6 号 236 頁。

险，应该限定为，针对现实存在的个别具体客体（法益）的侵害发生危险。但是，对于条文上要求"危险"发生的所有具体危险犯，是否都要这样去理解，还需要进一步探讨。需要考虑这样的问题，在具体危险犯中，是不是存在这种犯罪，不要求有个别的现实的紧迫危险，特别是诸如随着保护对象的一般化，在紧迫危险的前一阶段认定有危险就可以了。

例如，《日本刑法》第 125 条的交通危险罪，与《德国刑法》类似规定的以"对他人的生命·身体或有重要价值的他人财物的危险（dadurch Leib oder Leben eines anderen oder fremde Sache von bedeutendem Wert gefährdet）"为必要条件有所不同，而是规定了"火车或电车往来的危险"（作者加着重点）作为必要条件。另外，《日本道路交通法》第 115 条规定"胡乱操作信号机，或者转移公安委员会设置的道路标识，或者损坏信号机、公安委员会设置的道路标识"，引起了"道路上的交通的危险"（作者加着重点）的，要加以处罚[245]。

−172−这些构成要件以"往来的危险""交通的危险"作为处罚对象，是因为在火车·电车、汽车发生事故时，会对每个人的生命·身体（或财产）造成危险，但即便如此，是否每个具体的火车·电车、汽车都要真正接触到犯罪的手段（例如，所设置的障碍物）才会有这种危险，是有疑问的。也就是说，如这种"交通的危险"的认定，不必须是某辆汽车将要与障碍物正面相撞的时候才算是发生了危险，而是，只要能够认定在该道路上行驶的汽车有发生事故的危险就足够了。也可以说，在这种场合，现实存在的该具体客体发生事故的紧迫危险的前一阶段的（发生事故）危险——与客体的关系很弱，但是将重点放在行为·手段的危险性——是存在的话，也足够认定有具体危险，进而成立犯罪[246]。

---

[245] 另外，《日本道路交通法》第 99 条、《日本高速自动車国道法》第 26 条参照。此外，《日本改正刑法草案》第 192 条参照。

[246] 弗兰克指出，《德国刑法》（旧）第 315 条的"运输危险（daß dadurch der Transport in Gefahr gesetzt wird）"的"运输（Transport）"是指，除了"具体的运输，即列车、运输手段或者运输的客体危险"，还有"驾驶的危险（die Gefährdung des Betriebs）"。这应该是指，在可能正要进行的运输所遭受的危险，因此，"驾驶的危险是指具体的运输危险"。Vgl. Reinhard Frank, a. a. O.〔Anm. 60〕S. 731.

如果上述见解得以成立，那么"往来的危险"或"交通的危险"就不一定要局限为针对现实的个别具体客体的紧迫危险，这前一阶段的具体危险——在内容上与这种危险接近的危险，历来是作为（2）当中处理的那种危险予以处罚的——也可以包括在内[247]。

具体危险的内容，除了对现实存在客体的紧迫危险——这被称为"（狭义的）具体危险"——之外，还可以考虑将这之前阶段的危险——可以称之为"准具体危险"——包括在内。在保护对象是特定个人的生命等这种个别法益的场合，应该在发生了前者危险的阶段肯定发生了具体危险，但是在保护对象是多数或者不特定的法益的情况下，在那之前的阶段就肯定发生危险，进而让刑法介入，是有必要性和合理性的。这意味着，同样要求发生"危险"的具体危险犯，其处罚根据的具体危险的内容，可以根据保护对象的性质不同做多少有点区别的解释（这样的话，危险重点在客体的场合，和危险重点在行为·手段的场合，这两者之间就产生了区别）。上文所述的情况也许可以与这一问题联系起来。在这个意义上，《日本刑法》第125条、《日本道路交通法》第115条的处罚根据，不是具体的危险，而有可能解释为准具体的危险，虽然还有一定疑问，但这大体是成立的[248]。

-173-

——这样考虑的话，以前被一概归类为"具体危险犯"的犯罪，就可以根据处罚根据内容的不同，也可以说是保护对象性质的不同（是否为个别的法益），进一步区分为，"（狭义的）具体危险犯"（以"具体危险"为处罚根据）和"准具体危险犯"（以"准具体危险"为处罚根据）。那么，既然具体危险犯处罚根据的内容本来是有所不同的，再使用同一的具体危险概念去划分，是不是就有些牵强了呢？

-174-

---

[247]　比起抽象危险犯处罚根据之抽象危险，（狭义的）具体危险更应该具备具体的且高度的侵害可能性这一特征。日本的判例应该也是把"往来的危险"扩张到了相当"遥远的危险"加以处罚的，但这一点还是成为问题的。

[248]　对于放火罪中的"公共危险"，有力的见解是"不特定或多数人生命·身体或者重要财产的侵害可能性"（例如，团藤重光·刑法纲要各论〔增补〕（昭和47年）162页注2）。如果是根据这样的理解，那就可以包含准具体的危险这一种类。另外，《有关人的健康的公害犯罪的处罚法律》第2条、第3条的"〔对〕公众的生命或者身体的危险"，也是做同样的解释。

第四章　抽象危险犯的处罚根据

第一节　历来学说的探讨

实定法上存在的犯罪，不是只有实害犯以及前章讨论的具体危险犯。也存在这样的犯罪：在处罚根据上既不需要侵害法益，也不需要发生侵害的具体危险。这种犯罪通常被称为"抽象的危险犯"，但这类犯罪的处罚根据是什么，历来成为问题。本章拟探讨这个问题。

第一款　纯粹不服从说与批判

一　有一种见解是，既不同于侵害犯也不同于具体危险犯的犯罪，处罚根据不是法益侵害·危险这种结果无价值，而仅仅是规范违反，这类犯罪的本质就是"纯粹不服从"。在德国，主张这种立场的是宾丁（Karl Binding）。因此，想要弄清楚纯粹不服从说的内容，首先应对宾丁的观点稍作详细探讨。

宾丁在他的主要著作《规范及其违反》（初版·1872 年）第一卷[1]中，以其提倡的"规范论"[2]为基础，明确地提出了以下立场。

---

〔1〕　Karl Binding, Die Normen und ihre Übertretung, Bd. 1, 1. Aufl. . （1872）.

〔2〕　在宾丁看来，所谓犯罪的含义，无非就是违反了与刑罚法规相区别的规范。Vgl. Armin Kaufmann, Lebendiges und Totes in Bindingsnormentheorie （1954）. 大森英太郎「犯罪によって違反される『規範』」同・刑法哲学研究（昭和29年）143頁以下，竹田直平・法規範とその違反（昭和36年）70頁以下，富田敬一「ビンディングの規範論」国士館法学2号（昭和45年）53頁以下，等等。另外，Karl Binding, Handbuch des Strafrechts, 1. Bd. （1885）的部分翻译，斉藤金作訳「ビンディング刑法論1」早稲田法学別冊第7卷（昭和11年）. Vgl. auch, Eberhard Schmidt, Einführung in die Geschichte der deutschen Strafrechtspflege, 3. Aufl. （1965） S. 304 ff. 斉藤金作「ビンディング」木村亀二編・刑法学入門（昭和32年）56頁以下，等等。

所有的禁止〔3〕——加以违反的就是犯罪——都指向一个最终目的，防止人类的行为引起法律世界的一定变化，为了实现这一目标，根据方法的不同，可以将禁止区分为以下三种类型：

（1）侵害禁止（Verletzungsverbote）——禁止引起不希望的结果（侵害）。违反这种禁止的就是"侵害犯"。

（2）危险引起禁止（Gefährdungsverbote）——禁止不被侵害而受到保护的财产遭受危险。违反这种禁止的就是"危险犯"。

（3）单纯的禁止（Verbote schlechthin）——禁止不服从禁止。违反这种禁止的就是"纯粹不服从"（der reine Ungehorsam，der einfache Ungehorsam）〔4〕。

像这样被区别开来的，危险引起禁止与单纯禁止的差异，可以这样解释：违反危险引起禁止，"存在实质的被害这一核心要素，也就是法益不受妨碍的存在遭到了侵害（eine Beeintächtigung der gefährdenten Rechetsgüter in ihrer ungestörten Existenz）——这一点与侵害禁止是相同的——与此相对，单纯的违反禁止则不存在这种核心要素，奠定其犯罪行为要素（Deliktsmoment）的，不在于行为有害于什么，而是不服从行为本身〔5〕。

因此，在宾丁的理论中，不法可以区分为纯粹的不服从和包含法益侵害·危险的不服从这两种类型〔6〕。

宾丁的这种见解，在他的《规范及其违反》第二版〔7〕（1890 年）中，

---

〔3〕 为了方便说明，这里只讨论作为犯。命令也分为三类，与禁令相对应。Vgl. Karl Binding, a. a. O.〔Anm，1〕S. 48 f.

〔4〕 Ebenda，S. 187 f.

〔5〕 Ebenda，S. 200—204.

〔6〕 宾丁的这种见解被认为是受了阿道夫·默克尔学说的影响。默克尔认为，刑罚处罚根据可分为形式和实质两种，形式的处罚根据（Formalgrund）是指个人意思违反了公共意思，而实质的处罚根据（Materialgrund）是指损害了财的完全性，立法者是依据了形式的处罚根据而制定了警察违反犯。Vgl. Adolf Merkel, Zur Lehre von den Grundtheilungen des Unrecht und seiner Rechtsfolgen, in: ders.，Kriminalistische Abhandlungen, Bd. 1（1867）S. 95—97. 在警察违反犯中，行为自身是作为一般性的非难对象，所以这样的规定并非不合理，但是用危险说来解释警察违反犯是比较困难的，而且也会弱化禁止的效果。所以，不如用不服从说来解释警察违反犯的正当化根据，事实上这样解释也是行得通的。Vgl. ders.，Lehrbuch des Deutschen Strafrechts（1889）S. 45f.

〔7〕 Karl binding. Die Normen und ihre Üertretung, Bd. 1, 2. Aufl.（1890）.

被进一步完备且详细地加以展开了〔8〕。

（1）危险犯。

就危险犯而言，作为其成立要件，通常以发生了（具体的）危险为必要。因此，那些所谓的危险否定说〔9〕、一般危险说（generell gefährlich）〔10〕、抽象危险说（abstrakt gefährlich）〔11〕是不值得赞同，且应该予以批判的。因为，根据一般的危险说、抽象的危险说，即使行为人认为在那个具体的场合完全不存在危险，也可以肯定这个行为人存在故意，那么在责任层面就会产生问题。再比如说，明明成立正当防卫的必要条件之一是确实存在具体的危险，但为什么危险犯也以危险为成立要件，而这个危险却只要求有一般的危险就足够了呢，这是没有得到明确的。而且，当危险犯得以成

---

〔8〕 Vgl. auch, Karl Binding, Die Gefädhrdungshandlung, besonders im Verhältnis zum fahrlässigen Delikt, GS Bd. 86（1919）S. 353 ff. 另外，关于宾丁的见解还可以参照，岡本勝「「抽象的危険犯」の問題性」法学38巻2号（昭和49年）71—79頁，佐伯千仭「公安条例と抽象的危険犯」法律時報49巻10号（昭和52年）84—85頁，福山道義「危険概念と偽証罪」法学37巻3・4号（昭和49年）19—20頁，等等。

〔9〕 宾丁通过以下的论述，对那种否认危险概念的见解予以了否认。"危险产生不安的情形是常见的，但不安决不会产生危险。不安会使得人们把不危险的状况想成是危险的，但这绝对不能作为危险本身。何况，危险概念既不是我们错误的产物，也不是无知的产物（ein Kind unserer Unwissenheit）。处于进步中的人类生产了有价值的认识成果，这些成果使得人们认识到危险是通过多种方式实现或者表现的。" Vgl. Karl Binding, Die Normen und ihreo Übertretung, Bd. 1, 4. Aufl.（1933）S. 376—379. 宾丁采取了这样的因果关系论，即 "变化的引起，无非就是阻止变化的条件和引起变化的条件原本是均衡的状态，但后来改变为有利于后者的态势"，以这种因果关系论（S. 116）为基础，宾丁有以下的论述。一般来说，危险存在于结果引起条件与结果阻止条件的均衡态势之中，但是我们不可能都把握为数众多的条件，所以上面说的这种均衡态势未必就是确实存在的。所以，不得不说，当我们不得不恐惧这样一种情形时，即不能引发结果的条件状态（结果阻止条件的优越）转变为能够引发结果的条件状态时（结果引起条件的优越）的时候，才不得不说是发生了危险（S. 374, 377）。

〔10〕 根据宾丁的说法，一般的危险说是这样一种学说，在基本原理上属于危险否定说，对危险性的理解，不是指个别的行为属性，而是经过大量观察得出的行为类型（Handlungsgruppe）的属性。Vgl. ebenda, S. 379 f.

〔11〕 抽象危险说是这样一种立场，对于真正的危险犯而言，有的场合即使事实上没有发生危险，也要承认有危险进而肯定可罚性。也就是说，在抽象危险说看来，不得不承认存在不要求以发生危险作为成立要件的这种危险犯类型，但很明显，抽象危险说是为了解决证明困难的问题，而且还是通过危险推定（eine praesmtio juris et de jure）（拟制）的方式解决。Vgl. ebenda, S. 380 f.

立的时候，总是存在具体的危险的，并不是不存在〔12〕。在危险引起禁止中，由于引起危险的行为对象、行为态样是受到限定的，所以危险犯属于以法律上限定的方法实施的犯罪（Delikt mit gesetzlich geschlosenen Mitteln）。就危险犯而言，危险性的程度是由行为人所使用的手段·方法的能力（Tauglichekeit）所决定的，在对受保护的客体"完全地"使用了手段·方法之际，由于这是可能引起危险的方法，通常会引起危险，所以就没有必要推定发生了危险。——但是，如果行为人一开始就消除了自己行为蕴含的危险性，或者因为介入了第三者，又或者因为存在可以值得考虑的理由，使得人们能够认为第三者成功地消除了危险，在这种场合可以允许例外地推定发生了危险〔13〕。

另外，以应该能够引起法益侵害危险的性质（Geeignetheit）（具备了这样性质的行为）作为构成要件要素的犯罪〔14〕也属于危险犯。为了能够说行为引起了法益的危险，这种性质是必须具备的，而且这种性质是为了解决证明困难的问题才提出的应对之策，即法益和危险的事态（gefahrdrohende Sachlage）是否发生了接触（Kontakt）这一难以证明的问题。也就是

---

〔12〕　Ebenda, S. 382—384. 成为问题的是放火罪的规定，但这本来也是一个损害罪（Sachbeschädigungsverbrechen），所以危险不过是作为一种立法理由（S. 381 Anm. 26）。——但是，这种想法作为解释论的话，在其他场合是没有解释力的，所以只能用基于"独自的禁止"这样的理由来说明。Vgl. karl Binding, Lehrbuch des Gemeinen Deutschen Strafrechts, Bes. Teil, Bd. II—1, 2. Aufl.（1904）S. 11.《德国刑法》第 306 条（当时）（放火罪）是如下这样规定的："对下述各项物件，故意实施放火的人（in Brand setzt），按放火罪处理，科处重惩役（Zuchthas）：（一）用于集会礼拜的建筑物；（二）用作人居住的建筑物、船舶或者小屋；（三）作为人暂时停留使用的场所，但通常人都停留在那里的期间内的该场所。"上面这个放火罪的法定刑是 1 年以上 15 年以下的重惩役，与之相对，建筑物损坏罪（第 305 条）的法定刑却是 1 个月以上 5 年以下的轻惩役（Gefängnis）。从这一点来看，法定刑悬殊之大，将放火罪理解为损坏罪的一种，想必还是比较困难的，既然如此，就必须认为放火罪不是以损坏物为主要处罚根据的犯罪，而是以对人有危险为主要处罚根据的犯罪。

〔13〕　Karl Binding, a. a. O〔Anm. 9〕S. 384—387.

〔14〕　例如，《德国刑法》第 186 条（当时）（散布恶评）（具有能够造成他人被鄙视或者在社会舆论中评价变低的性质（verächtlich zu machen oder in der öffentlichen Meinung herabzuwürdigen geeignet ist）〔的事实〕），第 229 条（毒害罪）〔具有能够有害他人健康的物质（Stoffe......welche die Gesundheit zu zerstören geeignet Sind）〕，第 308 条（单纯放火罪）（结合其性质及其位置来看你......能够造成火势蔓延后果的物件（Gegenstände, die ihrer Beschaffenheit und Lage mach geeignet sind, dasFeuer......mitzuteilen）），等等。Vgl. ebenda, S. 390 Anm. 40.

说，只要行为具有应当引起具体危险的性质，或者可能引起（geeignet od. tauglich）危险，那这种行为自身就应当被禁止·处罚，在这个意义上也可以认为，危险犯具有真正危险引起未遂[15]的性质。[16]

（2）纯粹不服从。

在纯粹不服从的情形，不必要将法益侵害·危险的发生作为犯罪的客观成立条件。

合理的法律确实不会为了它自身而要求国民服从。如果禁止某些行为类型比放任它们造成的危害更小，那么这个规范才能够得到正当化。但是，如果由此得出结论，不存在不法内容仅限于不服从规范的犯罪，却是错误的。因为，如果立法者在形成·确立作为犯罪成立要件的行为类型时，根据大量观察，对某种行为本身持有疑问，特别是就该行为类型的内容而言，如果无法区分无害与有害的场合，就必须选择是双方都要处罚呢，还是不可罚？这个时候就需要比较衡量，通过处罚而确立的自由界限，对违反者进行干涉的必要性，以及不处罚的话会造成的损害增加等因素，再决定处罚是否能够得到正当化。

属于这种纯粹不服从的，是警察犯。对于警察犯，那种认为原则上只能是危险行为或者说一般危险行为才能作为警察犯的行为加以处罚的想法，不仅不准确，而且在方法论上是错误的。警察不法的犯罪行为要素不能根据其实质内容来决定。之所以这么说，是因为将不危险的行为拟制为危险的行为加以处罚，是一种非常恶劣的不正义。因为立法者处罚的是纯粹的规范不服从，所以，具体情况下的行为的实际严重性，由裁判官在量刑上加以考虑就可以了。允许这样做的依据是法律的确定性（Rechtsgewis-sheit）、证明的简易化（Beweisersparnis）、排斥行为人辩解。[17]

二　如上所述，宾丁将危险犯限定为以"危险"作为条文上要件的具

---

〔15〕　宾丁也说明到，未遂是既遂的部分实现。Vgl. Karl Binding, Die Normen und ihre Übertretung, Bd. 2—1, 2, Aufl.（1914）S. 508 ff.；Bd. 3（1918）S. 428 ff.

〔16〕　Karl Binding, a. a. o.〔Anm. 9〕S. 390—393. 并且，宾丁还提出了对危险发生的举证困难的救济策略，即扩大攻击客体，也就是将个别客体予以一般化（S. 393 f）。

〔17〕　Ebenda, S. 397—411.

体危险犯，和比照前者属于危险引起未遂性质的、以应当引起危险的"性质"作为要件的犯罪，然后对危险概念进行实质性和限定性的解释，并且，据此否定了那种即使没有发生这样理解的危险——具体危险及其未遂形态——也要肯定成立危险犯的情况[18]。

　　这样理解的结果是，对于那些不以发生上述理解的危险为成立要件的犯罪而言，正面肯定了这些犯罪被处罚的原因不是发生了或者能够发生危险。也就是说，在这些构成要件中，行为人不是因为引发或者能够引发危险而受到处罚，而仅仅是因为实施了违反存在着的规范的行为而受到处罚。

　　宾丁这样的见解立即遭到了批评。例如，瓦赫（Adolf wach）认为，"形式上的不法、纯粹不服从本身并不是当罚的"[19]。科斯勒（R. Keßler）也说"无论是什么法律，至少是由理性统治的国家下的法律，都不应当仅仅为了服从而要求服从"[20]。这些论述都有力地批判了宾丁的所谓纯粹不服从的想法[21]（宾丁是根据《规范及其违反》第二版的前述说明来回应这些批判和质疑的）。

　　的确，国家制定刑罚法规，并且对违反刑罚法规的行为人处以刑罚，是为了防止一定的（为了保护法益，被认为是应该防止发生的）事态发生，而不是因为出现了违反刑罚法规的人，就要加以处罚。如果真是这样的话，在刑罚法规要防止的事态现实发生的情形，和这种事态本来没有发生的情形，都要被解释为应当科处刑罚，这明显不协调。宾丁限定地理解了危险的概念，并因此否定那种事态可以解释为危险——但罚则是现实存

-192-

---

　　〔18〕　对此，有批判见解是，宾丁自己也承认，自己否定存在的危险也可以被拟制是存在的。也就是说，对被保护的客体实施了构成要件行为的时候——虽然要保留例外——通常是存在危险的，但因为有些场合存在特殊情况，也可能实际上没有发生这个危险，尽管如此还是要承认存在危险的话，那这个危险其实就只是被拟制出来的危险。Vgl. Peter Cramer, Der Vollrauschtatbestand als abstraktes Gefährdungsdelikt；（1962）S. 52—45；Manfred Volz, Unrecht und Schuld abstrakter Gefährdungsdelikte, Diss. Göttingen（1968）S. 31. 在宾丁看来，具体的危险也可以说是在上面的意义中被抽象地判断的。

　　〔19〕　Adolf Wach, Die Normen und ihre Uebertretung, GS Bd. 25（1873）S. 459.

　　〔20〕　R. Keßler, Kritische Bemerkungen zum Neuesten in der Lehre vom Objecte der Verbrechens, Gs Bd. 40（1888）S. 597.

　　〔21〕　Vgl. auch. Max Ernst Mayer, Rechtsnormen und Kulturnormen, Str. Abh. Heft 50（1903）S. 118—121；Robert v. Hippel, Deutsches Strafrecht, Bd. 1（1925）S. 17 ff, insb. S. 21.

在的——这样理解的结果是，没有显示实质性的处罚根据，只是将形式上的对规范的不服从——根据宾丁的说法，有此就足够，现实中不要求这以 -193- 上的东西——这一点作为处罚根据罢了。

宾丁的纯粹不服从说，在这样的意义上，可以说是把单纯的规范违反这种行为无价值作为犯罪的处罚根据的一种见解，进一步说的话，也可以说是没有实质性的处罚根据就肯定犯罪成立的见解。

但是，一定的行为被刑罚法规作为禁止·处罚的对象，是因为有必要防止这样的行为，如果刑法的任务是法益保护，那样的行为就应当具有侵害法益的危险。对于某一行为，没有一定的理由就科处刑罚，这是不能被允许的。[22] 虽然宾丁是为了限制性地解释危险概念而主张上述见解，但即使如此，也应该进一步探讨被称作纯粹不服从的犯罪，到底是因为什么才有被处罚的必要。

刑法对侵害犯、具体的危险犯（包括其未遂形态）以外的犯罪也要进行处罚，目的是防止法益侵害、具体的危险（包括其未遂形态）以外的事态发生，但是就其本身而言，未必应该否定其合理性所在。如果是这样，从刑法的任务是法益保护的立场来看，宾丁对危险概念的理解方法似乎就出现了问题。因为，刑法为了保护法益而防止一些事态的发生，这些事态不限于法益侵害及其具体危险（及其未遂形态），也可以将更"遥远"的危险包含在内。如果这种"遥远的危险"已经没有危险的实质，其本身就值得单独考虑。另外，这也是"危险"概念的定义问题。尽管如此，仅仅以违反规范为根据就承认犯罪成立的观点难言妥当。毋宁说，对于那些还没有达到具体危险但又是作为处罚对象的危险的内容，是可以被进一步探讨的。即，被宾丁称作"纯粹不服从"的犯罪，其成立的根据就在于这种 -194- 危险，而不仅仅在于违反规范。

-195- 这种不同于具体危险的危险究竟是指什么，就是下面要探讨的问题。

─────────────

　　[22]　另外，也应该参照实体的正当程序理论。对于实体的正当理论可以参照，平野龍一·刑法総論 I （昭和 47 年）80 頁以下，芝原邦爾·刑法の社会的機能（昭和 48 年），等等。

第二款 抽象危险说

第一项 "形式说"的见解

一 实体法上存在的既不同于侵害犯也不同于具体危险犯的犯罪的处罚根据，不是像纯粹不服从说那样确定为单纯的违反规范，而是确立为法益侵害的危险——"抽象危险"——的理论主张，就是抽象危险说。根据抽象危险说，侵害犯、具体危险犯以外的犯罪——"抽象的危险犯"——被处罚的原因不仅仅在于行为人违反了规定的规范，而在于行为人所实施的法律条文规定的行为，具有法益侵害的"抽象危险"性质。

-198-

这种抽象危险犯和具体危险犯的差异在于这一点：在具体危险犯中，是以具体的情况为基础，即具体判断是否产生了作为法益侵害可能性的危险，由此来决定犯罪的成立与否；与之相对，在抽象的危险犯中，则是形式地判断行为人的行为，是否属于法律条文上规定的——禁止·处罚的对象——具有一定（抽象的）危险性的行为，来决定可罚性的有无（在这个意义上这种见解被称之为"形式说"）。

从上述立场来看，在被规定为"实施了○○行为的人被处以XX的刑"的刑罚法规中，对实施了"○○行为"的行为人予以处罚，不是因为行为人违反了这个规定的前提之"不得实施○○行为"的规范，或者说不是因为做了被禁止做的事情本身，而是因为"○○的行为"一般是具有某种危险性的行为，或者说因为行为人实施了这种危险的行为。

这种抽象的危险说（形式说）在德国，以前为西本哈尔（Hugo Siebenhaar）[23]、苏茨[24]、夏帕（Schaper）[25]、万耶克（Wanjeck）[26]

---

[23] Hugo Siebenhaar, Der Begriff der Gemeingefährlichkeirt und die gemeingefährlichen Delikte nach dem Reichsstrafgesetzbuche, ZStW Bd. 4（1884）S. 257, 270.

[24] Theodor Reinhold Schütze, Lehrbucn des Deutschen Strafrechts auf Grund des Reichsstrafgesetzbuches（1871）S. 513. 氏认为，即使例外地没有发生具体危险，也可以肯定可罚性，只不过不发生危险的这个事实可以在量刑阶段予以考虑。

[25] Schaper, Gemeingefährliche Verbrechen und Vergehen, in：Handbuch des deutschen Strafrechts, hrsg. von Holtzendorff, Bd. 3（1874）S. 862. 氏认为，根据法律规定来看，只要实施了能够招致危险的行为就足够肯定可罚性，存在一定程度的形式犯性格。

所首倡，然后为李斯特[27]、绍尔（Wilhelm Sauer）[28]、迈耶[29]、弗兰克[30]、麦兹格[31]等采用，战后又获得了威尔哲尔[32]、毛拉赫（Reinhart Maurach）[33]、斯特拉滕维特[34]等多数学者的支持。[35]

（接上页）[26] Wanjeck, Ein Beitrag zur Lehre von der Brandstiftung und Ueberschwemmung nach heutigem Deutschen Strafrecht, GS Bd. 31（1879）S. 1f, 12.

[27] Franz v. Liszt, Lehrbuch des Deutschen Strafrechts, 21—22 Aufl.（1919）S. 484.

[28] Wilhelm Sauer, Grundlagen des Strafrechts（1921）S. 312 Anm. 3. 氏认为，抽象危险犯是以构成要件作为违法类型而表现出来的。

[29] Max Ernst Mayer, Der allgemeine Teil des Deutschen Strafrechts, 2. Aufl · （1923）S. 129f. 氏认为，抽象危险犯是"结果被推定的犯罪（Delikt mit präsumtiv zu deutenden Erfolgen）"。

[30] Reinhard Frank, Das Strafgesetzbuch für das Deurtsche Reich, 18. Aufl.（1931）S. 9.

[31] Edmund Mezger, Strafrecht, 3. Aufl.（1949）S. 193.

[32] Hans Welzel, Das Deutsche Strafrecht, 11. Aufl.（1969）S. 63.

[33] Reinhart Maurach, Deutsches Strafrecht, Allg. Teil, 4 Aufl.（1971）S. 238.

[34] Günter Stratenwerth, Strafrecht, Allg. Teil, I, 2. Aufl.（1976）S. 81.

[35] Vgl. Rotering, Gefahr und Gefährdung im Strafgesetzbuche, GA Bd. 31（1883）S. 266 ff.；Karl Janka, Das österreichische Strafrecht（1884）S. 60；Hugo Hälschner, Das gemeine deutsche Strafrecht, Bd. II—2（1887）S. 599—602；Woldemar v. Rohland, Die Gefahr im Strafrecht, 2. Aufl.（1888）S. 5 f. 16—19；Hugo Meyer, Lehrbuch des Deutschen Strafrechts, 5. Aufl.（1895）S. 27, 692；Withold Celichowski, Der Begriff der Gemeingefährlichkeit im Strafrecht, Diss. Göttingen（1897）S. 21—31；M. Weiss, Die gemeingefährlichen Delikte des Reichsstrafgesetzbuches, Diss. Rostock（1902）S. 41, 45—49；Hermann Schulz, Der Begriff der Gefahr im Strafrecht unter besonderer Berücksichtigung der Polizeiübertretungen und der gemeingefährlichen Delikte, Diss. Münster（1905）S. 29 f.；August Köhler, Deutsches Strafrecht, Allg. Teil,（1917）S. 180 f.；Paul Lehnkering, Der Gefahrbegriff und seine Bedeutung für die Beurteilung des strafrechtlichen, insbesondere des untauglichen Versuchs, Diss. Rostock（1920）S. 10—12；Werner Mohr, Die ,, Gemiengefährlichen Handlungen " im Amtlichen Entwurf eines Allgemeinen Deutschen Strafgesetzbuchs von Jahre 1927, Diss. Tübingen（1928）S. 23；Heinrich Sörgel, Das generelle Gefährdnngsdelikt, Diss. Erlangen（1928）S. 14—18；Heinrich B. Gerland, Deutsches Reichsstrafrecht, 2. Aufl.（1932）S. 108；Vital Schwander, Die Gefährdung als Tatbestandsmerkmal im schweizerischen Strafgesetzbuch, SchwZStr Bd. 66（1951）S. 442— 446；Hellmuth Mayer, Strafrecht, Allg. Teil（1953）S. 69；Theodor Rittler, Lehrbuch des Östrrreichischen Strafrechts, 2. Aufl.（1954）Allg. Teil, S. 85；Friedrich Nowakowski, Das österreichische Strafrecht in seinen Grundzügen（1955）S. 52；Peter Bassenge, Der allgemeine strafrechtliche Gefahrbegriff und seine Anwendung im zweiten Teil des Strafgesetzbuches und in den strafrechtlichen Nebengesetzen, Diss. Bonn（1961）S. 61—63；Heimann—Trosien, in: Strafgesetzbuch, Leipziger Kommentar, 9. Aufl.（1974）Einleitung, Rdnr. 69；Hermann Blei, Strafrecht, I, Allg. Teil, 16. Aufl.（1975）S. 83 f.；Johannes Wessels, Strafrecht, Allg. Teil, 5. Aufl.（1975）S. 6；Paul Bockelmann, Strafrecht, Allg. Teil（1975）S. 145 f.；Harro Otto, Grundkurs Strafrecht, Allgemeine Strafrechtslehre（1976）S. 53；Eduard Dreher, Strafgesetzbuch, 36. Aufl.（1976）Vor § 1Rdnr. 3；Reinhart Maurach—Heinz Zipf, Strafrecht, Allg. Teil, Teilband 1, 5. Aufl.（1977）S. 234. 302.

值得一提，该学说在日本的理论中，现在也还占据着通说的地位〔36〕。

二　从上述形式说立场出发，抽象危险犯的处罚根据就是"抽象的危险"，这究竟是指什么内容的危险呢？ -199-

举例来说，站在形式说立场上的西本哈尔，对抽象的（公共）危险是这样理解的：在抽象的公共危险中，公共危险性本身不是其概念的构成要素。具体来说是指，公共危险不需要被具体证明，而是因为通常会发生公共危险，所以可以确定存在公共危险性。换句话说，公共危险是可以被抽象地考虑的，这本身是合理的〔37〕。在抽象的公共危险犯中，充足犯罪构成要件的行为自身就存在公共危险，或者即使现实中不存在，但也可以直接视为是存在的。这种抽象的危险的存立基础是从公法上引入的不允许反证的法律推定（praesumtio juris et de jure）原理〔38〕。

形式说的立场是通过形式地判断〔39〕是否实施了法律条文上规定的行为，来决定抽象危险犯的可罚性有无，那么，这个立场所承认的或者考虑的"抽象危险"的意义，就可以这样去整理："作为立法理由的危险""被拟制的危险""一般的危险"。以下按顺序分别探讨：

（1）作为立法理由的危险。

根据这种想法，在抽象危险犯中，法益侵害的危险不是构成要素，而不过是立法理由。

在这种见解看来，抽象危险犯中的危险，不是客观的成立要件，而且只能这样去解释：判断抽象危险犯成立与否的问题，只能在于犯罪的客观成立要件，也就是对形式的规范的违反。如果是这样，危险——尽管其内容还有疑问——没有被纳入构成要件，那么这种观点似乎最终与纯粹不服从说没有什么不同，因为根据这种观点似乎也是仅仅以规范违反作为肯定可罚性的根据。因此，前款中对纯粹不服从说所作的批判，也适用于"作 -200-

---

〔36〕　本书第一章第一节第二项参照（原书第 35 页以下参照）。

〔37〕　Hugo Siebenhaar, a. a. O. 〔Anm. 23〕S. 257.

〔38〕　Ebenda, S. 270.

〔39〕　夏帕指出，这样理解的抽象危险犯，等于是承认了抽象危险犯具有"形式犯"的性格。注〔25〕参照。

为立法理由的危险"这种观点。

（2）被拟制的危险。

根据这种想法，在抽象危险犯中，法益侵害的危险——尽管其内容仍然存在疑问——在行为人实施了条文规定的行为时就被视为由此产生了。在这个意义上，危险可以被理解为是"拟制"出来的。

正如在下一项探讨中所提到的那样，这种观点在德国已经遭到了批判。如果事先陈述批判的要点，那就是，将难以说是产生了危险的行为，当作产生了危险的行为加以处罚，本身是难言妥当的。或者说，危险的"拟制"的这种想法本身是带有问题性的。

（3）一般的危险。

根据这种想法，在抽象危险犯中，行为人实施了条文规定的行为之所以受到处罚，是因为这种行为具有一般的危险性。

但是，这里所说的"一般的危险"的内容，未必明确。如果说这是指，行为人实施的条文规定的行为，虽然在具体场合没有引发——该刑罚法规试图防止发生的——危险，但由于在其他场合这个行为是可以引发危险的，而且仅此就足够的话，在结果上，将这种观点运用到具体场合得出有危险的结论，其实也就是拟制存在危险然后加以处罚的一种思考方法，与上述的观点非常接近。即，根据这种观点，虽然认为在具体场合没有发生作为处罚根据的危险，但是因为在其他场合是可能发生的，所以就不必拘泥于具体地没有发生这个危险，也可以认为成立犯罪。

-201-

第二项　对"形式说"的批判论

一　前款所述形式论的观点，在二战前的德国受到了批判。在抽象的危险犯中，即使没有发生危险，也可以拟制发生了危险，然后肯定犯罪的成立，这种见解被认为是不合理的。可以说，批判的焦点在于危险的拟制，这本身也被作为一种立法论而受到关注。

例如，乌尔曼（Emanuel Ullmann）曾指出，"将抽象危险作为规定放火罪的指导原理，这种立场在根本上具有赤裸裸的威吓倾向（die unverhüllte Abschreckungstendenz）"，并暗示这是形式说一直存在的问题〔40〕。此外，他还通过以下的论述，对拟制危险的抽象危险犯这一概念进行了批判。

就今日的法秩序而言，仅仅通过处罚侵害·（具体的）危险以直接地保护法益，还不能说是对法益提供了周延的保护，所以还必须处罚抽象的危险——警察犯就属于这种情况。但是，侵害犯、危险犯之所以被处罚，是因为行为的现实性质损害了保护法益的完整性，所以在危险犯中，只有抽象危险是不够的，必须是有责地引起了具体的危险才能被处罚。从抽象危险的观点来处理危险犯，不得不说无视了刑事不法的实质内涵。但是，实定法却偏偏使用了这种不合理的观点。也就是把放火罪作为抽象危险犯。这等于承认了不容反证的法律推定，打开了法律拟制的大门。立法者以这样的方式处罚抽象危险，虽然根据何在还留有疑问〔41〕，但这不可能与危险概念的本质有什么关系。换言之，讨论有没有这样的抽象危险，无非是先确定那些可能有危险的情形，然后把不会发生危险的稀有场合排除在考虑之外，如果看一下溢水罪的规定——这属于具体危险犯——就可以明白这种讨论是没有什么说服力的。又或者是立法者严格地规定了构成要件，使得一些不正确的解释一开始就被排除了，审判过程中的法律适用也变得更容易，但根据这样的想法否定存在危险，也不过只是一种目的论的理由。结局，在性质上属于不服从犯、侵害犯（损坏罪）的行为，被科处

-204-

---

〔40〕 Emanuel Ullmann, Zus Lehre von der Anzündung der eigenen Sache des Täters, GS Bd. 30 (1878) S. 592.

〔41〕《普鲁士刑法》（1851 年）第 285 条规定的放火罪，其形式和内容如下：第 285 条规定："该当以下各项之一的人，按放火罪处理，科处无期或者 10 年以上的重惩役。因为火灾导致人死亡的，科处死刑。（一）对供人居住使用的建筑物、船舰或者小屋，又或者供人用于礼拜的建筑物，故意实施放火的人。（二）作为人暂时停留使用的建筑物、船舰或者小屋，在通常有人停留在那里的期间内，故意实施放火的人。（三）在火车、采矿场或者作为人暂时停留使用的其他场所，在通常有人停留在那里的期间内，故意实施放火的人。"在所有的这些场合，放火的对象是否归行为人所有，在所不同。在制定以上放火罪规定之际，存在的争论是，应该采取具体危险犯的形式还是抽象危险犯的形式。如果是采取具体危险犯的话，因为会规定特定的对象，不会在无法正当化的场合都强制裁判官科处严厉的刑罚，所以相比而言问题会更少一些，但即便如此，为了确保解释的正确性、刑罚适用的确实化以及在陪审裁判所适用法律的容易化，应该在法律上严格规定犯罪要件事实，以此为理由，最终还是采取了抽象危险犯的形式。Vgl. Goltdammer Die Materialien zum Straf = Gesetzbuch für die Preußische Staaten, Theil Ⅱ（1852）S. 640—642. 这种立法形式先后出现在《北德国同盟刑法典》、1871 年《德意志帝国刑法典》，最终被现行刑法所继受。

了重的刑罚〔42〕。

另外，以下阿佩尔（G. Heinz Appel）的批判也可以被认为是同样的旨趣。

根据抽象危险犯的规定而被处罚的行为是具有一般危险的，但在具体情况下，这种行为也可能不引发法益侵害。如果是在这种情况下的话，行为具有可罚性的这一结论，应该可以通过因为行为具有一般危险这种理由予以正当化。在这里，消除危险认定的困难是一种利益，而处罚没有危险的行为是一种不利益，这两者就发生了冲突，但是，这种不利益必须是重大的，才能够阻止人们通过一般危险的理由去处罚一定行为。如果可以通过扩张法定刑，避免对没有危险的行为科处重的刑罚这种不妥当的结果，那么在结果上，就有必要认定存在危险。因此，就作为立法论而言，应当将其作为以认定危险为必要的真正危险犯（具体的危险犯）。在违反警察规定的行为类型中，存在一些没有具体危险的行为也要被处罚的情形，只不过被判处的刑罚很轻，所以即使经常发生一些不妥当的事情，也相对地更容易为人们所忍受〔43〕。

通过拟制发生危险进而肯定可罚性的观点，被以上见解所批判〔44〕。然而，不难发现，这些批判并不针对所有采用抽象危险犯形式的实定法上的犯罪。因为，在很多场合下，"警察犯""警察违反"这些轻微犯罪可以被考虑排除在批评对象之外。

---

〔42〕 Emanuel Ullmann, Die Brandstiftung, in: Vergleichende Darstellung des deurtschen und ausländischen Strafrechts, Bes. Teil Bd. 9（1906）S. 36—43.

〔43〕 G. Heinz Appel, Die Verbrechens der Gefährdung von Leib und Leben nach deutschem Recht, Diss. Köln（1930）S. 27—31.

〔44〕 Vgl. auch, Hans Herbert Nick, Gefahr und Gefährdungsvorsatz im Hinblick auf ein Gefährdungsstrafrecht, Diss. Marburg（1937）S. 8f., 30—32. 另外，《德国刑法典预备草案》（1909年）也考虑到了拟制危险可能存在疑问，所以将放火罪规定为了具体危险犯。Vgl. Vorentwurf zu einem Deutschen Strafgesetzbuch, Begründung, Bes. Teil（1909）S. 604. 该草案第 189 条第 1 项的规定，包含了放火罪，即，"故意放火、爆炸、地崩或者决水，以及因为此种行为使得他人的生命或者大范围内他人的财产遭受危险的，处以重惩役"。

阐明这种观点，并对抽象危险犯处罚根据的内容加以探讨的，是亨克尔[45]。亨克尔不认为刑事刑法和行政刑法存在什么实质性差异[46]，一般性称为抽象危险犯的犯罪，被他进一步区别为（通常的）抽象危险犯和"非本来的危险犯（Uneigentliche Gefährdungsdelikte）"[47]这两种类型，在这基础上展开了他的讨论。 −205−

（1）抽象的危险犯——在抽象的危险犯当中，需要考虑的问题不是个别的行为，而在于行为的种类，在这种情况下，危险不过是立法理由[48]。就这种抽象危险而言，还需要将具体案件中可能被认识的情况进行抽象化之后，才可能被认为是存在的[49]。虽然这种抽象化的程度还不明确，但什么危险是抽象的，这是由立法者事先决定的，裁判官的任务不过是适用法律。就警察不法而言，这种抽象危险——与保护法益间存在的实质关系——是能够得到承认的，所以宾丁的纯粹不服从的想法应该被否定[50]。[51]

（2）非本来的危险犯——在重罪当中，虽然不将危险的概念作为构成

---

[45]　Hans Henckel, Der Gefahrbegriff im Strafrecht, Str. Abh. Heft 270（1930）S. 59—77. 另外，冈本·前出注〔8〕92—94 頁，福山·前出注〔8〕21—22 頁参照。

[46]　在亨克尔看来，刑事刑法和行政刑法之间不存在实质的差异。"之所以这么说是因为，必须坚持认为双方的实质处罚根据是同一的。也就是说，双方都旨在防止对法律所要保护的利益也即法益的侵害（Abwehr von Angriffen）。处罚完全没有侵害的行为，是没有意义的。""因此，警察不法和刑事不法的差异，历来都不是质的差异，而仅仅是量的差异。"VgL. Hans Henckel, a. a. O〔Anm. 45〕S. 66 f.

[47]　芬格将"非本来的危险犯"理解为危险是被拟制的危险犯，并在这个意义上使用这个概念。Vgl. August Finger, Der Begriff der Gelfahr und seine Anwendung im Strafrecht（1889）S. 46ff. なお、団藤重光·刑法綱要総論·改訂版（昭和 54 年）116 頁注 13 参照。

[48]　"因为在日常生活中大量地发生，而且很频繁地发生，不值得在各个场合都做个别的判断的"犯罪就是指这种情形。"正是因为这种犯罪行为的多数发生，意味着人类有秩序的共同生活遭受了危险"。Vgl Hans Henckel, a. a. O.〔Anm. 45〕S. 61. 希佩尔也着眼于"大量现象（Massen-erscheinung）"。Vgl. Robert v. Hippel, Deutsches Strafrecht, Bd. 2（1930）. S. 101.

[49]　"抽象危险不是个别场合中的危险，而是一般场合的危险。因为这一个种类的行为是危险的，行为事实又属于这个种类的话，那就是可罚的。"Vgl. Hans Henckel, a. a. O.〔Anm. 45〕S. 68.

[50]　所谓不服从国家的命令·禁止，是完全形式性的基准，规范论的根本谬误在于，完全忽视了犯罪具有法益意义上的实质意义。Vgl. ebenda, S. 66.

[51]　Ebenda, S. 59—71.

要素，但毫无疑问被认为是危险犯的情形。这就是非本来的危险犯，例如放火罪的规定就属典型[52]。这种犯罪在构成要件的规定形式上，与抽象危险犯没有区别，但这种犯罪的成立基础或者说理由，却与抽象危险犯不同。也就是说，放火罪不是像抽象危险犯那样在日常生活中反复出现的、经常被人实施的大量犯罪（Massendelikt），反而是应当在具体案件中认定有没有危险的犯罪。在非本来的危险犯场合，立法者将所有的具体情形都统一视为存在危险的。换句话说，危险在这种场合是被拟制的构成要件要素。因此，非本来的危险犯比警察犯更具有接近具体危险犯的性质（在要处罚的危险内容的意义上——作者注）。但是，这样的拟制是否妥当，在立法论上还是一个问题。对此，最好还是把非本来的危险犯作为具体的危险犯去处理[53]。

二 以上批判论所批判的，是认为可以通过拟制危险的发生然后处罚抽象危险犯的这种想法。因此，在审视这些讨论之前，首先有必要对这种拟制危险的想法本身予以若干探讨。

从结论上来讲，拟制危险的想法明显不合理。一般来说，刑法将能够引起一定事态（法益侵害及其危险）的行为作为犯罪来处罚，是为了通过刑罚手段防止此类事态的发生。因此，为了能够承认成立犯罪，必要条件就应当是，这种——正确地来说是该规定的——要防止发生的事态实际发生了[54]。

---

〔52〕 注〔12〕参照。另外，希佩尔从"当罚性"的观点出发对具体危险犯和抽象危险犯予以了区别，然后在这个观点的基础上将放火罪作为具体危险犯。Vgl. Robert v. Hippel, a. a. O. 〔Anm. 48〕S. 100f.

〔53〕 Hans Henckel a. a. O. 〔Anm. 45〕S. 71—77. vgl. auch, Günthher Hücking, Gefahr, gegenwärtige Gefahr, Dauergefahr, Gefährlichkeit：Erscheinungsformen des Gefahrbegriffs und ihre Bedeu-tung im geltenden Strafrecht（unter besonderer Berücksichtigung der Rechtsprechung des R. G.），Diss. Bonn（1935）.

〔54〕 值得一提的是，也可能存在这样的一种想法。就是说，为了防止一定事态（法益侵害·危险）的发生，不仅现实地发生了这个事态的场合，而且在实施了应该且能够产生这种事态的行为的场合，甚至能够被当作可以引发这种事态的行为的，都应该加以处罚。但是，这里应该考虑的问题是，处罚范围这么广泛，实际上防止的东西又变成了什么。可以说，根据这种想法，本来应该防止发生的事态以外的那些事态，也被防止了。打个比方，为了防止人的生命受到侵害，不仅是现实地造成死亡后果的行为，还包括能够杀掉人的行为，甚至是想要杀掉人的行为，都出于保护人的生命的目的、应该防止人被杀害的结果，被按照杀人（既遂）罪加以处罚了。这明显是不妥当的。这样看的话就可以发现这种想法是有问题的了。

这种为犯罪成立奠定基础的事态，就是犯罪的处罚根据。这种处罚根据不仅在立法者制定罚则规定的场合要被承认，而且在司法中，也就是因为具体的行为要处罚具体的行为人的场合，也有必要被现实地承认。因为，国家就具体的行为而处罚具体的行为人，必须要有正当化的基础。因此，为了具体地肯定犯罪成立，就必须具体地承认其处罚根据。从上述观点来看，拟制危险的这种想法其实就表现为，即便没有为犯罪具体的成立现实地（实质地）奠定基础的事态也要肯定成立犯罪，那就不得不说这是有问题的[55]。

以此为前提，在探讨批判论是否恰当的时候，需要考虑，构成抽象危险犯处罚根据的危险（抽象危险），它的内容到底是什么。也就是说，如果能够明确危险的内容，即使因为实施了法条规定的行为而被认定成立抽象危险犯，但因为得出这个结论的前提是作为处罚根据的危险已经发生了，那不就可以认为危险不是拟制的了吗？先前看到的批判论并不总是针对所有被认为是抽象危险犯的犯罪的这一点，其实也暗示了要考虑这个问题。因此，在探讨对抽象危险犯的批判论的成立与否之时，的确有必要明确构成处罚根据的危险（抽象危险）的内容。

另外，虽然这种针对拟制的批判论在德国学说中是作为立法论而被提出的，但如果这个批判得以成立，该理论就不仅仅作为立法论，作为解释论也都无法成立了。因为，如果可以解释为某个犯罪是以某个特定的事态作为处罚根据，那么，为了具体地肯定犯罪成立，这种处罚根据也就有必要是具体地能够得到承认才行，这样去理解似乎也没有什么解释上的障碍。（但是，如果采取危险犯处罚根据的危险只有具体危险——即具体危险犯处罚根据的危险——的这种立场，情况可能会有所不同。因为从这个立场来看的话，所有的抽象危险犯都可以被解释为实际上是具体危险犯，

–207–

---

〔55〕　即便具体的行为没有引发一定内容的危险，也还是要处罚，为了说明这种情形的合理性，就举出了危险的"拟制"这种观点，但在本书看来这是有疑问的。就这一点进一步来说的话，认为不采取"拟制"的观点就无法合理地解释为什么没有危险也要处罚，根本问题出在对处罚根据也就是危险的内容的理解有偏差。对这一点还有必要继续探讨。另外，关于"拟制"可以参照这些，Vgl. auch, Heinrich Henkel, Die „Praesumtio Doli " im Strafrecht, Festschrift für Eberhard Schmidt（1961）S. 578ff.（紹介—鈴木茂嗣・法学論叢70巻2号（昭和36年）141頁以下。）

但是，既然法律条文明确区分地规定了，具体危险犯是条文上要求发生"危险"的犯罪，不这么要求的就是抽象危险犯，那么就很难这样去解释[56]。——然而，像这样极为限定地去解释处罚根据之危险的内容，想必也存在一些问题。例如，如何说明具体危险犯的未遂犯，就不是危险犯了吗，等等。这样去理解危险的内容，不仅在解释论上有很大困难，而且在立法论上也不得不说其合理性是有严重疑问的。因为不可否认，即便在具体危险发生之前的阶段，也可能需要刑法的介入[57]。[58]

---

〔56〕 乌尔曼、亨克尔等人曾经提出的立法论建议是，在立法上应该将抽象危险犯限定为处罚根据是轻微危险，并且法定刑很轻的犯罪类型，与之相对，规定了较重法定刑并且在条文上明文要求发生"危险"的才是具体危险犯（注〔42〕、注〔53〕参照）。Vgl. auch, Christoph Carl Stübel, Ueber gefährliche Handlungen, als für sich bestehende Verbrechen, zur Berichtigung der Lehre von verschuldeten Verbrechen, nebst Vorschlägen zur gesetzlichen Bestimmung über die Bestrafung der ersten, Neues Archiv des Criminalrechts, Bd. 8（1825）S. 275 ff; Oskar Busch, Gefahr und Gefährdungsvorsatz in der Dogmatik des modernen Strafrechts（1897）S. 27; Max Schwendimann. Die Gefahr im schweizerischen Strafrecht（1920）S. 29; Adelheid Heilbrunn, Der Schutz vor Gefährdung vonl Leib und Leben der Einzelpersonen im geltenden Strafgesetzbuch und in den Strafgesertzentwürfen, Diss. Köln（1933）S. 12—14. 另外，宾丁的纯粹不服从说被认为也可以具有同样的实践意义。Vgl. auch, Theodor Marfels, Das Verbrechen vorsätzlicher Lebensgefährdung, Diss. Leipzig（1927）S. 22.

〔57〕 例如，如果让刑法来规制公害行为，可能有观点认为应当要求发生具体的危险，而且这个还应该作为犯罪的成立要件，但如果考虑这些理由，这样的观点就会被认为是不妥当的。①需要作为问题加以判断的物质有害性，行为与被害结果间的因果关系都是不明确的，或者说证明是困难的。②责任（故意·过失）的证明是比较困难的。③是否发生了具体的危险，可能因为偶然因素而结论不一，所以违反责任主义。④如果是要求发生具体危险之后刑法才介入，可能就会太迟了。Vgl. Armin Kaufmann, Tarbestandsmäßigket und Verursachung im Contergan—Verfahren, JZ 1971, S. 575; Otto Backes, Umweltsstrafrecht, JZ 1973, S. 3, 39f. ; Hans—Ulrich Buckenberger, Strafrecht; und Umweltschutz, Möglichkeiten und Grenzen（1975）S. 147 f. ; Berthod Moser, Der Umweltschutz im neuen österreichischen Strafgesetzbuch im Vergleich mit der Rechtslage in der Schweiz, Schweizerische JZ 71 Jg.（1975）S. 139; Wolfgang Rüdiger, Zur Bekämpfung sozialgefährlicher Umweltverstöße durch das Criminalstrafrecht, Diss. Gießen（1976）S. 106—112; Rudolf Leibinger, Der strafrechtliche Schutz der Umwelt, Deutsche Strafrechtliche Landesreferate zum X. Internationalen Kongreß für Rechtsvergleichung Budapest 1978, Beiheft zur ZStW（1978）S. 82 f. 另外，平野龍一「環境の刑法的保護—第一〇回国際比較法学会大会での一般報告—」刑法雑誌23巻1·2号（昭和54年）164頁以下也可参照。考虑到这一点，西德的刑法代案（Alternative—Entwurf eines Strafgetzbuches, Bes Teil, Straftaten gegen die Person, 2. Halbband（1971））提议采用以下值得注意的两种类型的危险犯：（1）采纳了检查所（Prüfstelle）指示的，有白地刑罚法规性质的抽象的危险犯（第152条至第156条、第158条）（例）第155条规定："贩卖未经检查的医药品：（一）未经医药品检查所（Arzneimittelprüfstelle）许可，就经营（im Rahmen eines Gewerbebetriebes）大量生产的医药品，使之在市场流通的，处以5

三　在二战后的西德，抽象危险犯也被学者指出存在各种问题。只不过，不再仅仅从立法论的角度讨论问题，也开启了解释论层面的限定性解释探索。

（1）阿图·考夫曼（Arthur Kaufmann）从"责任主义"[59]的角度批判了抽象危险犯。考夫曼展开的批判论如下所述：

在抽象危险犯中，科处刑罚是因为被一般性地认为是危险的态度，即使具体来说完全没有危险也会受到处罚。因此，责任不必延伸到自己态度的具体危险性。即使行为人正当或错误地认为自己的态度完全不是危险的，这也不是对行为人有利的说辞。在这个范围内，责任是在不允许反证的情况下被推定的，或者说是被拟制的。所以，正如人们普遍承认的那样，

（接上页）年以下自由刑。（二）略（三）医药检查所对医药品许可的附属指示，特别是对医药品使用范围、效能、处罚以及使用可能期间的说明内容·明确性要求，经营医药品过程中违反的，处以罚金或者 2 年以下自由刑。（四）略。" Vgl. Eckhard Horn, Erlaubtes Risiko und Risikoerlaubnis, Zur Funktion des Prüfstellensystems nach § 155 AE, Festschrift für Hans Welzel (1974) S. 721; Hans—Ulrich Buckenberger, a. a. O., S. 165—170; Rudolf Leibinger, a. a. O., S. 80f. 另外，平野龍一「公害と刑法」田中先生古稀記念·公法の理論·下Ⅱ（昭和 52 年）2421—2424 頁参照。（2）"新型危险犯（Risikodelikte eines neuen Typus）" （Vgl. Armin Kaufman, a. a. O., S. 567）（151 条、157 条）（例）第 151 条 公共危险的引起——（一）有相当大的程度（von erheblichem Ausmaß），特别是在建筑物内引起火灾的，或者（二）使用爆炸物，又或者通过其他方法引起了爆炸的，（三）~（六）略在行为的时点，不能说对他人的生命和身体没有伤害的时候（ohne daß im Zeitpmlkt der Handlug eine Schädigung anderer an Leib oder Leben auszuschließen ist），处以 5 年以下自由刑。二~五略

〔58〕值得一提的是，西德第 18 次刑法改正法——有关环境犯罪取缔的法律——（1980 年 7 月 1 日施行）〔第 28 章，针对环境的犯罪行为，第 324 条至第 330d 条〕采取的立法方式是，以抽象危险犯作为基本犯的立法形式，但是又规定在产生了具体危险的场合，要科处更重的刑罚。Vgl. Heinrich Laufhütte u. Manfred Möhrenschlager, Umweltstrafrecht in neuer Gestalt, ZStW Bd. 92 (1980) S. 9l2 ff. 《奥地利刑法》中有的条文也采取了与具体危险犯迥然不同的危险犯立法模式。第 180 条故意引起水体或者大气污染的危险规定："（一）污染水体或者大气，而且对他人的生命·身体（第 89 条）造成了危险，又或者在较广的范围内，对他人的家畜、他人狩猎权·渔业权所属动物造成了危险的人，处以 3 年以下的自由刑或者 360 日以下的罚金。（二）违反现行法规，污染水体或者大气的人，在能够引发前项规定的危险之际（herbeigeführt werdenkann），与前项做相同处理。"这里要求的是"抽象的（应该且能够引起危险的——作者注）性质"（Leukauf—Steininger, Kommentar zum Strafgesetzbuch (1974) S. 861）、"危险的可能性"（Berthold Moser, a. a. O. 〔Amn. 57〕S. 140）。

〔59〕Vgl. Arthur Kaufmann, Das Schuldprinzip (1961).（紹介—宮沢浩一·法哲学年報·法の概念·1963 年（上）167 頁以下。）

在重放火罪中（《德国刑法》第 306 条）[60]，对人生命危险的认识不是故意的必要内容，即使行为人确信要放火的这个建筑物中没有人，也可以肯定犯罪的成立。很明显，这违反责任主义了。因为，在重放火罪中，构成决定性不法要素的不是物的损坏，而是对人生命的危险，根据不法与责任合致的原则，故意必须包含对人生命危险的认识才对。[61]

——只要实施了法律条文规定的行为就马上肯定成立犯罪的抽象危险犯，在以上考夫曼的见解中，被批判为违反了责任主义。但是，与其说问题在于责任阶段，倒不如说是处在违法阶段，实际上考夫曼也承认这一点。因为，如果责任主义在这里意味着违法与责任合致的原则，那么也可以认为，抽象危险犯是充足这一原则，没有什么地方是违背了这一原则的。这是因为，在抽象危险犯中，能够肯定成立故意犯的当然前提是，法律条文规定的行为被实施了（违法内容），而且行为人对此有认识（责任）。因此，不如说问题应该在于抽象危险犯的违法内容，也就是说，要探讨的是，为什么在具体的场合之中，即使没有发生"对人生命的危险"，也可以肯定成立犯罪[62]。

（2）在最近提出的一些见解中，也有探讨抽象危险犯的违法性内容的观点，这为"限定解释"的可能性打下了基础。这种观点的看法在于，即使实施了法律条文规定的行为，也可能无法承认发生了危险。

这种观点的论者之一，首先可以举出佛尔兹（Manfred Volz）。对于"抽象危险犯的不法和责任"[63]，他有如下论述。

---

[60] 注〔12〕参照。

[61] Arthur Kaufmann, Unrecht und Schuld beim Delikt der Volltrunkenheit, JZ 1963, S. 431. f. （紹介—浅田和茂・関西大学法学論集 21 巻 6 号（昭和 47 年）66 頁以下。）Vgl. auch, Eberhard Schmidhäuser, Strafrecht, Allg. Teil, 2・Aufl. （1975）S. 254f. ; Jürgen Baumann, Strafrecht, Allg. Teil, 8 Aufl（1977）S, 132f.

[62] 岡本・前出注〔8〕108 頁，也是这个意思。

[63] Manfred Volz, Unrecht und Schuld abstrakter Gefhärdungsdelikte, Diss. Göttingen（1968）. 佛尔兹的见解，可以参照佐伯・前出注〔8〕88 頁参照。Vgl. Auch, Hans—Joachim Rudolphi;, Inhalrt und Funktion des Handlungsunwerts im Rahmen der personalen Unrechtslehre, Festschrift für Reinhart Maurach（1972）S. 59 f.（紹介—真鍋毅・佐賀大学経済論集 11 巻 1 号（昭和 54 年）59 頁以下。）另外，振津隆行「不法における結果無価値と行為無価値（一）」関西大学法学論集 26 巻 1 号（昭和 51 年）184—185 頁参照。

　　即使没有发生具体的危险，也能够肯定成立犯罪的抽象危险犯，其违法内容首先要在"攻击具体的法益"[64]的基准下予以考虑。佛尔兹认为，即使从结果无价值论的角度来看，危险是"独立存在的结果"[65]，可以理解为是一种结果无价值，但是，既然不发生这种结果也成立犯罪，那么为抽象危险犯奠定违法性基础的就不能是结果无价值[66]。而且，纵然以行为无价值论的观点而言，可以认为事前来看行为具有的导致结果发生的性质，为行为的违法性奠定了基础[67]，但是这种"适合性（Eignung）"[68]即使在具体场合不能得到肯定，都还是可以成立抽象危险犯的，这意味着其也不足以说明抽象危险犯的违法性[69]。

　　所以，佛尔兹随后在"甘冒危险（Risikoeingehen）"的基准下进行探讨。[70]从忽略行为效果的角度出发，他得出的结论是："抽象危险犯的不法以及责任内容，存在于行为人知道有可能且应当发生法益侵害，还是实施一般性的行为以表示接受这种危险（Risiko）"[71]。即，抽象危险犯的不法以及责任内容在于"违反了对保护法益的社会义务（Verletzung einer sozialen Pflichtenstellung gegenüber dem geschützten Rechtsgut）"[72]。根据

-210-

---

　　[64]　Vgl. Manfred Volz, a. a. O.〔Anm. 63〕S. 21ff. 另外，这里所说的"具体的法益"是指（"具体的"含义是指，与例如法秩序等这种概念相比较的场合而言的），意味着例如生命权或者所有权这种"抽象的概念"。也就是说，根据佛尔兹的说法就是，"不是各个人类、各个财物受到保护，而是生命、所有权受到保护才对"。"各个人类是行为客体，但法益是指，一般意义作为妥当价值的生命。"（vgl. ebenda, S. 22.）佛尔兹正是基于上述那种对法益的理解，才为"行为客体和法益间存在重要差异"这个命题打下了基础。但是，为了能够承认这种差异的存在，就必须要采取佛尔兹的那种想法吗，恐怕没有这个必然性。比如说，不是"一般意义上作为妥当价值的生命"，而是考虑将"各个人的生命"作为法益也是可以的吧。

　　[65]　Vgl. ebenda, S. 27 ff.

　　[66]　Vgl. ebenda, S. 29—35.

　　[67]　Vgl. ebenda, S. 41 f.

　　[68]　"对因果经过主张进行客观事前判断的立场中，有所谓的适合性原理。该原理的内涵是指，要考虑的事实包括，站在行为人的角度来看，采取平均能力的观察者的视角，对事实的经过还能够施加影响的这个时点范围内的所有事实，并且是为行为人能够且已经认识到的这些事实。"（ebenda, S. 42.）

　　[69]　Vgl. ebenda, S. 37 ff., insb. S. 132.

　　[70]　Vgl. ebenda, S. 133 ff.

　　[71]　Ebenda, S. 143.

　　[72]　Ebenda, S. 160.

这种立场可以推导出的结论是：在行为人有意识地排除危险或者合理地确信不会发生危险的时候，应该否定成立抽象危险犯，或者说不该当构成要件。[73]

最近探讨"抽象危险犯的解释论"[74]的学者，还可以举出布雷姆（Wolfgang Brehm）。他在批判性地分析以往各观点之后，基于蒙兹伯格（Wolfgang Münzberg）的违法论[75]，得出了这样的结论：抽象危险犯的违法性是基于类型修正（Typenkorrektur）被允许的、根据结果发生的具体适合性（Eignung）判断的具体行动义务的违反而建立的[76]。因此，"当行为人拥有特别的知识，其结果是谁都知道不会被侵害时，禁止的违反是不存在的"，抽象的危险犯的成立被否定，这样的结论也得到了其他人的认可[77]。[78]

——以上的见解自身是否可以得到维持暂且另当别论，但可以认为，这些见解是在认识到了具体场合中即使完全没有发生危险也可以成立抽象危险犯的前提下，探讨了抽象危险犯的违法性内容，为"限定解释"的可能性打下了基础[79]。尽管这些观点所依据的违法论框架存在一些差异，

---

〔73〕 Vgl. ebenda, S. 165, 167f., 193 f.

〔74〕 Wolfgang Brehm, Zur Dogmatik des abstrakten Gefährdungsdelikts（1973）.

〔75〕 Vgl. Wolfgang Münzberg, Verhhalten und Erfolg als Grundlagen der Rechtswidrigkeit und Haftung（1966）S. 168. 在蒙兹伯格看来，不是以抽象的适合性（die abstrakte Eignung）——例如《德国刑法》第 306 条（放火罪）、第 309 条（失火罪），而是以具体的适合性（die konkrete Eignung）为要件的刑罚规定中——例如《德国刑法》第 221 条（遗弃罪），存在那种例外的时候才可以认为，即便实施了合致于法律条文描述的行为，也不当作违法的行为。

〔76〕 Vg. Wolfgang Brehm, a. a. O. 〔Anm. 74〕S. 91—133.

〔77〕 Vgl. ebenda, S. 131.

〔78〕 另外，布雷姆指出，应该要注意的是，不能在所有的抽象危险犯中都肯定这种"限定解释"的可能性。也就是说，如道路交通法规那样，这些法规是通过强制一定的行动以形成秩序，是重视规则自身的规定（例如，右侧通行的规定）或者是不承认行为人在特定情况下有自由选择权的规定（如禁止超车的规定），对于这些规定，布雷姆否定了"限定解释"的可能性。Vgl. ebenda, S. 137—143.

〔79〕 此外还有这些见解，霍恩认为应该把有关法益侵害发生的客观的注意义务违反作为问题（Eckhard Horn, Konkrete Gefährdungsdelikte（1973）S. 28—30; Rudolphi—Horn—Samson, Systematischer Kommeirtar zum Strafgesetzbuch, Bd. Ⅱ Bes. Teil（1980）Vor § 306 Rdnr. 17〔Eckhard Horn〕），许迺曼则认为应该将主观的注意义务违反作为问题（Bernd Schünemann, Moderne Tendenzen in der Dogmatik der Fahrlässigkeits— und Gefährdungsdelikte, JA 1975, StR. S. 213）.

而且自身妥当与否也另当别论，但是这种"限定解释"的立场包含了这种判断：即使是抽象危险犯，如果在具体场合完全没有发生危险的话，就不应该予以处罚[80]。由于该论者所采用的违法论立场，使得这种判断即使不是直接作为解释论展开的，也可以被认为是那种解释论的前提。 -211-

但是，问题似乎就存在于这个前提之中。已如前述，如何理解这个前提，这个前提的根据何在，才是问题的所在。固然可以根据上述见解，从其依据的违法论的立场来理解这个前提，但是这个前提是如何得出的，这方面的探讨未必充分。所以，尤其要探讨这一点。

四　已如前述，在评价抽象危险犯——形式说立场——批判论的妥当与否之际，更根本地说在考虑抽象危险犯的解释的时候，有必要探讨其处罚根据的危险——抽象危险——的内容。可以说，批判论的妥当与否以及"限定解释"的可能性，取决于如何理解这个危险的内容。仅仅是提出"在法益侵害·危殆化中寻求犯罪实质的立场"[81]或者"作为危殆犯的本质以及刑事犯的不法本质"[82]，还不足以成为"限定解释"的基础。因为，正是"危殆化"的内容成为问题，才需要追问如何理解"作为危殆犯的本质"的内容。

在下一节中，首先对抽象危险的内容进行一般的讨论，然后对抽象危险犯的解释进行考察。 -212-

第二节　抽象危险犯的解释尝试

第一款　抽象危险的意义

一　抽象危险犯处罚根据的危险是抽象的危险，在考虑这个危险的意义的时候，最好先从这个问题开始探讨：与具体危险犯处罚根据之具体危

---

［80］　Vgl. Reinhart Maurach—Friedrich—Christian Schroeder, Strafrechrt, Bes. Teil, Teilband 2, 6. Aufi.（1981）S. 12. 就各个具体的场合而言，如果绝对不可能发生被害的话，就要否定可罚性。

［81］　内田文昭·刑法 I（総論）（昭和 52 年）98 頁。

［82］　岡本·前出注〔8〕124 頁。

险不同的危险，究竟是有着什么内容的危险。因为，如果不弄清楚这一点，批判论的妥当与否、"限定解释"的可能性及其基础，这些问题的讨论就不可能得到推进。

（1）克拉默（Peter Cramer）认为抽象危险犯的处罚根据就是该类犯罪的客观成立条件，在内容上应当是与具体危险不同的危险。因此，在探讨抽象危险的内容之前，可以先了解一下他的观点。他的见解如下所述[83]。

宾丁[84]、拉布尔[85]的观点之所以没有成功，原因在于，在刑法上属于重要的攻击行为，都是被限定为侵害法益或引起具体危险的行为。考虑一下未遂的可罚性（这容易让人想起德国的未遂犯——与不能犯问题相关——处罚范围是很广泛的[86]——作者注）就可以明白，这个想法应该是无法得以维持的。因为，发生具体的危险不是决定未遂犯可罚性的要素[87]。

那么，从保护法益的观点来看，要考虑的问题是，能否通过刑罚禁止抽象危险的行为，以及在什么样的要件下，抽象危险的行为才能被评价是攻击法律所保护的利益的行为。总是与现实结果相关的犯罪概念，是不可能得到维持的，所以，从保护法益的观点来评价人类态度自身就是可能的。这一点在处罚不能未遂的场合尤为清楚。也就是说，不是因为行为的具体危险性，而是因为行为人的危险性，才可以认为行为人的行为是攻击法益的行为。所以，抽象危险可以被理解为行为人的危险性，这个行为人又特别是指存在着意图引起一定法益侵害·危险的意思活动的那个人，所以抽象危险又可以理解是行为的潜在危险性[88]。

而且，要赋予犯罪行为以攻击法益的特征，就必须探究这个行为与法益的关系。立法者之所以将某个行为作为抽象危险犯然后肯定其可罚性，

-221-

---

〔83〕 Vgl. Peter Cramer, Der vollrauschtatbestand als abstraktes Gefährdungsdelikt（1962）S. 50 ff. 另外，对于克拉默的见解，冈本·前出注〔8〕113—116頁，佐伯·前出注〔8〕87—88頁参照。

〔84〕 原书第 189 页以下参照。

〔85〕 原书第 229 页参照。

〔86〕 原书第 88 页以下参照。

〔87〕 Peter Cramer, a. a. O.〔Anm. 83〕S. 60f. 在克拉默看来，"犯罪就是一种社会的无价值行为，引起侵害和引起危险的概念，都不能完全地概括出犯罪的这个特征"。

〔88〕 Ebenda, S. 61—66.

是因为该行为通常具有引起具体危险的性质。而且，这个想法不仅仅是立法理由，还必须实质性地纳入构成要件中。之所以这么说，是因为赋予其犯罪特征的，并非立法理由，而是从行为中产生的现实性·潜在性的法益侵害。抽象的危险犯处在具体危险犯的前阶段，因为也包含了引起法益危险的盖然性（die Wahrscheinlichkeit einer Rechtsgütergefährdung），所以，抽象危险也只能是具体危险的盖然性（die Wahrscheinlichkeit einer konkreten Gefährdung）[89]。

根据这个观点就可以对构成要件进行限定解释了。即使是在这样的犯罪中，也就是在法律条文没有规定与引起危险的盖然性相同宗旨的、引起结果的"适合性质（Geeignetheit）"的犯罪中，为了肯定这种犯罪的成立，也应该同样要求有引起结果的"适合性质"。因此，在例如放火罪的场合，在放火的时候不需要证明该建筑物中有人，只需要说明那个建筑物通常是有人的就够了[90]。

-222-

——克拉默从行为人对法益的危险性中推导出了行为的潜在危险性，并将这种行为的潜在危险性与法益侵害的抽象危险等同视之，尽管被认为是独特的见解，而且也还具有一定的疑问[91]，但是，将抽象危险理解为"具体危险的盖然性"的这种想法自身，作为理解抽象危险的方法，是有意义的。

那么，抽象危险作为"具体危险的盖然性"[92]，究竟是指什么内容的危险呢？对于克拉默的这种观点，阿图·考夫曼有如下批评。

"这个定义（作为具体危险盖然性的抽象危险——作者注）中存在逻辑性的错误。危险概念本身就内在地包含了盖然性（或者说可能性）的要素。因此，危险不是危险的盖然性（或可能性），而仅仅表示不被期望的结果发生的盖然性（或可能性）。盖然性的盖然性、可能性的可能性、危

---

〔89〕　Ebenda, S. 67—69.

〔90〕　Ebenda, S. 69—74.

〔91〕　冈本·前出注〔8〕116 頁参照。

〔92〕　Vgl. auch, Eduard Vermander, Unfallsituation und Hilfspflicht im Rahmen des § 330c StGB (1969) S. 36 ff. ; Hans—Heinrich Jescheck, Lehrbuch des Strafrechts, Allgs. Teil, 3. Aufl. （1978）S. 211 f.

险的危险，这些说法是没有意义的"[93]。

尽管考夫曼提出了这样的批评，但也不能认为克拉默的见解中真的就存在"逻辑性的错误"。因为具体危险本来也是没有发生法益侵害，但因为有法益侵害的盖然性·可能性就承认这种危险的存在，那么抽象危险也是一样的，没有发生具体的危险但因为存在具体危险的盖然性·可能性，所以承认这种抽象危险的存在，在"逻辑上"完全说得过去。

克拉默本人认为具体危险与抽象危险之差在于"强度（Intensit-ätsgrad）"之差[94]，但问题在于，既然抽象危险是指"具体危险的可能性"，那么它的内容究竟是什么呢？

（2）在佛尔兹看来，克拉默认为"抽象危险是具体危险的可能性"的想法，其实是将比具体危险在被害可能性上程度还要低的危险——这个意义上属于具体危险的前阶段——理解为抽象危险，但这在他看来是有疑问的，所以提出了如下批判。也就是说，"不是侵害可能性的大小，而是存在论判断基础（ontologische Urteilsbasis）中的抽象化程度，为区分两种危险的类型（具体危险和抽象的危险——作者注）奠定了基础"[95]。原则上，由于抽象危险的行为有较大的盖然性造成侵害，立法者觉得有处罚的必要性，另一方面，就具体危险犯而言，即使行为实行完毕也未必意味着就要承认存在危险，所以在具体的情况下需要证明发生了危险[96]。

这里成为问题的是，抽象的危险和具体的危险的差异，仅仅是侵害发生的可能性程度的差异，还是划定危险判断基础内容的抽象程度的差异[97]。这种见解分歧，即使在日本，也反映在冈本助教授和名和助教授的见解中：冈本助教授强调到，抽象危险和具体危险都是"某种程度上的具体危险"，两者的差异仅仅在于发生侵害的可能性程度，与之相对，名

-223-

---

[93]　Arthur Kaufmann, a. a. O.〔Anm. 61〕S. 433.

[94]　Vgl. Peter Cramer, a. a, O.〔Anm. 83〕S. 101.

[95]　Manfred Volz, a. a. O.〔Anm. 63〕S. 17. vgl. auch, S. 14 ff.

[96]　Ebenda, S. 18.

[97]　本书第一章第一节第二项三参照（原书第 40 页参照）。另外，沢登俊雄·刑法概論（昭和 51 年）251 頁，也阐述了同样的意思。

和助教授则指出两者的"危险性判断的形式本身就有差异"[98]。

如上所述，抽象危险和具体危险之间的差异究竟应该在哪里，这是未得明确的[99]。因此，为了阐明这一点，可以先分析抽象危险判断中"抽象化"的内容。

二　构成抽象危险犯处罚根据的抽象危险，到底是如何判断而得出的危险呢？前文已经述及，在判断危险的时候，需要将事实进行一定的抽象化，而且在这种情况下，危险的判断是通过将现实存在的事实置换为现实中不存在的假定事实，并考虑这种假定事实的存在可能性来进行的。即使就抽象危险而言，这么做也可以说是妥当的。因此，这里应该被探讨的问题是，所谓抽象危险是通过什么样的（通过置换事实·假定事实）"抽象化"而判断得出的危险。

抽象危险之所以也被刑法作为处罚的对象，是因为存在法益侵害可能性的事态——也就是说，从这样的事态当中可能发展出法益侵害。在这个意义上，抽象的危险也是刑法要防止发生的"结果"，在这点上可以认为抽象危险与具体危险没有什么不同。因此，抽象危险的判断方法基本上可以和具体危险的情况一样——或在其延长线上——去考虑。

应该认为，抽象危险和具体危险的差异，存在于危险判断之际被允许的"抽象化"程度上的差异。即，比起具体危险的场合，判断抽象危险应该允许在更广的范围内考虑假定的事实。换句话说，危险的判断是通过追问这个问题完成的：现实不存在的事实——只要存在就可以发生法益侵害的那种事实——在什么程度上是可能存在的？不过，在判断抽象危险的时候，这里的"事实存在的可能性"的程度可以比判断具体危险的场合要低一些，而且低一些也足够了，所以是在这个意义上说判断抽象危险可以比具体危险在更广的范围内考虑假定事实。因此，比起具体危险的场合，通过考虑存在可能性更小的事实、更广范围的事实而被认为存在——比具体

-224-

---

[98]　本书第一章第一节第二项三参照（原书第 41 页参照）。

[99]　值得一提的是，抽象危险的内容，有见解是"一定程度的危险性"—平野龍一·刑法总论 I（昭和 47 年）120 页，宫沢浩一＝大谷实编刑法总论（昭和 51 年）105 页〔三井诚〕，等等—但是，这种见解的内容未必是明确的。

危险离侵害还要远——的危险，就是抽象危险。在这个意义上，抽象危险是比具体危险具有更低程度的法益侵害发生可能性的一种危险。

这样看来，实际上，抽象危险与具体危险的差异在于侵害发生的可能性程度，还是"抽象化"程度的这个问题的回答，虽然也取决于如何理解"抽象化"，但是，如果认为问题还是在于考虑什么范围的假定事实，就可以发现抽象危险与具体危险的差异不应该只在于其中一个方面[100]。因为，侵害发生的可能性程度与"抽象化"的程度是存在一定关联的，两者的关系也可以这样表示，侵害发生的可能性程度⇆"抽象化"的程度。

具体危险和抽象危险的差异究竟在哪里？在考虑这个问题的时候，应该去想，究竟是什么内容的危险可以要么作为具体危险要么作为抽象危险加以处罚。因为，抽象危险是比具体危险考虑更大范围内的假定事实然后承认存在的危险。换言之，是通过高度的"抽象化"而承认的危险。因此，只要是比具体危险具有更低程度的侵害发生可能性的危险，就都可以作为抽象危险加以处罚。在这个意义上，抽象危险是比具体危险通过更高程度的"抽象化"所判断得出的，具有更低程度的法益侵害发生可能性的危险。

为了能够肯定成立抽象危险犯，在具体场合发生了这样的抽象危险是有必要的。不过，在此进一步成为问题的是，应该以什么程度的危险（侵害发生的可能性）作为抽象危险犯处罚根据的抽象危险。就问题的性质而言，其实应该对各个抽象危险犯进行个别的讨论，但是一般而言，可以做如下考虑。

危险毕竟是一个程度概念，无论怎样界定它，都无法避免一定程度的不确定性，但是，只要认为抽象危险是比具体危险在程度上更低的危险，这种不确定性就更加显著。因此，如果在有的场合要处罚抽象危险行为，就不得不采取这样的形式，在法律条文中明确规定能够产生应该防止产生

-225-

---

[100]　如果冈本助教授所说的"一定程度的具体危险"，是比具体危险还要排斥考虑那些很广泛的事实而认定的危险的话，那么具体危险犯和抽象危险犯之间就没有什么差异了，具体危险犯成立未遂犯的余地——即使从未遂犯处罚根据的想法来看——也或许没有了吧。另外，本书第三章注〔202〕参照。

的抽象危险行为，并使用刑罚加以禁止（而且，只要能够根据这个规定承认这个行为确实有足够的危险性，也就不是不合理的方法）。也就是说，作为处罚对象的危险的内容，在具体的危险犯中是法律条文规定的"危险"，而在抽象危险犯中，则是法律条文规定的一般被认为有危险的行为[101]。在这个意义上，应当作为处罚对象的抽象危险的程度和内容，要根据法律条文规定的行为蕴含的危险来决定。

－226－

　　如果能像以上所述那样去考虑的话，是否可以认为，只要实施了法律条文规定的行为，就常常发生了该抽象危险犯处罚根据的抽象危险呢？又或者说，在抽象危险犯中，是否可以说该危险不是被拟制的呢？这是接下来要探讨的问题。

－227－

第二款　危险的"推定"

　　一　在实施了法律规定的行为时，是否常常就发生了作为抽象危险犯处罚根据的抽象危险呢——消极地理解这个问题的话就是，在抽象危险犯中，危险是被"推定"的。这一立场的基本看法是，抽象危险犯中的危险——至于该立场怎么界定这个危险的内容，另当别论——只要在法律条文规定的行为被实施了之后就会发生，而且不过是被"推定"，所以，在具体的场合——这个危险是有可能不发生的——确实没有发生的话，就应当允许通过"反证"否定犯罪的成立。

－228－

　　可以认为，这种见解在齐默尔（Leopold Zimmerl）的论述中有迹可循[102]，但正面主张这种见解的，却是拉布尔（KuntO. Rabl）[103]。在拉布尔看来，在所有构成要件中，结果都是必要的。犯罪被认为是"实质地攻击所有受法律保护的利益"，这在纯粹不服从的犯罪中也不例外——只不

---

　　〔101〕　内藤謙「構成要件の構造」月刊法学教室 15 号（昭和 56 年）54—55 頁，也是表达了同种意思的见解。

　　〔102〕　Vgl. Leopold Zimmerl, Aufbau des Strafrechtssystems（1930）S. 70, 76. 齐默尔导入了证明责任转换理论，也就是指由被告人承担证明责任。但是，这种让被告人承担证明责任的做法是有疑问的，详见后述。

　　〔103〕　拉布尔观点的评析，岡本·前出注〔8〕109—110 頁，佐伯·前出注〔8〕86 頁参照。

过这些犯罪的危险程度非常轻微〔104〕。

"在所有的危险犯中，为了肯定可罚性的存在，必须在诉讼中确定行为人的态度是有危险性的。例如，就像在所谓的'抽象'危险犯中一样，虽然法律条文没有明确规定结果，但仅仅确认行为人实施了实行行为是不够的。因为，如果这样就足够了的话，作为纯粹不服从而被处罚的……会在许多案例中，可以看到'令人愉快的复活'。这基本上是必须要被否定的。"〔105〕

"在所有危险犯中，无一例外，结果都由立法者所推定。这个推定必须在诉讼中予以证明，并且可以反证。……（略）……应该否定危险犯是危险结果由立法者所拟制的犯罪类型的这种想法。因为，如果是这样的话，在某些情况下，客观上完全无害的态度，就可能也要被处罚了。……（略）……在没有'具体的'危险的时候，不能说'抽象的'就是绝对存在的。"〔106〕

二　和拉布尔一样，最近施罗德也主张"允许反证的推定"的观点。施罗德的立场与拉布尔的观点在细节上存在一些差异，因为他考虑到了危险证明的难易程度。他的见解如下。

对于抽象危险犯，即使在完全没有危险的情况下也认为充足了危险犯的构成要件，所以存在着承认嫌疑刑（Verdachtsstrafe）、不服从刑（Unge-horsamsstrafe）的批判。但是，这样的批判论没有为多数学者所采用。而且，立法者以类型的危险性为理由处罚一定的行为，必须说是正当的。因为，危险证明本身是困难的，譬如说，如果道路交通法是以具体危险为指导原理的话，那这个法律就会出现很多破绽。

但是，当危险一开始是沿着固有的方向发展，并且逐渐具体确定下来的话，法律规定的也就是立法者已经作出的危险判断，就值得质疑。在这

-229-

---

〔104〕　Kurt O. Rabl, Der Gefährdungsvorsatz, Str. Abh. Heft 312（1933）S. 15 f.

〔105〕　Ebenda, S. 20.

〔106〕　Ebenda, S. 20—22, Vgl. Auch, Willy Pütz, Der Gefahrbegriff im Strafrecht, Diss. Köln（1936）S. 31—38. 拉布尔在区分具体危险犯和抽象危险犯的基础上，采取了一义的危险犯（eindeutige Gefährdungsdelikte，保护客体是确定的）和多义的危险犯（mehrdeutige Gefährdungsdelikte，保护客体是不确定的）的分类法。Vgl. Kurt O. Rabl, a. a. O.〔Anm. 104〕S. 22 f.

种情况下，危险的证明是没有困难的，危险性的推定是可以反证的。相比之下，有些抽象危险犯的危险的发展方向是不特定的，或者说特定性是不明显的，就不能允许反证。

在什么场合才可以采取（通过反证的）抽象危险犯的限定解释，应该结合个别的构成要件予以具体地判断，但大体可以这样理解：当构成要件保护的是特定的被具体化的客体，并且能够确实地认定是否现实地发生了危险时，就允许反证。但如果保护的是一般公共的客体，或者说在行为时没有确定又或者难以确定客体的时候，就不能允许反证，必须接受立法者已经作出的危险判断〔107〕。

具体而言，允许反证的例子可以举出，《德国刑法》第 306 条（放火罪）〔108〕、第 227 条（斗殴罪）〔109〕。〔110〕

第 306 条的处罚根据是对人的危险，但因为本条是抽象危险犯，所以"行为时，他人不必实际在场。但是，如果在具体情况中，危险没能发生，此时就必须允许反证"〔111〕。

–230–

第 227 条也是这样，"法律规定，在发生了重大结果的场合（……），推定个别行为具有危险性，在这个范围内，必须允许反证。……（略）……例如，如果行为人在已经发生重大后果之后才参与斗殴，由于行为未能促进斗殴的危险性，（此时是可以允许反证的——作者注）"〔112〕。

此外，不允许反证的场合，还可以举出违反交通法规、不法持有武

〔107〕　Horst Schröder. Die Gefährdungsdelikte im Strafrecht, ZStW Bd. 81（1969）S. 14—17, Vgl. auch, Schönke—Schrörder, Strafgesetzbuch, Kommentar, 17. Aufl.（1974）Vorbem § 306 Rdnr. 3a. 另外，施罗德见解的评介，冈本·前出注〔8〕110—112 頁参照。

〔108〕　注〔12〕参照。

〔109〕　第 227 条（斗殴罪）规定："（一）互相斗殴或者数人实施攻击，导致他人死亡或者重伤（第 224 条）的，凡是参与互殴或者攻击的人，只要不是有责任地将那个被害人卷入其中，都可以仅仅以有参与这个理由科处 3 年以下的自由刑。（二）略值得一提，对于这个规定有见解是，互相斗殴行为自身、各个参与者的行为（Tatbeitrag）自身都可以被认为是潜在的危险源，重大的结果（死亡或者重大的身体伤害）只是征表这个危险的客观处罚条件。" Vgl. Schönke—Schrörder, a. a. O.〔Anm. S7〕§ 227 Rdnr. 1.

〔110〕　Ebenda, Vorbem § 306 Rdnr. 3a.

〔111〕　Ebenda, § 306 Rdnr. 2.

〔112〕　Ebenda, § 227 Rdnr. 1.

器·爆炸物等〔113〕。

——以上施罗德的观点以危险证明的难易程度为基础〔114〕，其认为就保护特定的具体法益的抽象危险犯而言〔115〕，如果具体案件中未能发生危险，就可以"反证"危险不发生，然后否定犯罪的成立。

对于这种"允许反证的推定"的想法，首先成为问题的是这里所说的"反证"的意义。特别成为问题的是，其与"存疑有利被告（In dubio pro reo）"〔116〕原则的关系。

例如，对于拉布尔"允许反证的推定"的想法，克拉默给予了如下批判：根据拉布尔的可能反证的危险推定，和发生危险属于不成文构成要件要素的想法，即使危险没有发生，但在行为人未能成功证明危险不发生的时候，行为人也会受到不利影响，即遭受刑罚处罚。在这里，问题被转移到了诉讼的场合，即，得否允许对被告人作不利推定。就结论而言，如拉布尔的见解那样，比照"存疑有利被告"的原则来看，对于违法性奠定基

---

〔113〕 Horst Schröder, a. a. O.〔Anm. 107〕S. 17.

〔114〕 仅仅以证明的难易为根据，恐怕还不能作为区别是否允许反证的基础。另外，冈本·前出注〔8〕112 頁参照。能够承认这种区别的根据，应该还是在于作为处罚根据的危险的内容有不同吧。注〔115〕参照。

〔115〕 施罗德认为，在抽象危险犯是保护特定的具体法益的场合，应当允许反证，但如果一个抽象危险犯是保护公共一般或者不确定的具体法益的，就不应当允许反证。另外，在保护的是生命·健康这种个人的法益场合之际，可以承认"限定解释"的可能性，但是在保护司法·道路交通·环境这种超个人法益的时候，就不能承认"限定解释"。Schönke—Schröder—Cramer, Strafgesetzbuch, Kommentar, 20. Aufi.（198）Vorbem § § 306 ff. Rdnr. 3a. 还值得一提的是，许迺曼将以往的抽象危险犯区别为三种类型，并阐述了三种抽象危险犯的各自不同：（vgl. Bernd Schünemann, a. a. O.〔Anm. 79〕S. 214.）（1）持有"被精神化的中间性法益"的犯罪（Delikte mit einem ，，vergeistigten Zwischenrechtsgut "）——贿赂罪、伪证罪等——侵害中间性法益自身就有值得处罚的无价值，通过限制地解释构成要件，可以将仅仅是非常轻微的违反行为排除在处罚范围之外。（2）（特别是道路交通领域的）大量行为（Massenhandlungen）——以学习理论（aus lerntheoretischen Grüden）为根据的话，可以推导出无条件遵守规范的必要性，而且只要违反就无例外地要加以处罚的必要性。（3）其他的场合——根据过失未遂·主观的注意义务违反的概念，限定处罚范围。的确，因为处罚根据之危险的内容本身是不同的话，与之对应，该犯罪的处罚范围，进而言之的"限定解释"的可能性也会被认为是截然不同的。但是，因为保护法益内容的不同就必然要否定"限定解释"的可能性吗，想必还要慎重地探讨才可能得出更妥当的回答。

〔116〕 Vgl. etwa, Walter Stree, In dubio pro reo（1962）.

础的要素，对被告人作不利推定，应该不能被允许〔117〕。

-231-

除此之外，施崔（Walter Stree）〔118〕、许逎曼〔119〕等人也批判指出，"允许反证的推定"让被告人承担了"危险不发生"的证明责任，因而违反了"存疑有利被告"的原则〔120〕。

对于这些批评，施罗德——与《德国刑法》第227条的解释相关联——给予了如下反驳。

"在证明不足（non liquet）的时候，由于第227条的推定，对行为人是不利的（……）。但是，不能根据法治国的观点主张这是一种疑问（rechtsstaatliche Bedenken）。因为，比起法律以参与斗殴为由，不考虑可能的免责证明（Entlastungsbeweis）就处罚行为人而言，并非不利。"〔121〕

施罗德反论的旨趣在于，即使让被告人承担不发生危险的证明责任，也总比没有免责的可能性就受到处罚要好很多，所以"允许反证的推定"的想法是没问题的。但是，这种反论真的能够回应那些批判吗？

以不发生危险为由否定成立犯罪，根据在于这个犯罪的处罚根据没能得到具体的认定，这种场合，这个危险恰好是为犯罪成立奠定违法性基础的要素。因此，不得不说，让被告来证明没有发生作为处罚根据的危险，果然还是违反了"存疑有利被告"的原则，不能被接受。因为，"对于犯罪事实，只要检察官的证明没有达到排除合理怀疑（beyond a reasonable

---

〔117〕 Peter Cramer, a. a. o.〔Anm. 83〕S. 55—60; schönke—schröder—Cramer, a. a. O.〔Anm. 115〕Vorbem § § 306ff. Rdnr. 3a. 另外，佐伯·前出注〔8〕86—87頁参照。

〔118〕 Vgl. Walter Stree, Beteiligung an einer Schlägerei—BGHSt, 16, 130, JuS 1962, S. 97. 据施崔所说，"存疑有利被告"的原则是根本性的法治国原理，即使是比起刑事政策的利益，也应该具有最基本的优位性。

〔119〕 Vgl. Bernd Schünemann, a. a. O.〔Anm. 79〕S. 213. 许逎曼对施罗德的见解有这样的批判，让被告人承担危险不存在的反证责任的话，会违反"存疑有利被告"原则，但是，如果经常要求在个案中证明危险性的话，又违反了立法者制定具体危险犯的特别用意，这样推论明显会陷入两难的窘境。Vgl. auch, Rudolphi—Horn—Samson, a. a. O.〔Anm. 79〕Vor § 306 Rdnr. 17〔Eckhard Horn〕; Schönke—schröder— Cramer, a. a. O.〔Anm. 115〕Vorbem § § 306 ff. Rdnr. 4. 但是许逎曼的这一批判也并非合适。因为即使要求在个案中证明危险性，只要明确抽象危险和具体危险在内容上是不同的，就不能说抽象危险犯变成了具体危险犯吧。

〔120〕 Vgl. auch, Eckhard Horn, a. a. O.〔Anm. 79〕S. 25f.

〔121〕 Schönke—Schröder, a. a. O.〔Anm. 107〕§ 227 Rdnr. 1.

doubt) 的程度，就必须认为这个事实是不存在的"，所以，"在这个场合，所谓的犯罪事实是需要严格证明的事实，不仅包括该当构成要件的事实，还包含奠定违法性·有责性的事实"〔122〕。

-232- 发生了抽象危险犯处罚根据的危险的证明责任，仍应理解为由检察官承担〔123〕。即使在不发生危险的时候允许"反证"，也不应该认同施罗德所说的那种"反证"效果。

三 （1）如前所述，刑罚法规通过在法律文本中规定那些要受处罚的、能够产生抽象危险的行为，确定并表达了构成处罚对象的——也是该罪处罚根据的——抽象危险的内容。因此，只要实施了法律条文规定的行为，就大体能够认为发生了抽象危险犯处罚根据的抽象危险。然而，从结论而言，正如以往学说所指出的那样，由于具体场合的特殊情况，虽然实施了法律条文规定的行为，但原本随着该行为被实施了就应该发生的危险，却在具体的情况下没有发生。

通过对现实中的具体事实进行相当的"抽象化"，由此承认的抽象危险，即使不能说可能性的程度很高，但毕竟也是可能侵害法益的事态，所以，刑法为了保护法益，就应该把它作为要防止发生的结果，并作为处罚对象。因此，如果在具体情况下，不能承认发生了只要实施了法律条文上的行为就会被认为发生了相当程度的法益侵害可能性，就应当否定发生了抽象危险。而且，这样的事态，一般认为在以下情况得到承认：刑罚规定的内容可以被这样理解，假定一定范围的事态，或者以之为前提，然后在行为与这种事态的关系的意义上，规定被认为是有危险的行为，也就是禁止·处罚的对象，但是在具体的场合，超出了刑罚规定预先设想的范围，

〔122〕 平野龍一·刑事訴訟法（昭和33年）187頁参照。Vgl. auch, Löwe—Rosenberg, Die Strafprozeßordnung und das Gerichtsverfassungsgesetz, Großkommentar, 23. Aufl, Bd. 1（1976）Einl. Kap. 13 Rdnr. 47. 另外，団藤重光·新刑事訴訟法綱要·七訂版（昭和47年）238—239頁参照。

〔123〕 如果把施罗德的见解理解为，因为即使不发生危险也可以成立犯罪，不发生危险就不处罚，那就仅仅是意味着免除刑罚罢了，那么这是不是意味着施罗德所说的"反证"的想法就能够得到允许了呢，这一点还值得探究。另外，还有见解是，具体来看在没有发生危险的场合，可以承认必要地或者裁量地免除刑罚。Jürgen Baumann, Halted den Dieb!, DAR 1962, S. 9f.

出现了例外特殊情况的，就可以据此排除原本认为只要实施了法律条文规定的行为就可以承认的那种程度的危险。在这种场合，因为存在特殊情况，即使实施了法律条文规定的行为，也可以认为没有发生作为处罚根据的抽象危险。因此，在这个时候不能具体地认定存在抽象危险犯的处罚根据，所以也就不能具体地肯定成立犯罪[124]。但即便是这种情形，形式说也肯定发生了抽象危险，成立抽象危险犯，因为在形式说看来在这个限度内可以拟制危险然后处罚行为人（所以，至少就这一点而言，批判论是妥当的）。

－233－

不过，抽象危险作为必要的侵害可能性的程度，即使是很低的程度也足够了，那么能够排除这种抽象危险发生的特殊情况，必须说只能在例外的特别的场合才能得到承认。

（2）西德的联邦普通法院在 1975 年 4 月 24 日作出了一项判决[125]。该判决涉及《德国刑法》第 306 条第 2 款的属于抽象危险犯的放火罪[126]，案件中的放火行为对人没有危险，按理说就不应该肯定成立犯罪才对，但还是存在争议。该法院判决肯定成立犯罪，但学说中抽象危险犯的限定解释主张，将该案作为探讨对象给出了相反的见解。

L 打算在上了保险的自己所有的酒店遭受火灾事故后，用理赔取得的保金重新建一个酒店，于是 L 委托被告人往本来也是 L 全家居住地的酒店放火。被告人准备了汽油，L 在被告人可能要实施放火的期间，即年底和年初的休息期间，在建筑物里做一些布置，清空楼里的人。L 自己关闭了旅馆，和家人一起出去度假，还以节省取暖费为借口让他的弟弟和岳父在

---

〔124〕这个场合究竟是不该当构成要件还是欠缺违法性，取决于如何理解构成要件和违法性的关系。冈本助教授的看法是，不发生危险的场合就欠缺违法性（冈本·前出注〔8〕124 页参照）。与之相对的观点，「刑事法学の動き」法律时报 51 卷 11 号（昭和 54 年）152 页〔沢登俊雄〕参照。但是，无论采取哪一个想法，各自推导出的解释论归结——特别是故意、错误的问题——应该不会带来差异。此处不予以详细探讨，作为结论可以指出的是，在不发生危险的场合，应该解释为不符合构成要件（上面沢登教授的书评也是这个结论）。内藤·前出注〔101〕54—55 页参照。

〔125〕BGHSt. 26, 121.

〔126〕《德国刑法》第 306 条第 2 款规定，要处罚对"供人居住使用的建筑物、船舶或者小屋"实施"放火的人"。

此期间搬出去，到当地的一个小房子里。酒店的客人则像他们多年来一样，在停业期间外出旅行。L 还与被告达成协议，两人在行动之前在里面巡逻，以确保里面没有任何人。这次行动早在 1972 年末 1973 年初就计划好了，但是被告以准备并不充分为由，而没有实行。直到 1974 年 1 月 11 日，计划才得以执行，然后酒店全被烧了。

联邦普通法院首先分析该酒店是否属于"供人居住使用的建筑物"（《德国刑法》第 306 条第 2 款），因为谁都没有放弃住在该酒店内，所以并没有丧失其属性。L 也曾想过如果行为失败了还将继续居住在里面，所以"L 是否真的放弃了酒店作为居住地，这一点值得怀疑"。无论如何，对于同居者来说，这里居所的性质没有发生变化。

"此外，行为时，明显没有人逗留在建筑物内，这个事实在法律上并不重要，因为《德国刑法》第 306 条第 2 款是所谓的抽象危险犯（略）〔127〕。由于与居住者以及居住者之间或建筑物之间的各种直接和间接关系，能够进入建筑物的其他人的生命类型性地遭受了危险的，类型性地引起危险的行为自身就应该被处罚。原则上，这些关系的数量、种类是不受限制的。这包括一些烦人的邻居和顾客，非法闯入的小偷，甚至是想利用空房间作为住宿的流浪汉。将《德国刑法》第 306 条第 2 款作为抽象危险犯，人们生活的这种中心得到了绝对的保护。因此，不需要在各个场合都要判断，保护法益是否现实地（具体地）处于危险状态是不成问题的（略）。"即使被告人确认建筑物里没有人，也成立犯罪。

学说中有观点认为，在某些情况下，保护法益不可能遭受危险时，就不应该适用抽象危险犯的构成要件，因此，当行为人确认了建筑物内无人时，就不成立《德国刑法》第 306 条第 2 款的犯罪。这种限定解释是必要的。因为有观点指出，如果认为这种情况下成立犯罪的话，就违反了责任主义。联邦普通法院在这个问题上一直没有明确表明其立场。

"这里不需要详细论述并且决定一个确定的立场。无论如何——主张这一见解的人也明显站在这个立场——在这种情况下，不适用《德国刑

---

〔127〕 Vgl. RGSt. 23, 102; 60, 136.

法》第 306 条第 2 款的条件是，在现实情况下，人类的生命危险完全不可能存在（略）。行为人必须保证，通过绝对可靠和完整的措施，确实不可能发生《德国刑法》第 306 条 2 款禁止的危险。这只有在一个小的、单间的小屋或小房子里才能做到，因为只有这些地方才能够一眼就看到那里没有人（略）。[128] 相比之下，例如，对于较大的客体来说，这是不可能的，比如这里要判断的是一栋五层楼的酒店。这种场合，临时在建筑物里清场或者巡逻，不能确保在直接的行为实施之前，人的生命不会受到危险。"

——上述判决应该是没有认可学说中的限定解释主张，但是，即使认为这个判决站在了承认这种观点的立场上，然而该判决也显示出这个案件不能否定成立犯罪的态度。可以说显示出了非常严格的态度。从该立场来看，就像判决所承认的那样，只有在极为有限、几乎是完全例外的情况下，才会否定犯罪的成立[129]。

是否必须采取该判决所述的如此严格的观点，这是一个问题，但似乎必须承认，即使承认了"限定解释"的可能性，但只有在相当有限的情况下——作为立法论而言是否恰当姑且不论，仅仅作为解释论而言——才具有现实意义。然而，有的场合确实是即使实施了法律条文规定的行为，也不会产生抽象危险，应该否定成立抽象危险犯，将这种场合从处罚范围中排除出去，这本身就很重要。只有具体承认存在该犯罪的处罚根据，才能具体地肯定成立犯罪。所以，认为即使不能具体承认存在处罚根据，但只要能一般性地承认就可以肯定犯罪成立的想法，是不妥当的。

–236–

（3）若发生了上述意义的抽象危险，就能够肯定抽象危险犯的成立，而在没有发生抽象危险的情况下，就应该否定抽象危险犯的成立。这种抽象危险是否发生的证明责任，在检察官[130]。

对于在学理上被称为形式犯的犯罪，运用基本相同的想法，也应该

---

　[128]　Vgl. BGHSt. 16, 394; 10, 208（213ff.）.

　[129]　Vgl. Wolfgang Brehm, Die ungefährliche Brandstiftung—BGH, NJW 1975, 1369, JuS 1976, S. 22 ff.

　[130]　一般而言，只要能够证明行为人实施的具体行为符合了条文上规定的行为就足够。

是妥当的。即，"形式犯"不是因为"做了不该做的事"就能够成立 [131][132][133]，还是应该解释为，只有在引起了法益侵害的危险（抽象危险）的时候，才得以成立。但是，在"形式犯"中，作为处罚根据的危险被认定是极其抽象的，其直接保护对象自身是为了保护人的生命·身体·自由·财产这些终极的法益而被创设出来的东西，正是因为这种特殊性，在实施了条文规定的行为的时候——虽然逻辑上可能有的场合确实没有发生危险，但是——实际上还是可以承认发生了作为处罚根据的危险 [134]，

---

〔131〕 "形式犯"一般被这样理解，"只需要实施了构成要件上一定的行为，不必要对其保护法益引发侵害或者危险"（小野清一郎·新訂刑法講義総論（昭和23年）94頁），"即便连法益侵害的抽象危险都没有，也被当作犯罪处理的场合"〔香川達夫·刑法講義〔総論〕（昭和55年）95頁〕。

〔132〕 西原教授谈道，"所谓'形式犯'是指，法规范为了保护那种法益而科处了一定的义务，行为人实施的违反这种义务的行为"，但西原教授也认为"虽说是这样，但还是不能认为形式犯是在没有法益的侵害·危险的场合也可以快速断定出违法性的犯罪"〔西原春夫·刑法総論（昭和52年）248頁〕。另外，藤木博士的看法是，"在行政取缔法规当中，有的法规，出于统一处理事务、顺利执行行政措施的目的而设置的规则，只要在外观上看来是违反这个规则的行为就可以作为犯罪加以处罚。在这种场合，也毫无疑问地可以在比较广泛的意义上认定为是一种抽象危险犯，却又是比一般的抽象危险犯，具有更加稀薄的具体被害意味，所以才被称之为形式犯"〔藤木英雄·刑法講義総論（昭和50年）88頁〕。

〔133〕 团藤博士的看法是，"连抽象危险都谈不上的，极为轻度的间接危险就足够"（団藤·前出注〔47〕116頁）。此外，平野博士的见解则是，"即便是形式犯的场合，也应该是那种行为至少是一般来说，因为具有对一定法益的危险性，所以才被处罚"（平野·前出注〔99〕118頁）。

〔134〕 比如说，《日本道路交通法》第22条第1项规定，"车辆不得在由道路标识等确定了最高速度的道路上超过该最高速度向前行驶，在其他由政令规定了最高速度的道路中也不得超过该最高速度向前行驶"；第118条 第1項第2号规定，违反前项禁止规定的人，被处以6月以下的惩役或者5万日元以下的罚金。对此，有观点是"完全没有危险的场合就应该按无罪处理"（内田·前出注〔81〕100頁注二），另外，"一定程度的危险性"（荒木伸怡「スピード違反の取締りについての覚え書（中）」警察研究50巻10号（昭和54年）5頁以下）应当是在满足了一些要求的基础上才可能被承认存在，至于有哪些要求可能人言人殊，但是最应该考虑的问题还是危险的内容。超速行驶行为自身（限制速度是40公里每小时的话，哪怕是以41公里的时速向前行驶的行为也被包含在内！）实际上一般来说也谈不上多有危险，这样的话就不得不解释为，一些非常轻微的危险也都被作为处罚对象了。连这种危险都没有的行为也要作为处罚对象，理论上是否有可能暂且不论，但实际上是相当困难的。究竟这种轻微危险是否也要被按犯罪处理，在立法论上可能还真是一个大问题，但是在解释论的层面，恐怕还是不得不按上述那种思路去解释。

肯定成立形式犯，事实上也是被允许的〔135〕。〔136〕

四 下面将论述至此的本书立场——全面探讨分则个罪只能留待他稿——适用于若干的抽象危险犯。被认为存在问题的抽象危险犯的规定，究竟将怎么解释呢？

（1）伪证罪（《日本刑法》第 169 条）。

《日本刑法》第 169 条规定将"依法宣誓证人"的"虚假陈述"作为处罚对象。本条的保护法益是正确的法律适用、正确的审判，本罪的处罚根据可以理解为是侵害这种法益的（抽象的）危险——误判的抽象危险〔137〕。

–237–

如果认为这种危险是只要作出"虚假陈述"〔138〕就会发生，也是可以大

〔135〕 无许可驾驶罪（《日本道路交通法》第 118 条第 1 项第 1 号），或者驾驶证不携带·提示义务违反罪（同法第 121 条第 1 项第 10 号、同条第 2 项、第 120 条第 1 项第 9 号）等，如何能够说明这些犯罪的处罚根据，在理论上还有争执。在这些犯罪的认定过程中，行为人实施的符合条文规定的行为，即使无法承认该行为对交通安全有直接的危险，但也无法否定成立犯罪。因为，《日本道路交通法》是为了保护终极的法益而设定了一些条件，这些条件自身就是该法的保护对象，行为虽然不对终极法益造成危险，但是对保护终极法益而设定的这些条件却是有危险的（这个意义上可以说是对终极法益造成了间接的危险）。所以，还是能够肯定存在法益危险，故能肯定成立犯罪。这个意义上，即使是《日本道路交通法》中的犯罪，其处罚根据也不在于违反了禁止规范。

〔136〕 被当作"形式犯"的犯罪，和一般的抽象危险犯之间，只是量上的差异，在性质上不应该存在什么根本性的差异。在"区别考察"布雷姆（注〔78〕参照）或者施罗德（注〔115〕参照）、许迺曼（注〔115〕参照）的见解之际，这一点是要注意的。

〔137〕 大审院（第一刑事部）判决大正 2 年 9 月 5 日刑录 19 辑 844 页将伪证罪作为"可能会误导正当审判进行之罪"。另外，本书第一章第一节第三款二参照（原书第 28 页参照）。

〔138〕 如所周知，围绕这个"虚假的陈述"的意义，存在着主观说和客观说的对立。主观说的看法是，证人作出的陈述与记忆不一致的就是"虚假"，因为只要证人作出的陈述是违反其记忆的，这种陈述就具有误导审判作用的危险。采取主观说的有这些文献，而且数量比较多。小野清一郎·新訂刑法講義各論（昭和 24 年）40—41 頁，佐伯千仭·刑法各論（昭和 39 年）36 頁，团藤重光·刑法綱要各論〔增補〕（昭和 47 年）89 頁，江家義男·增補刑法各論（昭和 38 年）50—51 頁、青柳文雄·刑法通論Ⅱ各論（昭和 38 年）119 頁，滝川春雄＝竹内正·刑法各論講義（昭和 40 年）416 頁，中義勝·刑法各論（昭和 50 年）289—290 頁，福田平·新版刑法各論（昭和 47 年）53 頁，大塚仁·刑法各論下卷（昭和 43 年）647 頁，香川達夫·刑法講義各論·新版（昭和 54 年）62 頁，藤木英雄·刑法講義各論（昭和 51 年）46 頁，等等。客观说的看法是，证人做出的陈述与客观的真实不一致的才是"虚假"，只有与客观真实相悖的陈述才可能导致客观的危险，也只有产生了客观危险的场合，才能按犯罪处理。所以客观说的旨趣是限定处罚范围。采取客观说见解的，有这些文献。牧野英一·刑法各論上卷（昭和 25 年）267 頁，滝川幸辰·刑法各論（昭和 26 年）284 頁，平野龍一·刑法概説（昭和 52 年）289 頁，中山研一·口述刑法各論·第二版（昭和 55 年）445 頁，内田文昭·刑法各論下卷（昭和 56 年）663 頁，等等。另外，

体承认的。但是，如前所述，由于具体场合的特殊情况，这种危险（误判的抽象危险）也可能不被承认发生了。例如，因为陈述的内容与该事件之间缺乏关联性等原因，[139]，使得该陈述对于事实认定而言明显是不重要的，就可以解释为，很难说从这种"虚假陈述"中产生了误判的抽象危险。因为在这种情况下，不能承认发生了构成处罚根据的抽象危险，所以就应该否定成立伪证罪[140]。

（2）公安条例违反罪。

许多地方政府制定的所谓公共安全条例，将未经公安委员会的许可就实施的，或违反公安委员会在许可时附加的条件就实施的集团示威运动的组织者、领导人或煽动者列为处罚对象[141]。其保护法益可以理解为以公众的生命、人身、自由、财产为内容的公共安全[142]，因此，本罪的处罚根据可以是对这种法益的抽象危险。

这里的问题是，构成此种处罚根据的抽象危险的内容。判例指出，[143]

（接上页）福山道義「偽証罪における 主観説と客観説」北海学園大学法学研究 10 卷 1 号（昭和49 年）153 頁以下参照。主观说所认为的那种危险真的也应该纳入处罚范围内吗，还是可以提出质疑的。

〔139〕 岡田庄作・刑法原論各論（大正 7 年）129 頁，大場茂馬・刑法各論下卷（大正 7 年）845—846 頁，宮本英脩・刑法大綱（昭和 11 年）509—510 頁，佐伯・前出注〔138〕36 頁，青柳・前出注〔138〕117 頁，平野龍一「刑法各論の諸問題 18」法学セミナー228 号（昭和 49 年）41 頁，藤木・前出注〔138〕46 頁，等等。此外，还可以参照久礼田益喜「犯人蔵匿罪、証憑湮滅罪及び偽証罪」刑事法講座第四卷（昭和 27 年）752 頁，等等。

〔140〕 牧野・前出注〔138〕267 頁，宮本・前出注〔139〕508 頁，小野・前出注〔138〕40—41 頁，柏木千秋・刑法各論（昭和 35 年）118 頁，団藤・前出注〔138〕89 頁、滝川＝竹内・前出注〔138〕416 頁、西原春夫・犯罪各論（昭和四九年）407 頁、内田・前出注〔138〕664 頁，等等。

〔141〕 例如，《关于东京都集会、集团行进以及集团示威运动条例》第 1 条规定，"在道路或者其他的公共场所，实施集团行进之际，又或者是不分场合就举行集团示威运动之时，必须要取得东京都公安委员会（……）的许可"，第 3 条第 1 项但书规定，公安委员会在决定给予许可之际要对集团行进或者集团示威活动的进行附加一些条件，第 5 条就是规定违反前两条规定的罚则，也就是对于"第一条的规定""由第三条第一项但书规定确定下的条件"等，"予以违反然后实施的集会、集团行进又或者集团示威运动的主办人、指导者又或者煽动者，处以 1 年以下的惩役又或者 5 万日元以下的罚金"。

〔142〕 《关于京都市的集会、集团行进以及集团示威运动的条例》第 1 条规定"本条例以防止集会、集团行进或者集团示威运动对公众的生命、身体、自由又或者财产造成直接的危险为目的"。

〔143〕 本书第 29 页以下参照。另外，ジュリスト 377 号（昭和 42 年）72 頁以下、605 号（昭

在未得许可的集体行动中，集团行动"扰乱了宁静，是一种具有发展暴力的危险性的物理力量"，因此，"鉴于前述集团行动的内在特质，出于保护公共利益的必要，地方政府可以采取事前处置措施，而未经许可手续的集团行动就等于剥夺了地方政府采取事前措施的机会，还招来妨害公共安宁、秩序的危险"[144]，通过这种论述判例表明了要处罚的危险的内容[145]。

　　基于上述集团行动观——虽然这本身还有疑问——的时候，对于未经许可的集体行动，要否认其没有发生抽象危险是相当困难的。

-238-

　　这一点暂且不论，无法否认，条文仅仅规定了无许可实施的集团行动的罚则，实际上是将相当轻微的危险都作为处罚对象。因此，尽管学说中有观点是，通过要求相当实质性的危险来限制处罚范围[146]——这种解释能够成立的前提是，不是这样解释该罚则规定就是违宪的——但是对于那些有问题的事例，基本上都不得不承认已经发生了抽象危险。然而，即使这样理解，还必须进一步分析，集团示威行动本身具有的价值性，未经许可示威行动所具有的违法性，这两者间存在一定的抵消关系，根据这种抵消关系是否可以认为该行为已经丧失了可罚的违法性[147]，从而否定犯罪

（接上页）和 51 年）36 頁以下登載了有关公安条例判例的一览表。另外还可以参照，佐伯千仭「公安条例と抽象的危険犯」法律時報 49 巻（昭和 52 年）5 号 120 頁以下、6 号 66 頁以下，江橋崇「公安条例判決の動向」ジュリスト 605 号（昭和 51 年）17—19 頁，西原春夫＝曽根威彦「公安条例判決の最近の動向」判例タイムズ 277 号（昭和 47 年）14 頁以下、278 号（昭和 47 年）14 頁以下，等等。

　　〔144〕　最高裁判所（第二小法廷）判決昭和 50 年 10 月 24 日刑集 29 巻 9 号 777 頁。

　　〔145〕　支持抽象危険説的有，小林充「公安条例に関する最近の裁判例の動向とその問題点について」司法研修所論集 1973 年 II 52—53 頁，松浦繁「公安条例違反罪と可罰的違法性」法律のひろば 29 巻 1 号（昭和 51 年）35 頁，等等。

　　〔146〕　内田文昭「デモ規制と公安条例違反罪・公務執行妨害罪」内藤謙＝西原春夫編・刑法を学ぶ（昭和 48 年）279 頁以下，曽根威彦「公安条例最高裁判所判決の検討」判例タイムズ 330 号（昭和 51 年）2 頁、19 頁，佐伯・前出注〔8〕89 頁，岡本勝「許可条件違反のデモ行進」刑法判例百選 I 総論（昭和 53 年）60—63 頁，等等。

　　〔147〕　在这些场合，需要考虑的问题是还有没有可罚的违法性。"构成要件规定的内容是法益侵害极为轻微的场合"〔第一类型〕，除此外，"构成要件规定内容之法益侵害自身未必极为轻微，但该构成要件行为本身也是拯救了其他法益的手段行为，相比之下，该手段拯救的其他法益仅仅是比被侵害的法益在价值上大了一点点的场合"，或者"不至于是'迫不得已'，却在一定程度上理所当然而实施的行为，虽然侵害了法益，但也拯救了其他的法益，只不过相比之下，被侵害的法益要小很多的场合"〔第二类型〕〔平野龍一・刑法総論 II（昭和 50 年）219—220 頁参照〕。这里需要考虑的，是第二类型。

成立。在某些具体情况下，有可能是不承认发生了构成处罚根据的抽象危险。在这种情况下，犯罪的成立就应该据此被否定。

无许可集团行动中的相关主张，同样适用于违反许可条件实施的集团行动。

（3）放火罪（《日本刑法》第 108 条、第 109 条第 1 款）。

《日本刑法》第 108 条、第 109 条第 1 款规定要处罚的对象，是对各构成要件规定的客体施以放火使之烧毁的行为人。这些规定将公共财产，甚至人的生命·身体作为保护法益，因此，放火罪的处罚根据就可以理解为对这种法益的抽象危险 [148]。[149]

虽然一般认为这种危险是由于"烧毁"[150]构成要件中规定的客体而产

---

[148] 平野·前出注〔138〕247 頁参照。另外，团藤·前出注〔138〕161 頁，中山·前出注〔138〕321 頁，等等。而且，这是多数学者的观点。此外，冈本助教授认为，第 108 条的处罚根据应当解释为，"作为整体的，将房屋或者其他建筑物等用作居住使用的人以及现在居住其中的人的危殆化"，第 109 条第 1 项的处罚根据则应该解释为"公共危险，很多情况下特别是对他人财物的公共危险"（冈本·前出注〔8〕127 頁参照。此外，同「放火罪における保護法益について」刑法維誌 22 卷（昭和 53 年）1 号 1 頁以下、2 号 215 頁以下。当然，如何解释处罚根据，也需要考虑这两条之间的关系，这本身也是一个值得考虑的问题，但是就第 108 条而言，如果是按前面的这种解释，可能还是会有无视了"公共危险"侧面的疑问。此外，香川達夫「放失火罪と公共の危険」学習院大学法学部研究年報 13（昭和 53 年）1 頁以下、同「公共の危険と延焼罪」警察研究 49 卷 12 号（昭和 53 年）3 頁以下指出，采取具体危险犯形式的放火罪（第 109 条第 2 项、第 110 条等）中的公共危险，应该被解释为是客观处罚条件，但既然具体危险是处罚根据，是不是就应该解释为要对公共危险有责任才可以呢？

[149] 另外，可以参照本书第 29 页。

[150] 如所周知的是，有关"烧毁"的意义，历来都是有争议的。判例——例如最高裁判所（第三小法廷）判决昭和 23 年 11 月 2 日刑集 2 卷 12 号 1443 頁等——采取的是"独立燃烧说"，团藤·前出注〔138〕167—169 頁，藤木·前出注〔138〕等，也支持判例的这一立场。在学说中，独立燃烧说被指责过于提前了既遂的时点，所以提出了有力的反对说。也就是，内涵为"目的物因为火力的原因而丧失原形的重要部分，以至于进入了不再堪用的状态"（木村亀二·刑法各論（昭和 32 年）189 頁）的"效用丧失说"，在牧野·前出注〔138〕85 頁、滝川＝竹内·前出注〔138〕256 頁、香川·前出注〔138〕110 頁等等主张该说。另外，还有这些见解。"一般所谓的'燃起来了'，也就是目的物的重要部分开始燃烧了，出现了不容易灭除火势的状态，要以这个为必要"（小野·前出注〔138〕七五頁），柏木·前出注〔140〕187 頁，井上正治·刑法学〔各則〕（昭和 38 年）183 頁，福田·前出注〔138〕87 頁等参照。另外，平野·前出注〔138〕248 頁参照。"火力造成建造物（及其他物）的一部分遭受毁坏之际就应该解释为烧毁"（江家·前出注〔138〕92 頁），中·前出注〔138〕203 頁，塚·前出注〔138〕745 頁，中山·前出注〔138〕326 頁等参照。另外，内田·前出注〔138〕439 頁、446 頁以下参照。中山教授把放火罪的构造理

生的，但是具体场合中因为特殊情况的存在，也可能不发生这种危险。例 -239-
如，就第 109 条第 1 款而言，如果一个人烧毁了平原上的一栋小屋，周围
没有任何东西可以点燃，就不能说发生了上述的抽象危险。在这种情况
下，就不能肯定第 109 条第 1 款放火的成立，因为没有发生构成其处罚根
据的危险 [151]。[152] 而只能被评价成立损坏罪（《日本刑法》第 260 条）。 -240-

第三款　"准抽象的危险"的概念

一　前款探讨了作为抽象危险犯处罚根据的抽象危险概念，并在此基 -248-
础上展开了抽象危险犯的解释论分析。但是，这些解释是否能妥当地适用
于一直以来被认为是抽象危险犯的所有犯罪呢？最近，有德国学者指出，
一直以来被统称为抽象危险犯的犯罪中，其实包括了一些性质略有不同的
犯罪。所以，有必要通过探讨这种观点，来明确前款论述内容的解释射程。

施罗德曾指出，以往被统称为抽象危险犯的犯罪中，存在着与通常
的抽象危险犯不同的"抽象的·具体的危险犯（abstrakt—konkrete Gefä-
hrdunsdelikte）"。

施罗德着眼的，是具体构成要件的规定形式。即，有的法律条文虽然

（接上页）解为，"公共的危险是法益侵犯后果，物件的烧毁是这一后果的征表"，然后指出，"危
险的程度应该被定位为，烧毁这一外部行为中应该要考虑的有意义的要素"。对于第 109 条，"一
项并不是与公共危险毫无关系，也不意味着即使不发生公共的危险，也要予以处罚。而是说，烧
毁行为自身就能够推定出公共危险的存在"，"即使是在一项的场合，也保留了可以打破推定的例
外情形，这其实就是来自烧毁概念所具备的实质的制约作用"（中山·前出注〔138〕322—327 頁
参照）。条文使用的"烧毁"这一词语就应该理解为，只要发生了"烧毁"，就可以据此（一般性
地）承认发生了公共的危险，也可以说这就是条文中"烧毁"的含义。

〔151〕　内田·前出注〔138〕442—443 頁，同·前出注〔146〕288 頁，冈本·前出注〔8〕
127—128 頁，中山研一＝宮沢浩一＝大谷実編·刑法各論（昭和 52 年）209 頁〔名和鉄郎〕，
等等。

〔152〕　即使承认这一点，就现行法的解释论而言，还是残留了若干的问题。因为，将第 108 条
放火罪处罚根据的内容解释为对居住者等的危险——对这一点可以参照注〔148〕——的话，那么
在欠缺这个危险的时候，是否还成立第 109 条第 1 项的犯罪，就成为一个问题，但是，即使认为
这个场合还是存在客体之"现在有人在内的建筑物"，但能否说存在客体之"现正在居住使用的
建筑物"，都还是有疑问的（冈本·前出注〔8〕129 頁注 8 参照）。冈本助教授认为第 109 条第 1
项是第 108 条的减轻类型，所以他认为无法断言未必是不可能肯定成立的（但是，该助教授对处
罚根据的理解，及其与这个结论之间的关系，又是怎么一回事呢）。

没有直接规定"危险"这个要素，但是该法律条文预定的内涵却是，犯罪成立与否不能只作形式上的判断，应该由裁判官进行实质的判断。这种构成要件不同于可以作形式判断的通常的抽象危险犯，因为它既不同于以往的具体危险犯，也不同于抽象危险犯，而是作为两者的中间混合形态的"抽象的·具体的危险犯"类型。[153]

　　作为抽象·具体危险犯的犯罪，被施罗德区分为两种形态进行分析。

　　第一种形态，是诸如《德国刑法》第229条（毒害罪）[154]、第223a条（危险伤害罪）[155]、第308条（放火罪）[156]等。成为问题的是，在这些规定中，"具有危害健康性质的物质""危险工具""从其性质及位置来看……会造成火势蔓延的东西"这些要件反映出的危险，是具体危险还是抽象危险。由于一个具体事实是否符合这些要件，必须由裁判官在具体案件中作出实质性判断，形式地判断立法者确定的这些危险因素是不够的，所以这些犯罪不能被归入抽象危险犯。在这种场合，原则上应当要求有具体的危险。因为，将危险的判断交给裁判官，也就意味着必须考虑到具体情况才能作出具体判断。因此，第229条、第223a条应解释为具体危险犯（同种见解的判例是合理的）[157]。但是，也存在例外的情况，即法律明确限定了判断危险时应该考虑的情况，第308条就是如此。在这种场合，只需要考虑客体的性质和位置（Beschaffenheit und Lage）。判例[158]也比较正确地采取了该立场，但是，如果只考虑放火行为客体的性质·位置，而不

---

　　〔153〕　Horst schröder, Abstrakt—konkrete Gefährdungsdelikte？，JZ 1967，S. 522 ff. 另外，平野·前出「公害と刑法」注〔57〕2422 頁参照。

　　〔154〕　第229条（毒害罪）规定："（一）为了加害他人的身体健康，将有毒物质或者其他有害于他人健康的物质给与被害人的人，处1年以上5年以下的自由刑。（二）略。"

　　〔155〕　第223a条（危险伤害罪）规定危险的伤害罪使用凶器，特别是短刀或者其他危险的工具（gefährliches Werkzeug）……实施了伤害行为的时候，处以5年以下的自由刑或者罚金。

　　〔156〕　第308条（放火罪）规定："（一）对建筑物、船舶、小屋……实施放火的人，即使这些物件归行为人所有，根据其性质以及位置来看，属于第306条第1项至第3项揭示的场所或者前述的他人物件之一处于燃烧的状态之时（jedoch ihrer Beschaffenheit und Lage nach geeignet sind, das Feuer einer der in § 306 Nr. 1 bis 3 bezeichneten Räumilchkeiten oder an einem der vorstehend bezeichneten fremden Gegenstände mitzurteilen），处以1年以上10年以下的自由刑。（二）略。"

　　〔157〕　Vgl. RGSt. 10, 178（§229）；RGSt. 4, 397（§ 223a）.

　　〔158〕　Vgl. RGJW 1930, 924；1934, 171.

考虑遭受危险的客体的性质·位置，那就太狭隘了。——这是抽象·具体危险犯的第一种形态，具体适用中允许反证危险不发生。

　　抽象·具体危险犯的第二种形态，是现实地结合了抽象要素与具体要素的场合，在这种场合法律条文显示的是应当根据一般标准来判断危险。其中，应该产生结果的行为"性质"被明确地规定为构成要件要素，但是作为行为对象的法益、客体没有被明确规定。——就这一点而言，这种形态的犯罪与具体危险犯之第 229 条、第 223a 条是不同的——《德国食品法》（Lebensmittelgesetz）第 3 条的罚则可谓具体适例，该规定禁止·处罚制造"摄入后，有害人体建康（ihr Genuß die menschliche Gesundheit zu schädigen geeignet ist）"的食品。针对抽象危险犯的批判，也适用于这种犯罪，所以必须允许反证危险不发生。除此之外，《德国刑法》第 186 条（散布恶评）、[159] 第 324 条（混入有公共危险的毒物罪）[160] 等也属于这种形式。[161]

　　二　对上述施罗德见解进行探讨的加拉斯 [162]，从抽象危险犯的特征在于一般的危险性立场出发，对施罗德所说的"抽象的·具体的危险犯"分类——只不过是抽象危险犯的第二种类型 [163] 而已——表示了批判的态度。[164] 但是，在那些一直以来被当作抽象危险犯的犯罪中，确定一个具体行为是否属于该法律条文规定的行为时，有的场合确实需要实质性地判断危险，而不仅仅是作形式上的判断。

–250–

[159]　第 186 条（散布恶评）规定，断言或者散布足以使他人受到公众蔑视或者被贬低的事实，这个事实又不可能被证明是真实的，处以 2 年以下自由刑或者罚金。（以下略）

[160]　第 324 条（混入有公共危险的毒物罪）规定，在供他人使用的泉水或蓄水槽，或供公众销售或消费的物品中，混入有毒物质或具有危害他人健康性质的物质的人……，处 1 年以上 10 年以下的自由刑。（以下略）

[161]　Vgl. Horst Schröder, a. a. O.〔Anm. 107〕S. 18—23；Schönke—Schröder, a. a. O.〔Anm. 107〕Vorbem § 306 Rdnr. 3c.

[162]　Wilhelm Gallas, Abstrake und konkrete Gefährdung, Festschrift für Ernst Heinitz（1972）S. 171—175, 180 f.（紹介—生田勝義·立命館法学 1979 年 5 号 656 頁以下。）

[163]　Vgl. auch, Rudolphi—Horn—Samson, a. a. O.〔Anm. 79〕Vor § 306 Rdnr. 18〔Eckhard Horn〕；Schönke—Schröder—Cramer, a. a. O.〔Anm. 115〕Vorbem § § 306 ff. Rdnr. 3.

[164]　Vgl. auch, Reinhart Maurach—Friedrich—Christian Schroeder, a. a. O.〔Anm. 80〕S. 12. 与此相对，许迺曼承认"抽象的·具体的危险犯"这一分类。Vgl. Bernd Schünemann, a. a. O.〔Anm. 79〕s. 209.

可以认为，刑法将还没有达到具体危险的抽象危险作为处罚对象的话，会采取这样的规定方法：在法律条文中规定可以一般且充分地认为是有抽象危险的行为。然而，在为了防止发生抽象危险而制定的刑罚法规中，有些法律规定的行为，却又未必能够被一般且充分地认为有抽象危险。在这种场合，行为自身没有显示充分的抽象危险，为了能够承认发生了充分的抽象危险，还必须结合其他具体情况来具体判断。也就是说，在这种情况下，行为本身并不一定是十分危险的，为了找到足够的处罚理由，就不得不要求存在某种程度的具体危险。

一言蔽之，一直以来被统称为抽象危险犯的犯罪中，有的法律条文虽然没有要求发生"危险"，但为了能够承认实施了作为处罚对象的构成要件该当行为，又必须要求发生了——与一定结果事态相关的、一定程度上是具体的——实质危险。这种危险在一定意义上，必须比通常抽象危险犯处罚根据的抽象危险还要"具体"一点才可以。为了区分这种更具体一点的抽象危险与普通的抽象危险（狭义的"抽象危险"），可以将前者称为"准抽象危险"[165]。这种只有发生了某种程度的具体危险才能视为实施了法律规定的行为的犯罪，可以被称作以"准抽象危险"为处罚根据的"准抽象危险犯"。

-251-

三　什么样的犯罪才能够被认为是上面所说的准抽象危险犯呢？如果要根据本书的立场进行全面探讨，恐怕篇幅不够，不得不留待其他场合。这里先对两个规定进行一些分析，试着具体展开前面叙述的一般理论。

（1）遗弃罪（《日本刑法》第 217 条）。

《日本刑法》第 217 条规定的处罚对象，是"遗弃""老幼、残疾或因疾病需要扶助者"的行为。有关该罪保护法益，存在着应当限于人的生命还是应当包括人的身体的争议[166]，但该罪的处罚根据可以理解为对该法

---

〔165〕　值得一提的是，如施罗德见解所显示的那样，这种准抽象危险的内容可能还会根据该规定要保护的对象——是个别的法益（例如个人的健康）还是一般的法益（例如公众的健康）——的不同而在内容上出现一些差异。

〔166〕　一般来说，可以解释为把"身体"也包含了在内——伤害罪规定之后就规定了遗弃罪——但是，正如平野博士所指出的，"不提供'对生存而言是必要的保护'的行为是按照遗弃罪来处罚，从这一点来看，就应该理解为是对生命的危险犯"（平野·前出注〔138〕163 頁）。另外，

益的危险。这一点在学说上倒没有特别的异议〔167〕，判例也承认"老幼、残疾或因疾病需要扶助者"的"危险"是"处罚的理由"〔168〕。

不过，作为遗弃罪处罚根据的危险的内容，还有疑问。

判例认为，"法律预想的是，实施了上述的行为（"遗弃需要扶助的老人、幼儿、残废者或是病者"的行为——作者注），当然就可能对老幼、残疾或因疾病需要扶助者的生命身体产生危险"，所以，只要实施了遗弃行为，犯罪就"直接成立"，不需要"现实地对生命身体产生了危险"〔169〕。

在学说中，许多人都遵循这种判例立场〔170〕，但与此相对，主张应将遗弃罪解释为具体危险犯的见解也较为有力〔171〕〔172〕虽然这种见解通过将遗弃罪处罚根据的内容解释为具体危险以试图回避"不妥当"的结论，但

（接上页）顺带一提，《日本改正刑法草案》第369条规定，处罚对象是"遗弃他人使得他人生命陷入危险状态的人"，而且《德国刑法》第221条遗弃罪是规定在"第16章对生命的生命犯罪行为"中，据此来看的话，这两个规定都可以被解释为是对生命的危险犯。

〔167〕　例如，大塚教授虽然认为"既具有危险犯的性格，同时也有保护义务懈怠罪的一面"——大塚仁「遺棄罪」同・刑法論集（2）（昭和51年）104頁——但是，也没有否定遗弃罪就是危险犯。

〔168〕　大審院（第一刑事部）判決大正4年5月21日刑録21輯670頁。

〔169〕　同上注。

〔170〕　牧野英一・重訂日本刑法下卷（昭和13年）292頁、293頁注七，木村・前出注〔150〕43頁，安平政吉・改正刑法各論（昭和35年）71頁，斉藤金作・刑法各論・全訂版（昭和44年）209頁，藤木・前出注〔138〕216頁，等等。多数学者都遵循判例的这个立场。

〔171〕　滝川幸辰・刑法各論（昭和26年）59—60頁，熊倉武・日本刑法各論上卷（昭和35年）208頁，宮内裕・新訂刑法各論講義（昭和37年）40頁，井上・前出注〔150〕36頁（但是限于无保护责任的场合），桜木澄和「遺棄罪の問題点」刑法講座5（昭和39年）258頁，佐伯・前出注〔138〕113—114四頁，滝川=竹内・前出注〔138〕53頁，団藤・前出注〔138〕等，都是主张具体的危险犯说。

〔172〕　另外，有见解虽然没有把遗弃罪解释为具体的危险犯，但还是认为，完全没有发生危险的时候，也应该否定遗弃罪的成立。大場茂馬・刑法各論上卷（明治44年）171頁，泉二新熊・日本刑法論下編（大正10年）1380頁，小泉英一・日本刑法各論（昭和9年）199頁，柏木・前出注〔140〕361頁，福田・前出注〔138〕194—195頁，植松正・再訂刑法講義Ⅱ各論（昭和50年）288—289頁，平野・前出注〔99〕120—121頁、同・前出注〔138〕163頁，165頁，大沼邦弘「遺棄罪は具体的危険犯か抽象的危険犯か」刑法の争点（昭和52年）194頁，等等。另外，中山教授认为"现行法对遗弃罪的规定，从其形式来看解释为具体危险犯是比较困难的，但是在边界事例上，在解释论上要求有一定程度的现实化危险不仅是应当被允许的，也是必要的"（中山・前出注〔138〕77頁）。还有，井上正治「法益の侵害」佐伯博士還暦祝賀・犯罪と刑罰・上（昭和43年）257頁参照。

是，既然法律文本没有要求造成"危险"，就不得不说解释为具体危险犯是缺乏依据的[173]。

然而，刑法要处罚的是对"生命身体产生危险"的"遗弃"行为，那么在行为人和作为客体的人之间形成场所性·空间性隔离的行为——一般来说不是具有十分危险的——不能都直接被视为"遗弃"。应该说，只有对作为客体的人，实施了招来某种程度危险的隔离行为，才能被视为"遗弃"。在这个意义上，有必要认为对被作为客体的人有危险——准抽象的危险——的行为才是"遗弃"行为。换言之，如果不能说这是对作为客体的人带来危险的行为，即使在行为人和被视为客体的人之间造成了场所上·空间上的隔离，也不能说是"遗弃"，不能成立遗弃罪[174]。

（2）妨害执行公务罪（《日本刑法》第95条第1款）。

《日本刑法》第95条第1款的处罚对象，是"对正在执行职务的公务员实施的暴行或胁迫"的行为。本罪的保护法益被认为是公务的适当执行。判例也承认，"《日本刑法》第95条的规定并非保护公务员的特别规定，而是保护公务员执行的公务本身"[175]。因此，妨害执行公务罪的处罚根据可以理解为是对这种法益的危险，但问题是怎么理解这个危险的内容。

判例的态度是，该条所说的"暴行""胁迫"是指职务执行的"妨碍行为"[176]，所以"在公务员执行职务时，只要对其施以暴行或胁迫，就直接成立妨害执行公务罪"[177]。同样，学说中主张妨害执行公务罪是具体危

---

〔173〕 平野博士认为，"与假案规定（《日本改正刑法草案》第364条、第369条——笔者注）有所不同，因为现行法没有以'陷入危险'为要件，所以很难解释为具体危险犯"（平野·前出注〔138〕165页）。

〔174〕 平野·前出注〔99〕121页参照。另外，泉二·前出注〔172〕1380页，植松·前出注〔172〕288—289页参照。

〔175〕 最高裁判所（第二小法廷）判决昭和28年10月2日刑集7卷10号1882页。

〔176〕 最高裁判所（第二小法廷）判决昭和25年10月20日刑集4卷10号2115页。"《日本刑法》第95条之罪的暴行胁迫不以造成现实的职务执行妨害结果为必要，有能够妨害之性质即足够。"

〔177〕 最高裁判所（第三小法廷）判决昭和33年9月30日刑集12卷13号3151页。另外，本书第26页以下参照。

险犯的见解也颇为有力〔178〕。但是，将该罪处罚根据解释为具体危险其实　　–253–
是很困难的，不过，只要"暴行""胁迫"需要被认为是所谓公务执行的
"妨害行为"——"暴行""胁迫"的内容"自然受其保护法益的限
制"〔179〕——那就可以解释为成立该罪要求有准抽象的危险〔180〕。在不能承
认有这种危险的情况下，就不能说存在"暴行""胁迫"，要否定成立妨害
执行公务罪〔181〕。　　　　　　　　　　　　　　　　　　　　　　　　–254–

---

　　〔178〕　熊倉武「公務執行妨害罪における暴行の意義」法学志林 56 巻 4 号（昭和 34 年）110
頁，吉川経夫「公務執行妨害罪の問題点」刑法講座 5（昭和 39 年）77 頁，沢登佳人「暴行・脅
迫の意義」刑法講座 5（昭和 39 年）235 頁，滝川＝竹内・前出注〔138〕380 頁，中武靖夫「公
務執行妨害罪における「暴行」」刑法の判例・第二版（昭和 48 年）192 頁，生田勝義「公務執
行妨害罪における「暴行」」刑法判例百選 II 各論（昭和 53 年）27 頁，等等。

　　〔179〕　吉川経夫「刑法第九五条の暴行・脅迫と結果発生の要否—同条の暴行に該当する事
例」警察研究 47 巻 12 号（昭和 51 年）58 頁。

　　〔180〕　显示了具体判断的旨趣的有，吉川・前出注〔179〕59 頁，中山・前出注〔138—〕四
二八頁，等等。但是，采取本书这种立场的话，在什么程度上可以认为妨害公务执行罪的暴行与
暴行罪的暴行之间是有差异的，是还需要考虑的问题。不过，还有必要通过可罚的违法性观点
（注〔147〕参照）进一步考虑。

　　〔181〕　另外，内田・前出注〔146〕286 頁参照。

终章　危险犯的类型

　　因为有了危险犯的规定，刑法才可以为了保护法益而在发生法益侵害之前的阶段就进行干预。这种作为危险犯处罚根据的危险概念，是一个程度概念，可以从侵害发生可能性较高的具体危险，到相对较低的抽象危险，进行连续的考虑。这种危险的内容本身是具有不确定性的，而且这种不确定性难以被消除，在可能性程度较低的危险中，这一点更加成为问题。因此，在这种情况下，必须采取这样一种办法，在法律条文中规定一般看来有充分危险性的类型行为，将其作为禁止·处罚的对象。而且，如果行为本身一般来说是足够危险的话，这种办法未必不妥当。与之相对，如果将可能性程度只是相对较高的危险作为处罚对象，因为有很多场合未必是实施了行为就有这种危险，因此必须采取在具体的场合判断危险的方法。另一方面，如果法律条文规定的行为本身并不一定足够危险，那么，为了承认有足够的处罚价值，就必须要求这种行为有一定程度的危险。因此，可以认为，危险犯规定的内容，取决于要防止的危险的程度和法律条文规定的行为性质（其本身的危险程度）。

　　以往，这种危险犯被分为具体危险犯和抽象危险犯两种类型。但是，如上所述，这种理解未必充分。也就是说，要试着探讨危险犯处罚根据之危险的话，将危险切割为具体危险和抽象危险是比较勉强的，因为可以认为这两种危险还可以大致再分为两种不同类型的危险，也就是具体的危险、抽象的危险可以分别再分类为两种。据此，危险犯对应作为处罚根据的危险，可以分为以下四种类型（危险犯的四分说）。

（广义的）抽象危险犯		（广义的）具体危险犯	
（狭义的）抽象危险犯	准抽象危险犯	准具体危险犯	（狭义的）具体危险犯

正如已经反复讲述的那样，为了具体肯定危险犯的成立，具体的行为必须产生了作为处罚根据的危险。具体的危险、抽象的危险是指这种危险的内容，"具体的""抽象的"表示侵害可能性的程度＝"抽象化"的程度。一个刑罚规定属于上述四种类型的危险犯中的哪一种，则应该根据本书第三章、第四章所述的观点，进行慎重的讨论，但是在这一过程中必须注意，在行文至此的讨论中都作为前提的，（广义的）具体的危险犯和（广义的）抽象的危险犯的区分——法律条文上是否要求"危险"——这一既有框架作为解释理论，是必须要予以承认的。在这个意义上，本书的危险犯四分说提议并非旨在改变这一框架本身，而旨在使其精确化。

－262－

因此，或许可以不像以往那样仅仅将危险犯区分为两种类型，而是各自进一步类型化为两种，然后承认有四种危险犯类型，这样处理更有益于发展出适应不同类型危险犯的解释论。或者说，避免那些有问题的解释，比如将适用于（狭义的）抽象危险犯的危险的解释予以一般化，甚至延伸到准抽象危险犯。

本书将危险犯分为四种类型的立场，可以为解释《刑法》分则各个危险犯规定提供指导。但如何进一步展开具体的解释论，就是今后的课题了。

－263－